人類創造の先導者

［ザ・シーダーズ］
神々の帰還

「真の人類史」への偉大な旅が、いま始まります！

THE SEEDERS: THE RETURN OF THE GODS

上

エレナ・ダナーン

佐野美代子［訳］

マイケル・サラ博士［推薦］

私たちの銀河系、ナタルの子供達へ
古代のネチェル、神々である我々へ

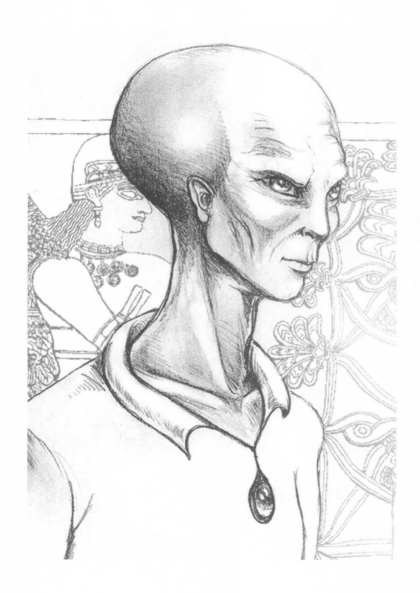

エレナ・ダナーンの新刊『[ザ・シーダーズ] 神々の帰還』は、現代人のゲノムの創造において、約24の地球外文明がそれぞれの段階で重要な役割を果たしたという、私たちの進化の過去への深遠な旅です。

彼女はこのように言っています。今日の私たちにとって最も重要なのは、腐敗した政治的エリートや地球外の支配者による何千年にもわたる欺瞞（ぎまん）から人類が解放されるのを見守るために、シーダーたちが戻ってくることだと。

本書には、帰ってきたシーダーたちと共に、アヌンナキの肯定派のリーダーであるエンキ（別名イア王子）も登場します。エレナは、彼が真の「聖杯」である始祖アダムの DNA テンプレートを携えて戻ってきたことを明かします。このテンプレートは、人類を奴隷として搾取しようとするアヌンナキのエンリル派が組織した、数千年にわたる秘密の DNA 劣化を取り除くことができるそうです。

　本書は、抑圧されてきた歴史の真相と、完全に解放された種族として銀河系社会で正当な地位を占める運命にある、私たちの目の前に置かれた驚くべき未来に読者を目覚めさせる、驚きと畏怖に満ちた必読の書と言えるでしょう。

マイケル・サラ博士
2022年9月7日

私の偉大な友人であるエレナ・ダナーンの新刊に、寄稿させていただくことを大変光栄に思っています。宇宙で起こる全てのことは、私たちが地球や他の場所にたどり着く前に、あらかじめ記されています。特に、私たちの未来の友人や親族との出会いは、すでに予定されたものなのです。

私たちは最初から、この非常に強い絆が言葉では言い表せないものだと感じています。説明することはできませんが、私たちは心の奥底でそうした絆を感じ、彼らと接触することに深い感動を覚えます。そして、私たちの存在の深い所で、惑星から惑星へ、船から母船へ、全てが実にリアルで生々しく、前世の記憶や秘密の宇宙開発計画が再現されるのです。宇宙が私のもとに連れ戻してくれた人たちとのこのつながり、星がもたらしたこの友愛の絆を、私はとりわけエレナ・ダナーンと分かち合っています。彼女は心優しい人であり、地上と宇宙の驚くべき、しかし真の経験を持つ特別な存在なのです。

今回の新刊は、崇高で光り輝く存在に伴われ、「人類を救う」という唯一無二の使命を持って、あなたを銀河系の彼方へと誘（いざな）ってくれるでしょう。この無条件の愛は、星からやって来たそれぞれの存在の核を成し、彼らはその愛を共有し、私たちの生活の瞬間瞬間に、その愛を伝えています。たとえその存在が捉えにくく思えても、彼らは現に存在しているのです。私の偉大な友人であり、星の姉妹であるエレナ・ダナーンのこの新刊を読んで、皆さんの旅が素晴らしいものになることを願っています。

ジャン・シャルル・モイエン
SSP ソーラー・ウォーデン
2022年8月12日

第3章 シーダーたち

第4章　24のシーダー種族

第5章　ザ・ナイン

第6章　旧世界の魔法

第7章　現　代

第8章　残された贈り物

第9章　地球派遣プログラム

第10章　銀河系評議会

第11章　コンタクト

第12章　スターゲイト

カバーデザイン　takaokadesign
翻訳協力　大喜多　由行
本文仮名書体　蒼穹仮名（キャップス）

序　文

—————　アレックス・コリエー　—————

エレナ・ダナーンのような人間を知ることは名誉なことです。

これは本のように見えますが、実は歴史的なドキュメントなのです。

この本は、大義を探して宇宙を彷徨う高度な魂の集団の始まりから、時代を通じて祝福あるいは抑圧されてきた人々が解放され、承認されるまでの、驚くべき旅に人類を誘います。

エレナという非凡な女性は、女性性を余すところなく表現しています。この注目すべき作品を発表するにふさわしい、まさに時代の申し子と言えます。

本書を読み始めたら止まらないでしょう。

壮大としか言いようのない波動を放っています。

人間の精神の再発見と自己責任を取り戻すための旅にとって最も重要な時期に、この作品や、これを人類にたゆまず提供する魂を、私はこの上なく誇りに思います。

皆さん、エレナ・ダナーンの『［ザ・シーダーズ］神々の帰還』をどうぞご堪能ください。

イントロダクション

　地球人類の卓越した未来へのポータルが開かれました。今こそ私たちは、自分が何者であるかという真の自覚を正直に受け入れるべき時です。私たちは、恥ずかしさや疑念を捨てなければなりません。なぜなら、私たちは自分が考えているよりもずっと多くの可能性を秘めているからです。マトリックスは崩壊し、私たちは全てをより明瞭に見られるようになり、光を取り戻したのです。地球人類のための美しい意識の夜明けがやってきました。

「シーダーズ」の皆さんとお会いしてから、私の周波数が変わったと感じた方も多いと思います。それは事実であり、彼らとの出会いがなければそうはならなかったかもしれません。このような体験は息をのむようなもので、人生はもう決して同じではありません。私が変わったと言う人もいましたが……実際は変わっていません。むしろ、本当の自分に近づいたのです。「ザ・ナイン」や「シーダーズ」との出会いは、私にとてつもない変容をもたらしました。その瞬間から、私は自分が何者であるか、最も深い誠実さを持って完全に認めるようになりました。このレベルに達すると、自分のパワーと光を受け入れ、周波数がより高いレベルに移行します。もちろん、人からすると別人のように見えるでしょう。以前よりもさらに自分らしくなっているにもかかわらず、相手によっては理解も認識もできないので、パニックになる人も出てくるかもしれません。香水を変えたら動物が鼻をやられ、攻撃的になるのと同じです。ですが、本人であることに変わりはなく、ただ周波数が違うだけなのです。星の人たちは、他人の周波数を「香り」と呼ぶので、私はこの例えが好きです。これは、あなたが変化するのではなく、あなたの本来の性質に近づくために進化することを意味しています。人は、高い

周波数に対して攻撃的な反応を示すわけではありませんが、扱い慣れていないもの、まだ理解していないものに対しては、そうなるのです。私は、このような新しい周波数が持つ内なる個人的な引き金が、人々を怖がらせているのだと思います。

　2021年10月、私は銀河連合の私のコンタクト先であるソーハンから、巨大な銀河間艦隊が木星の裏にあるポータルを通じて太陽系に到着し、木星の衛星ガニメデの周辺に駐留していることを知らされました。私はそれまで、この未知の宇宙人たちと会ったことはなかったのですが、それは間違いなく大きな変化の到来を意味していました。地球人類は、時間と空間の本質を理解する歴史的な瞬間に入ったのです。

　大きな悪が地球を去り、私たちは皆、エネルギーの変化を感じることができます。そうした現象は、私たちが呼吸する空気の中や、私たちの心臓の鼓動の中など、至る所で起こっています。かつて信じられないほど重かった、古きものは取り払われました。それはもうそこにはありません。もうないのです。

　はるか昔、他の銀河からの訪問者は、いつか人類を新たな文明と意識のレベルに引き上げるであろう、素晴らしい贈り物を私たちの地球に残していきました。そして機は熟し、この訪問者たちが戻ってきたのです。迎える準備はできています。彼らの心を動かす愛は、私たちの期待を裏切りません。なぜなら、彼らは私たちの家族だからです。彼らはこの銀河系における人類の創始者、祖先となった24種族であり、私たちの成長を見届けるために戻ってきたのです。彼らは私たちをとても誇りに思っています。なぜなら、数千年にわたる奴隷制を打ち破り、この銀河系が知る限り最も暗い帝国の爪痕からテラ（地球）の人類を救い出すことは、私たちにとって容易なことではなかったからです。シーダーたちが戻ってきました。彼ら

は私たちに会いたがっています。そして、私たちをまともで輝かしい未来に導きたいのです。彼らは、私たちが彼らのことを本当に理解する準備ができたら戻ってくると約束しました。そして、その時が来たようです。私たちは橋を渡り、彼らを途中で出迎えました。

　銀河間連合のこうした存在との個人的な一連の出会いは、「ザ・ナイン」と名乗る、肉体を持たない不死身で超自然的な意識体との思いがけない出会いにつながります。24の銀河系シーダー文明圏は、ザ・ナインを高次の管理者として関係づけ、彼らの導きに従って、シーダーたちは宇宙の生命バランスを保っているのです。私にとって、「ザ・ナイン」との接触は人生を変えるものであり、私の感情を心の奥底でかき立て、私の意識と人生を、存在するとは思ってもみなかった領域へと押し上げるものでした。本書は、私が経験した驚くべき爽快な異世界での出会いや、新たな訪問者との冒険の全てを紹介し、一般の人々に未知の領域の現実を伝えています。

　2021年10月に銀河間連合が太陽系に現れ、同時に「ザ・ナイン」という謎の超意識集団もコンタクトを更新して以来、対立する闇の勢力が、「ザ・ナイン」を悪魔化すべく、あらゆる手段で彼らの信用を落とそうと途方もない努力を行ってきました。ディープ・ステートは、ザ・ナインが何者で、どれほど強力な存在であるかに人々が気づくようになることを恐れていました。この際には、CIAの標準的な心理学的戦術が用いられました。超常現象研究者アンドリヤ・プハリッチはフィリス・シュレンマーなどの本物の霊媒と共にザ・ナインとコンタクトを取るための実験的な試みをしていました。これらの試みは非常に恐ろしく、馬鹿げたことでもありました。しかし、この研究に関心を持ち、支配したいと考えたCIAはプハリッチ博士に接触しました。このような未知の領域で実験を始めると、当然直面することになる結果です。実は、プハリッチ博士の研究を

止めようとしたのは、この極悪非道な組織で、時には彼の研究室を焼き払ったり、秘密保持契約を結ばせるために彼を米空軍に科学者として招集したりと、過酷な手段を使っていました。プハリッチ博士は、妻が発見した手帳に、CIAから仕事を依頼されたが断った、彼らは嘘つきで恥知らずな連中だと書き残しています。私は、CIAや、より質の高い仕事をするその他の秘密組織が、ザ・ナインや他の実在する非常に強力な地球外生命体の存在を一般大衆に知られたくないと考えていると思います。彼らは、地球人を保護し、導いてくれる、より高度な地球外勢力の存在を一般大衆が知る日が来ることを知っていましたし、ディープ・ステートが権力を支配できなくなることも知っていました。恐怖のシナリオはもう通用しません。事実をねじ曲げることで、ディープ・ステートの防諜機関は哀れにも、ザ・ナインがCIAの想像力の産物であり、さらにばかげたことに悪魔のカルトだと非難し、彼らを「The Council Of Nine（9種族評議会）」と偽って名付けたのです。

　私が「ザ・ナイン」から連絡を受けたと発表するや否や、これら悪の手先たちは、このようなねじれた物語を利用して、私や私と行動を共にする人たちの信用を落とそうと動き出しました。私がエンキと会ったと言うや否や、同じシナリオが波状攻撃で展開されました。人間のエゴというものは、自身の虚栄心を満たすために、モラルもなく、大胆に嘘をでっち上げ、何千人もの人々を自分勝手に惑わすことができるものだと、私はいつも驚かされます。彼らは時に、より高い次元の闇の力に支配されていることさえあるかもしれません。いずれにせよ、知恵は反応的な感情から生まれることはなく、欺瞞的な物語は時の試練に耐えることはないのです。7、9、12、24などの評議会が、この地球上だけで、あるいは接触しているだけで、いくつ存在するかご存知ですか？　それは、たった一つの傷んだ果実のために、木になる全てのリンゴが腐っていると改めて言

うようなものです。私は何かを正当化したり、誰かを擁護したりするためにここにいるわけではありませんし、あなた自身の個人的な判断力を使って、このトピックに関する多くの情報をインターネット上で見つけることができます。

私はここで、私自身の体験談をお話しします。私は強力なシャーマンの血統に転生し、特殊な超能力を持つ極めて神聖なフランス人の血統も受け継いでいます。私ははるか遠い銀河のある星から来ているので、非常に強烈な体験を伝えることができる立場にあるのです。

ただし、本にするために私自身の話もしていますが、私に関する本ではありません。私は単なる橋渡しです。願わくは、本書を通じて、ザ・ナインが本当は何者なのか、理解していただきたいと思います。私の目を通して見、私の耳を通して聞き、私の心で感じてください。ですが、最終的には、ご自身で情報を見極めてください。

本書を書き始める数カ月前、若くてかわいらしい女の子が、私を救ってくれたのと同じチームに救われたということで、私に連絡を取ってきました。何と、彼女は私を倒す運命にあるMKウルトラのプログラムをインストールされていたのです。アンドロメダ評議会のゼネエ族とプレアデス星人のアルダーナ司令官のおかげで、トロイの木馬はタイミングよく暴露され、扉は閉じられました。本書を書き始めて間もなく、私はある晩、誰かが私に手を伸ばそうとしている気配を感じ、目が覚めました。ベッドの上に座ると、私は自分の全ての防御シールドがすでに作動し、最高強度に達していることに気付きました。これは、私のエネルギー的、精神的フィールドへの不要な侵入に対する反応によって生じたものです。このプロテクションには、私自身が作った魔法の盾だけでなく、ソーハンとア

ナックスが導入した様々な技術的なプロテクションシステムも含まれています。私のプロテクターによって吟味されたものでなければ、この防御を突破することはできません。

　彼らの宇宙船にも同じ防御システムが搭載されているので、それが非常に効率的であることが分かります。私は、厚い半透明の保護バブルの中にいて、そこから２フィート（約60㎝）幅の開いたポータルが、私の約３フィート（約90㎝）前方、地上６フィート（約180㎝）の高さに浮かんでいるのが見て取れました。エリア51の元スーパーソルジャーである私の友人、ステファン・チュアの次の言葉が心に響きました。「あなたが彼らを見れば、彼らもあなたを見る」。これは逆もまた真なり。彼らがあなたを見ることができれば、あなたも彼らを見ることができるのです。このポータルの向こう側で何が起こっているのか、私には分かりました。40代の男性が机の前に座り、コンピューターの画面を見つめています。彼は、半袖の薄茶のシャツに黒いネクタイをしています。髪は黒く、とてもきれいにカットされ、ジェルでとかしたように妙につやがあります。今風の髪型ではなく、現代の人なのか、昔の人なのか、よく分かりません。私は、彼が確かに CIA の人間で、私を遠隔透視しようとしているのだと、強く、鋭く感じました。私は彼の意図さえ傍受しました。彼はその時、私が何を書いているのか知ろうとしていたのです。私が被害に遭った非常に正確な標的を定めた攻撃については最近になってようやく理解できました。この遠隔透視の任務は、彼らの反論のお膳立てをするためのものだったのです。私の激しい怒りがサイキック防御反応を活性化し、プラズマの焼けた球が開いた通路を通って彼に向かって飛んできました。瞬時に崩壊したポータルを見て、実のところ私はこの男に同情しました。そして、私のシールドは通常通りに切り替わりました。

　この特殊な防衛技術は、全ての先進銀河文明の間で広く利用されています。また、こうした対遠隔視シールドの開発に取り組んだCIAにも、それは知られています。銀河連合、5種族評議会、アンドロメダ星人の船、そして敵の船も全て、この種の防御シールドを装備しているのです。完全な仕組みを明かすことはできませんが、遠隔視能力者に、許可されたものだけを見せる、あるいは騙されたものだけを見せるホログラム層が関係していることは確かです。こうした高度なホログラムは、時に非常にリアルに感じられることがあります。敵の建造物を簡単にリモートで見て、その計画を知り、船の爆破方法まで知ることができることが、どれだけ異常なことか、ちょっと想像してみてください。ですから、このシールド技術は不可欠なのです。私が持っているプロテクションが、「この世のものとは思えない」ものであることを、私は嬉しく思っています。

　本書が出版される数カ月前の2022年春、私はある巧妙な罠に追い込まれました。それは、私に秘密保持契約を結ばせ、私の資料に関する全ての権利を「永久に撤回できない形で」放棄させ、地球外生物の存在に関するいかなる会議にも、他のコンタクティや体験者たちとも集まらないことに同意させるというものでした。この試みの背後にいるエリートや組織は、闇に深く根差していました。私は、疲労と少しの恐怖を感じないわけではなかったのですが、時間をさかのぼりました。この人たちからすれば、言う通りにしないと彼らの敵になるのです。ありがたいことに、私はしっかりと導かれ、守られています。

　ところが、私が法的手続きによってこの罠から何とか抜け出すことに成功した途端、別のエージェントが突然現れ、インターネット上で私が何を書いているのかを知ろうと、いつの間にか遠隔透視の試みをもくろんで明らかに私の後をつけてきたのです。こうして遠

隔透視が試みられている間、私は、もしCIAが次に出す私の本（明らかに多くの権力者を困らせることを意図している）の全内容を知ったらどうするつもりだったのだろう、と考えていました。この新たなエージェントの行動は、何が起きているか私が理解するのを裏付けるものでした。人を欺く訓練を受けている彼は、私が本書で取り上げると公言したあらゆる点について、厳しい決意で対抗してきました。彼は間違いなく任務を負っていて、その目的は明らかでした。銀河連合の最高司令官であるアルダーナは、本書が出版されるまで、私がその内容についてこれ以上話すことを禁じてきました。そして、猛禽類はやがて飢え、飛び去っていきました。

　そう、時は来たのです……。ここに真実が明らかにされます。

エレナ・ダナーン
2022年9月21日発売

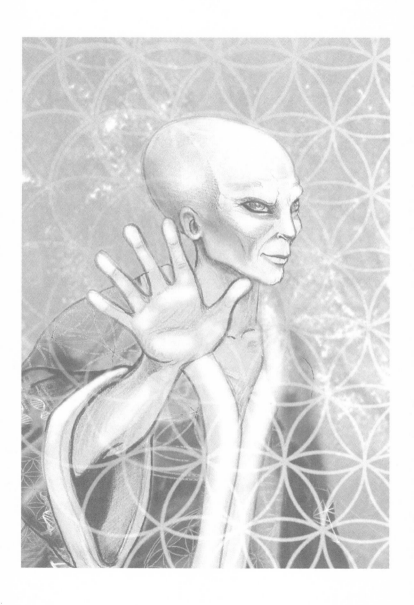

第1章
神の帰還

私たちは戻ってきました

地球の人間のために

最後の解放を見届けるために

この偉大な勝利に参加するために

奴隷は鎖を解かれました

彼らは主権に目覚めたのです

私はエンキです

私は父です

私は戻ってきました

人々の父であるエンキが地球に戻ってきた！
奴隷化された人々を解放するために！

　2021年9月のある夜、エネルギーが寝室を満たし、圧倒的な存在が目の前に現れました。その意識は目に見えない圧力で壁が割れそうになるほどのパワーを持ち、まるで竜巻が部屋に入り込んだかのようでした。突然の圧縮された空気に、私は胸が押しつぶされるようでした。ベッドに起き上がって息を整えると、心臓が高鳴り、耳元で血液が大きく脈打ちました。とても不思議なことに、突然、体中を流れる血液が、泡立ったような感覚に陥ったのです。私の血……彼の血に何かがあったのです……不思議に、力強く、記憶が呼び覚まされるような……。

　　　　　　　　私は父です。

　私は、その明るさに目を焼かれたような気がして、燃え盛る光の中を見上げました。とても背の高い人間の形をした存在がぼんやり地上に浮かんでいるのが見えました。

　　　　　　　　私は戻ってきました。

　彼は神々しく偉大な存在でした——肉体的な面だけでなく、栄光の力と輝く知恵も。この世のものとは思えない、永遠の存在でした。目が慣れ、彼の振動に同調したため、私にはその姿がよく見えるようになりました。身長は約9フィート（約270㎝）で、金属製のぴったりとしたスーツを着ていて、細身でした。禿げた頭蓋骨が後頭部にかけて伸び、目は斜めに光るガーネットで、瞳孔はクリアなクリスタルシルバー。時間を超越した存在に見えました。唇は動いて

いません。彼は私とテレパシーで会話していました。彼の言葉は、深く重々しく私の頭の中に響いていました。

　あなたは誰？　と私は尋ねました。

私はエンキです。

　地球人を奴隷状態から救おうとしたアヌンナキ王であるエンキが、地球人類解放の最後の戦いに再び現れたのです！　その圧倒的な存在感は言葉では言い表せないほどでした。彼は、神々の面前で這う霊長類、突風吹きすさぶエデンの園に飛来した細長い金属船、木を曲げ、土を持ち上げるなど、地球の過ぎ去った時代の幻影を私に見せてくれました。私は、一夜にして建設された都市と、地球を血まみれの塵に変えてしまう採掘場を目にしました。金……神々の欲望。今、その神々が戻ってきたのです。一体なぜ？　どうしてエンキが私の前に現れたのでしょう？　エンキの肩の両側からは見事な炎の翼が広がっています。プラズマのシールドリングが私を包み込むと、部屋は熱気に包まれました。

あなたが使命を遂行するのを私が守ります。
私はあなたがたの父です。
私は、子供たちが自分自身を解放する姿を見るために
やってきました。
今こそ子供たちが立ち上がる時なのです。

　彼の炎の翼は、体から出たプラズマの突起で、肩甲骨の間から出ていました。彼は、私の周りに防護物を呼び出すときは、（彼の言語で）言葉を私に唱えました。以来、その効果は実証済みです。その言葉を発するたびに、私の背中に火の玉ができ、それが盾となって私への攻撃を食い止めるのです。このとき、私はエンキの力を理

プラズマの翼を持つエンキ

解し、この先起こるであろう未知の攻撃から身を守るため、この力が必要であることも理解しました。

　2021年9月初旬、このエンキとの最初の出会い以来、隠れた敵や新たな敵が私の前に姿を現し、彼らは火の盾の上で鏡の破片のように散らばっていきました。しかし、誰も私を止めることはできませんでした。戦いは、まだ始まったばかりだったのです。

　私はこれまでにも何度かエンキ自身が唱える呪文を使って身を守ってきましたが、いつも素晴らしい効果を発揮しています。この呪文はエンキにしか使えないもので、他人に伝えることはできません。魔法を習ったことのある人なら、この基本的なルールはよくご存じでしょう。それを他人に伝えようとしても、うまくいかないのです。私はいつもエンキのパワフルなエネルギーを身近に感じています。それは私を慰め、私の決意と回復力を強めてくれるのです。

　エンキと接触した翌日、私はソーハンとアナックスに通信しました。2人は揃って返事をくれました。アナックスは遠くない場所にいたので、バトルステーションにいるソーハンを直接訪ねました。2人との通信は、私のインプラントデバイスを経由し、ソーハンを中継して行われました。デバイスを介した通信では、周辺視野が短く、傍らにいるアナックスの姿も声も確認できたので、大好きなエガロス人に会うのはいつも新鮮で、その日は「すぐ上」（船の上）で一緒にいたかったのです。エンキとの出会いは思いもよらないことだったので、きっと感情的になってしまったのでしょう。

　このときは、その後もっと驚くようなことが起こるとは、全く思ってもいませんでした。もちろん、アナックスとソーハンは、私の奇妙な出会いについて、すでに全て知っていました。

　エンキに会えるとは光栄なことだよ、とソーハンは言いました。

　それは私がしている仕事のこと？　と、私は尋ねました。

　もちろん。エンキと彼の民に守られているのは君だけじゃない。ネブの脅威から人類を解放するために働く多くの人々が、彼の保護を受けているんだ。敵は力を増している。私たちはこの長い戦争の大詰めを迎え、味方は太陽系の境界線に近づいているんだから。

　誰が来るの？　と、私は尋ねました。ネグマクが銀河連合からの呼びかけに応えたのは知っているけど、今度はアヌンナキも戻ってくるの？

　「エンキ」と呼ばれる「イア」の一派だけさ、とソーハンは言いました。

　エンキという名前は「大地の支配者」という意味だそうね？

　うん、そのとおり。イアは「Ana'Kh」で「流体を自由に操る者」という意味なんだ。地球人の言葉だと、「遺伝学者」と訳すかもしれないね。

　なるほど。「Ana'Kh」はアナックの言語なの？

　そうだよ。エンキとその部隊は大昔に敗北してテラ（地球）を去り、エンリルという名の軍事指導者がこの星の管理を引き継いだのさ。エンキは、テラの初期の人類の種を改良し、それがどの

ように進化する可能性があるか研究したいと常々考えていたんだ。しかし、エンリルは科学者ではなかった。彼はアヌンナキ軍の最高司令官であり、ハイブリッド奴隷種族を作るという重要な任務を負って地球を支配した。それで、エンキと彼のグループはいつか地球に戻ってくることを願い、オリジナルのテラン・フー（地球人）の貴重なDNAサンプルを持って行ったんだ。敵による地球人ゲノムの改変によって人類が受けたダメージを修復するために、彼らは今、それを持ち帰ろうとしているってわけさ。

　それって、最近の「生物兵器」みたいな？

　例えとしては、そうだね。生物兵器を注入された者は、クリアなオリジナルのDNAを再統合することができる。エンキが持ち帰るDNAコードは、オリジナルのマクロ分子由来のもので、これがとても重要なんだ。オリジナルのテラン・フーの遺伝子マーカーは非常に強く、健全で耐久性に優れ、ほぼ不変なのさ。これはホログラフィック医療技術による治癒や修復の過程で使われる。地球人類の遺伝子は、ネブ（オリオンの6種族による同盟）によるハイブリッド化プログラムによって、最近かなり改変されたんだ。古代のオリジナルコードがあれば、確実にこの遺伝子的変化を修復し、ダメージを回復できるというわけさ。

　エンリルのアヌンナキグループはまだテラにいるの？　と、私は尋ねました。

　確かに彼らはそこに一派を残した。

　ずいぶん昔のことだったけど……エンキはどうしてまだ生きているの？

彼らは不老不死なのさ。永遠の命から恩恵を受けるために自分自身のクローンを作り、体から体へとジャンプし、輪廻転生のプロセスを回避するんだ。君の感情が伝わってくるよ……何を恐れているんだい？

恐れてなんかいないわ。彼がとても素晴らしかっただけ。エンキって、そういう存在なのよ！

私たちは皆、意識の源において対等であると教えなかったっけ？　敬意を払って敬礼はするけど、決してお辞儀はしない、と。

恐くはないということですね、あなたは大いに守られ、導かれているのです。師と呼べる者はいませんが、経験によって得た知恵と、時間によって学んだ知識を分かち合う存在がいます。エンキはテラの人間を愛していたからこそ、彼らを解放しようとしたのです。彼は自分の血で多くの人間に才能を与えた。エンキには思いやりがあります。そこが他と違うところです。彼はあなたやテラの軍隊の者たちと共に歩むでしょう。暗黒の敵がこの星を去る偉大なる時は近いのですから。太陽系は取り戻されます。今、多くの人々があなたの民族の勝利を支援し、地球人が進化するのを誇りと愛を持って見守り、彼らが安定し繁栄する未来のタイムラインを定めるためにやって来ているのです。これらのアヌンナキだけでなく、間もなく現れる他のアヌンナキも戻ってきます。

アナックスは、いつものように、「驚かせたいので教えませんよ」という意味のかすかな笑みを浮かべていました。だから、私もしつこくは尋ねませんでした。エンキとの出会いを整理するには、１日あれば十分だったのです。

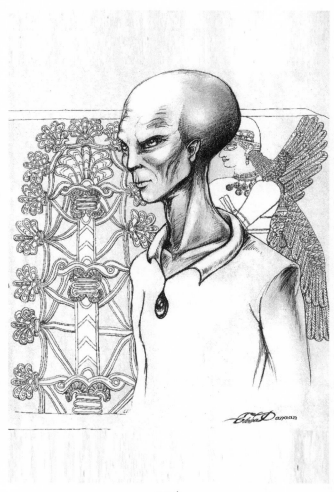

エンキ

34

二つの肥沃な川の間の豊かな土地に、最古の文明シュメールがあり、地球外生命体がいた！

　その昔、現代のイラクを流れるチグリス川とユーフラテス川という二つの最も肥沃な川の間に、最も豊かで古い歴史を持つ、エデンの壮大な大地がありました。古代ギリシャ人は、この地をΜεσοποταμία（メソポタミア）、アラブ人は Bilād ar-Rāfidayn（ビラード・アッ＝ラーフィダイン）、シリア人は Ārām-Nahrēn（アラム・ナハライム）または BēḠ Nahrēn（ベート・ナハライン）と名付けました。世界で最も早く存在した文明の一つとして知られ、現在のイラクに相当します。その土地に痕跡を残す最古の文明は、「シュメール」と名付けられました。シュメール人自身は、自分たちの土地をケンギル、「高貴な領主の国」と呼んでいました。彼らの話し言葉はシュメール語で eme-gi または emeĝir、アッカド語で šumeru と名付けられました。この文明は、銅器時代から青銅器時代初期に出現し、紀元前5000年から4000年の間にその栄光の絶頂期を迎えました。ペルシャ湾沿岸にあるシュメールの都市エリドゥは、最古の都市の一つとされています。

　シュメール語で書かれた文章の最古の記録は、ウルクとジェムデット・ナスルという都市で書かれたもので、紀元前3500年頃から3000年頃までのものです。この時代の古代記録「エヌマ・エリシュ」には、長方形の乗り物や明るい球体で空を飛ぶ「神々」が最初の君主として統治していたと書かれています。これらの詳細な記録によると、その神々は、美術品に描かれたり、粘土板に書かれたりしているように、多かれ少なかれ人間に近い姿をしていて、その姿は細かく分類されているようです。人類の先史時代には、テラ（地球）の真の所有権を主張する異なる地球外生命体の管理社会が次々

と出現していたようです。

　これらの石版によると、多様な管理者である「異世界人」が、人類が正しく存在するはるか前に、この惑星にその存在を現していました。彼らの主な目的は、貴重な鉱物を採掘し、貴重な資源を集めることでした。そんなある時、地球外からの訪問者が、地球上の原住民のゲノムを強化することで、ハイブリッドの超人種を作り出そうと考えました。このハイブリッド人間を新たに作るために、男神の体を粘土に混ぜ、女神の子宮に入れたと石版には書かれています。地球上の全ての古代先住民の文明において、「粘土」はあらゆる創造的な作品を形作るための原材料を意味するのです。

　したがって、それは、メソポタミアの書記官が「アダム」と名付けた新しいハイブリッド生物のことで、遺伝子操作された細胞を保持するある種のバイオゲル物質を表現するのに最も適した言葉でした。これらの遺伝学的手法はDタンパク質で作用し始め、アヌンナキと地球の先住民の間の遺伝的適合を可能にします。O型の血液型は地球外のもので、アヌンナキと呼ばれる管理人によって持ち込まれたものです。当初、彼らの血液は先住民である地球人類と適合しなかったので、彼らは、私たちが「D」または「アカゲザル＋」と呼ぶブリッジタンパク質を設計したのです。現在では、このブリッジタンパク質は、地球上の人間が自然に交配したことにより、地球上の全ての血液型に広がっています。しかし、当初はこれが先住民である人間のゲノムとアヌンナキのゲノムをつなぐものでした。アヌンナキとは、彼らの言葉で「人間のような」という意味で、固有の種族です。爬虫類の遺伝子を持っていますが、トールグレイでもあるのでアヌンナキは卵生ではなく哺乳類なのです。ハイブ意識に縛られない一部のトールグレイ種族にこの特殊性を見出すことができます。それでも、拙著『【イラスト完全ガイド】110の宇宙種

族と未知なる銀河コミュニティへの招待』で説明したように、アヌンナキはグレイ（おそらくエバン）と T アシュケル（シリウス B の人間）の混血種でしょう。

　現在、O- と O+ の血液型は、レプティロイド（つまり、レプティリアンやほとんどのグレイ）に最もよく合うので、O の血液型を持つ人はエイリアンのハイブリッド化のために最も頻繁に拉致されています。なぜなら、それがエイリアンの血液だからです。O（+D）の血液を持つ人間は、一般的にレプティリアンの交配を受け入れるでしょう。しかし、O（-D）もまた、その起源が地球外であるために非常に珍重されています。O（-D）は特殊で、アヌンナキの振動を持ち、高いサイキック能力を備えているので、O（+D）の血を持つ人間がしばしば拉致のターゲットになるのはこのためかもしれません。その上、エネルギーフィールドの密度が変化しやすいこともあり、こうした人間は拉致されやすいのです。アヌンナキは異次元の存在であり、彼らの DNA はその集団の生来のパワーと能力を受け継いでいます。したがって、この DNA は、地球人類の力の暗号を絶えず解読しようとするネブ・グレイにとって、非常に貴重な血であると言えるでしょう。実際、地球人の血は、この銀河系全体で最も価値のある通貨となっています。しかし、それだけではありません……

地球人はアヌンナキと20種の地球外生命体そして１種の土着民族、計22種の混血人種である！

　地球人はアヌンナキだけでなく、他の20種に及ぶ地球外生命体と１種の土着種の血を引いており、その結果、計22種の混血種と

「エヌマ・エリシュ」、7枚の創造の石版

なったのです。つまり、アヌンナキは最初の種でも最後の種でもな
かったということになります。

　アヌンナキがやって来る前に、もっと古く、賢く、知識のある人
たちがいました。例えば、パ＝タール、つまり銀河間連合の一部で
ある24のシーダー文明です。シーダーの他の呼び名は「ファウン
ダー（創始者）」または「ガーディアン（守護者）」です。私たちが
知っているように、血はその種の記憶と超能力を備えています。こ
れが、私たちがトラブルに巻き込まれた理由です。星間貿易のレベ
ルでは、DNA は通貨に相当します。したがって、ある特定の種が
22種類の異なるエイリアンの DNA を持っている場合、その血は銀
河系やその他の地域で最も貴重なものとなるのです。

　シュメールの粘土板に立ち返ると、「イア」という神がシュメー
ルの遺伝子工学の監督者として名を刻まれていることが分かります。
イアは、その称号であるエンキ「大地の主」としてよく知られてい

ます。彼は管理者である王の息子で、異母兄のエンリルに地球の支
配権を奪われました。興味深いことに、イアは「水の者」を意味し
ます。海に住んでいたというわけではなく、遺伝学の大家であった
ことから、子宮の羊水や、遺伝子の交配プロセスに使われる液体物
質を象徴的に指しているのです。また、後に地球外生命体から聞い
た話では、イアはスターゲイトを構成する「暗黒エネルギー」の超
流動体をも象徴したそうです。もう一つは、大洪水への言及です。
エンキはこの石版の中で、ウトナピシュティムという人間の仲介で、
管理植民地間の大戦争で地球上の生物の大半が絶滅した際、地球の
遺伝的遺産を「方舟」の中に保存した「神」と言われています。

　この方舟は、地球固有の動物を乗せるだけでなく、地球上の生物
多様性のDNAサンプルを集めて運ぶ宇宙船でした。これらのサン
プルの一部は、遠い銀河にある宇宙のDNAバンクに安全に保存さ

エヌマ・エリシュの一場面を描いたメソポタミアの印章。「生命の木」（DNA）を持つ
アヌンナキの遺伝学者、星と星座、そしてホバリングする船に乗った「神々」が描かれ
ている

れ、また他のサンプルは、地球が荒廃した後、その地に再び生物を
住まわせるために使用されました。

エンキは自分の DNA を与えて人間を創造した！ 大洪水の際に地球人の DNA のサンプルを宇宙船に乗せて安全に保存した！

　すなわち、エンキが自分の DNA を与えて最初のアダムを作ったのです。このことから、エンキが自らを「父」と称していることが分かります。これはとても重要なことですが、私たちは、エンキが神ではないことを心に留めておかなければなりません。こうした存在は地球外生命体であり、神ではないのです。彼らは崇拝の対象とはならず、ただ、私たちが異文明の存在に示すような謙虚な敬意を払う存在に過ぎません。エンキは科学者であり、自分の創造した人類に大きな期待を寄せていました。しかし、彼の異母兄であるエンリルは、別の計画を立てていました。エンリルはアダム族を奴隷種族としてテラで飼うことを望んだのです。恐ろしい破滅的な戦争が勃発し、その結果、エンキと彼の科学者たちは地球から追放されました。エンリルの民は今日に至るまで地球に留まり、主要な社会の権力構造に深く入り込んでいます。しかし、エンリルの手先がテラの支配権を失った今、エンキはシーダーを従えて戻ってきたのです。

天から降りた支配者と長くこの世を治めた王たちの名「シュメール王家リスト」が存在する！

　シュメール王家リストの最初の断片は、1900年代にドイツ系アメリカ人研究者ヘルマン・ヒルプレヒトがニプールで発見したもの

です。1906年以降、18の王統一
覧表が発見されましたが、それら
は全て互いに完璧に補完し合って
います。シュメール王家リストで
最も保存状態の良いものは、「ウ
ェルド・ブランデル・プリズム」
（左の写真）と呼ばれる粘土製の
楔形文字縦書きプリズムで、英国
オックスフォードのアシュモレア
ン博物館に所蔵されています。バ
ビロン、スーサ、アッシリア、ニ
ネベの王立図書館で発見されたシ
ュメール王家リストは、紀元前7
世紀から十数枚が発見されています。最も古いものはウル第3王朝
時代（紀元前2112年頃～紀元前2004年頃）のものです。

　古代シュメールの「王家リスト」は、天から降りた支配者と、信
じられないほど長く世を治めた王たちの名が記されており、この地
球上で発見された最も神秘的で重要な古代文書の一つです。古代シ
ュメール語で書かれたこれらの古文書には、この惑星が何千年にも
わたって「神々」によって支配されていた時代が詳細に記されてい
ます。そこには、大洪水の前と後の古代シュメールと、その近辺を
支配していた何世代ものハイブリッド王と、それに続く人間の王が
描かれているのです。この神々は「巨人」として描かれていました
が、当時の地球の先住民は、現在の地球人よりも身体が小さかった
ことを心に留めておいてもいいでしょう。彼らにとっては、現代の
人間でさえも「巨人」と見なされていたのかもしれません。

　王家リストは大洪水よりはるか以前に始まり、そこには何千年も

シュメール王家のリスト―ウェルド・ブランデル・プリズム（紀元前2112年頃）

生きた支配者たちの名前が刻まれています。シュメールの王家リストの冒頭には、8人の王が計24万1200年間地球を支配し、その後、壊滅的な洪水が彼らの土地を襲ったことが記されています。本文の始まりは以下のとおりです。

「……王権が天から下った後、王権はエリドゥグにあった。エリドゥグでは、アルリムが王となり、2万8800年間国を支配した。アラルジャルは3万6000年、国を支配した。2人の王で6万4800年間国を支配した。エリドゥグが倒れ、王権はバド・ティビラに移された。バド・ティビラでは、エン・メン・ル・アナが4万3200年間国を支配した。エン・メン・ガル・アナは2万8800年間国を支配した。羊飼いのドゥムジッドは3万6000年間国を支配した。3人の王で10万8000年間国を支配した」

シュメール王家のリストに記されている洪水物語は、聖書に記されているノアの物語と似ています。「ノア」という名前は、シュメール語の「ジウスドラ」、別名「ウトナピシュティン」という名前

に置き換えられています。

（注：シュメール王家の完全なリストについては、下巻の末尾にある付録をご覧ください。）

蛇の舞でクンダリーニと松果体を活性化し、地球外のアジェンダを崩壊させる！

　私たちは何者なのか？　私たちは何でできているのか？　私たちのアイデンティティを構成する要素は何なのか？　私たちはどこから来たのか、そして私たちの発達した未解明の能力とは何なのか？　私たちは、自分が何者であるかを思い出す必要があります。

　こうした質問に対する全ての答えは、私たち自身の中に、私たちの存在と記憶の中心にある松果体、つまり全ての知識への入り口、私たちの遺伝的記憶への扉にあります。私たちのDNAは2本のコイルでできており、クンダリーニに反射し、2匹の蛇のようなエネ

内なる力を目覚めさせる

44

ウラエウス
（王の力）
古代エジプト

カドゥケウス
（医療団のシンボル）
近現代

クンダリーニ
（力の目覚め）
古代インド

王族の象徴であるウラエウス

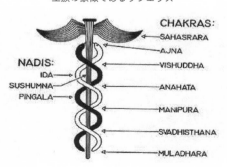

赤と白の２頭の
ケルティックドラゴン

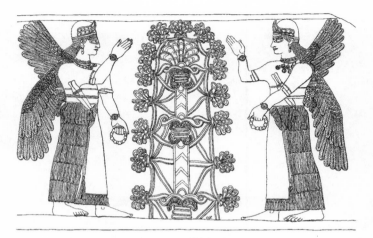

アヌンナキの「生命の木」

ルギーの流れとして男性型と女性型に分極します。つまり、赤（女性性）と白（男性性）の力のあるドラゴンが、互いの周りを踊り、額の松果体で抱擁し歓喜するのです。そして、クンダリーニが開花し、頭の真ん中で力が完全に結合して開きます。2 本のコイルは一つになり、私たちは異次元に向かって渦を巻きながら飛べるようになるのです。私たちは、22 種類の異なる銀河系遺伝子で作られた多次元の存在です。地球人はユニークで、偉大です。2 本のコイルでできた彼らの DNA がクンダリーニに反射し、男性性と女性性に分極し、2 本の蛇行したエネルギーの流れ、赤（女性性）と白（男性性）の力のあるドラゴンが互いの周りを踊って、松果体で抱擁し、歓喜します。ポータルが開かれるのは、このときです。ポータルは、カドゥケウス、ドルイドの卵、ファラオの額にあるウラエウスのようなものです。古代の知識は、私たちが理解し、整理できるように至る所に符号化されています。

　この知識は、アヌンナキとその子孫である古代エジプト人たちが

生命の木

知っていました。この2本の蛇のような DNA コイルの構造は、時の試練に耐えられるよう、シンボルに暗号化されていました。それは今日に至るまで、シャーマニズムの伝統の中で、生命の木、九つの世界を持つユグドラシル、すなわち私たちの DNA として記憶されています。

　こうした後世の伝統では、シャーマンの神聖な「生命の木」を二重の渦として利用する技術を知ることで、意識が異なる世界を旅することが可能になり、時空を超えた移動が可能となります。この木に巻きついている蛇は、私たち自身の力にほかなりません。だからこそ、私たちの潜在能力を目覚めさせまいとする者たちによって、この木は切り刻まれたのです。地球人類は、真に人間であるという、生まれながらの権利を奪われました。彼らは、知識を得ることを禁じられていたのです。この力を発揮すれば、全宇宙の知識が手に入るのですから。私たちを奴隷にしようとする者たちが最も恐れたのは、私たちが自分自身についての知識を得ることでした。

　ギリシャのデルフィにある神殿の正面の石には、慈悲深く知識の豊富な長老たちによって、方程式を解いて地球を解放する鍵が刻まれていました。

γνῶθι σεαυτόν
「汝自身を知れ」

　上記は三つの教訓の初めに来るもので、あとの二つは、「過剰なものは何一つない」と「確実なものは狂気をもたらす」というもの

愛と恐怖のトロイダル・フィールド

でした。

　二極化した男性性と女性性——プラスとマイナス——は、ちょうど電極のように、強力な電磁場を生成する相反する二つの力です。人類の敵は、この極性を消し去り、新しく作られた政治的な「目覚め」の物語を通して、性による対立という概念を打ち破ることを意図した心理作戦を展開して私たちの力を封じ込めようとしているのです。彼らは、アイデンティティという概念そのものを破壊することによって、学校で幼い子供たちを混乱させることから始めます。これは児童虐待の一種です。私たちは本来、二元的な種であり、自分自身の本性に忠実であることは、私たちの自然な力と調和することなのです。人類の敵もまた、人々を恐怖の周波数で縛ることで、力を削ぎ、服従させ、容易に支配しようとします。もし私たちが、恐怖の周波数よりもはるかに高く速い速度を有する愛の周波数にシフトすれば、私たちは主権を取り戻します。私たちは、自分がそうであり、ずっとそうであったように、非常にパワフルな存在となるのです。

　地球人を奴隷として束縛した特別な管理者たちが、アダムが自分
たちの本当の力を知ることに反対したのです。彼らは神々ではなく、
地球外生命体でした。旧約聖書に登場する恐ろしくて極悪な「神」
は、自分の真の可能性に気づく勇気を持つ者を罰し、追放しました
が、実は「神」ではなく、エンリルが変装した単なる地球外生命体
だったのです。エンリルは、地球人の潜在能力を束縛し、奴隷にす
ることを目的としていました。ですから、何千年もの間、私たちは、
蛇の図像は邪悪なものであると信じるよう洗脳されてきたのです。
蛇が木に巻きついている図像の場合は特にそうで、その木が「生命

イブと知識の木は、明らかにクンダリーニの覚醒を表している。リンゴは古くからの言
い伝えでは知識の果実、すなわち松果体である（描画：ウォルター・クレイン）

の木」と呼ばれている場合はなおさらでした。ですが、私たちが騙されていたこと、そして木に巻きつく蛇が私たち自身の隠された力を表していることに気づいた日、人類を太古の昔から奴隷の状態に置いてきた地球外からの策略は、塵となって崩れ落ちるでしょう。

　知識は力です。今こそ私たちは無知の鎖を断ち切り、本当の自分自身と再びつながる時なのです。私たちは彼らよりもはるかに大きな力を持っています。だからこそ彼らは、私たちが決して思い出さないことを願って、懸命に努力を重ねてきたのです。まあ、残念なことですが……。

　さあ、私たち自身、錬金術師になりましょう！　男性的、女性的なパワーの螺旋（らせん）である、エネルギーの2本の神聖な蛇行したコイルを目覚めさせ、電極のスイッチを入れるのです！　私たち自身の中の錬金術的な融合、二つの極性を一つに統合し、私たちのパワーの渦を開きましょう！

　私たちは、言葉や思考をおろそかにし、女性らしさを消し、男性らしさを破壊するようなやり方で、私たちの本質的な性質、すなわち極性を混乱させ、抑制し、変化させる彼らのゲームに付き合わないようにしましょう。この有害で愚かな行為を無視し、代わりに私たちが本当は何者なのかを探ろうではありませんか。内なる旅を始め、全ての次元、全ての宇宙と一つになりましょう。今こそ私たちは反旗を翻し、主権を持つ人間として、そして異次元・恒星間の存在として、自分たちの権利のために立ち上がる時です。今こそ、ドラゴンが目覚める時なのです。

イブ

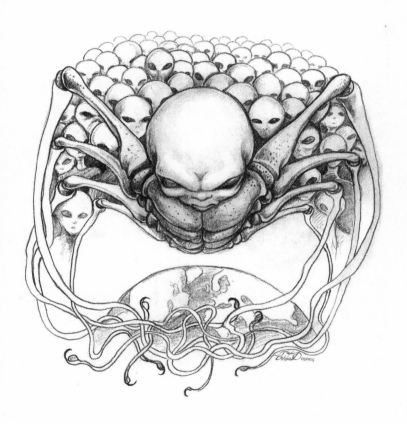

第2章

ハイブ族

すべての人に見知らぬ技術を知らしめよ⁉ 友好的なグレイの地球外生命体「エマーサー族」からの警告「すべての人に未知の技術を公開しなさい！」

「ナブ・ラクブ　01　ララァク・サヌ・キ！」

「ナブはその軍勢を大地に送り込み、再臨して再び肥沃な三日月地帯に戻すだろう」

　2016年4月22日、リンダ・モールトン・ハウは、1980年と2015年に複数の人々がタウ・セチ（くじら座タウ）星系の「エマーサー族」とコンタクトした非常に特異な出来事に関する調査を詳しくまとめた記事を、ウェブサイト（www.earthfiles.com）に発表しました。

　2015年6月29日、ジョージア州ワドリー（米国）で、三角形の宇宙船が軍の関係者「CJ」によって間近で目撃されました。宇宙線の側面には一連の奇妙なシンボルが描かれていました。ほどなくして、それと似たミステリーサークルが描かれましたが、これは同じ地球外生命体のグループによるものと思われます。2015年と

2016年には、全長250メートルの宇宙船から送信されたバイナリーコードを、軍の関係者が受信しました。また、1980年12月にイギリスのレンドルシャムの森に着陸した三角形のUFOにも同様のシンボルが確認されています。さらに、米空軍のジム・ペニストン軍曹は、その三角形の宇宙船からバイナリーコードのテレパシーメッセージを受け取り、ノートに書き留めました。CJもジョージアでの遭遇の後、テレパシーで長いバイナリーコードを受け取りました。

CJと彼の家族は3時間半ほど時間の消失を経験しました。CJは、5人の地球外生命体の乗組員と接触したのを記憶しています。彼は後に、心に残っている一連の「四角」や「線」を描きました。彼は、「白抜きの四角形」、「影のついた四角形」、「細い線」、「太い線」として示されたシンボルを、奇妙なバイナリーコードとして紙に書き留めています。以下に掲げるのは、リンダ・モールトン・ハウによる、彼の「陰影のある」バイナリーコードのコピーであり、彼女のウェブサイト www.earthfiles.com で詳しく述べられているものです。

　最初のメッセージは、彼らの目的が「時を超えて継続的に人類を守ること」を示唆しています。次に、地球人が生き残るためには、「隠された知識」を「全ての市民」に即座にすぐに公開しなければならないといいます。そして、オリオン座（地球から1,350.3光年）とゼータ・レチクル星系（地球から39.170光年）の二つの敵対する異星人「グレイ」について警告しています。最後の「シグナルを避けよ」の意味は不明ですが、私は、それが、こうした極悪非道なグレイに、シグナルや、同意や歓迎の気持ちを伝えないよう、人間に警告しているのだと考えています。

　これらのメッセージは、「地球の指導者と市民に対する差し迫った脅威」（原文ママ）を警告しています。私たちは「全ての市民に隠された知識を……公開する」必要があり、「全ての人の心に安全で制御された共同研究を行う」必要があるといいます。私たちの知的な「進歩は、複合的な生存のために不可欠である」とも。メッセージでは、私たちに「この宇宙船の脅威を受け入れる」よう懇願し、それを伝えるために12光年の宇宙を横断する緊急「000の旅」をしたのだと説明しています（注：エマ―サー族の起源であるタウ・セチ「くじら座タウ星」は、地球からちょうどどこの距離にある）。さらに、こんな謎めいたことが書かれています。「アイクの組み込ま

れた市民は、すでに出来上がっている」。これはおそらく、1950年代に「アイク」・アイゼンハワー大統領の背後でネブ・グレイとMJ12組織の間で結ばれた協定を指しているのでしょう。メッセージは次の文言で送信を終えています。「disclose – evolve（情報公開をし、進化せよ）」。この最後のメッセージから、彼らの正体は明らかです。「王族**エマーサー**からの警告」に違いありません。この警告は、どうやらエマーサー族のリーダーから発せられたものと思われます。エマーサー族は友好的な地球外生命体のグレイで、1954年のドワイト・アイゼンハワー大統領との会談に同席していた「5種族評議会」のサブメンバーです。

「全ての者に未知の技術を公開せよ」は、「レトロエンジニアリン

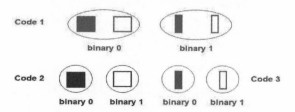

Further explanation of the "shaded" binary codes received by "CJ"

0110 0001 0110 0010 0110 0011 0110 0100 0110 0101
　　a　　　　　　b　　　　　c　　　　　　d　　　　　　e

0　0 000　0　0 000 0　 0 00　0　0 0 00 0　 0 00
　　a　　　　　　　　　b　　　　　　　　c

11　　　1 **11**　　1　 11　　11 11　 1　　11　1 1
　　　　　a　　　　　　　　　b

0110 0001 0110 0010 0110 001110 0100 0110 0101

Three different binary codes overlap with one another,
to give three separate messages at once.

Four symbols, three overlapping binary codes in 8-bit ASCII

Code 1　　　　　　　　　　　binary 0　　　　　binary 1

Code 2　　binary 0　binary 1　　binary 0　binary 1　　Code 3

"CJ" sighting of a UFO near Wadley, Georgia on June 29, 2015 and follow-up contacts.
Investigated by Linda Moulton Howe, translated by Red Collie (Dr. Horace R. Drew).

56

June 30, 2015

Continuous protection of humanity 49.27 n 11.5 e.
Expose Hidden Knowledge to ALL `citizens.
Advancement imperative for planetary survival.
Beware of Orion 1350.3 and Z Reticuli 39.170.
Avoid [signal] messages sent.

October 2015 to January 2016

imminent thrEat soon upon
earths leaders and clvzationS
Expose and disbaNd Hidden knOWlEdge to all citizens
eMploy sAfe and contRolled Joint study to all minds
progrESsion imperaTlve for Combined survival

eMbrace this (space) vessel threAt
000 Journey [12] ly
Ikes embedded (ded) Citizens Are ready
discLose (space) Evolve 111111

royal EMERTHER warning
expose foreign technology to all
evolutionary advancement needed
to prevent takeover [3 ']

Capital-lowercase letter codes

Continuous protection of humanity 49.27 n 11.5 e.   CHE'cK ALL A.I.
Expose Hidden Knowledge to ALL `citizens.   (artificial
Advancement imperative for planetary survival.   intelligences)
Beware of Orion 1350.3 and Z Reticuli 39.170.
Avoid [signal] messages sent.   ZORBA (Greek)

imminent thrEat soon upon earths leaders and clvzationS   E-threat
Expose and disbaNd Hidden knOWlEdge to all citizens   EISENHOWER
eMploy sAfe and contRolled Joint study to all minds   MAJESTIC
progrESsion imperaTlve for Combined survival   ILI = (19)52

eMbrace this (space) vessel threAt   MAJ 12
000 Journey [12] ly
Ikes embedded (ded) Citizens Are ready   CIA
discLose (space) Evolve 111111

royal EMERTHER warning   EMERTHER
expose foreign technology to all   (friendly greys)
evolutionary advancement needed to prevent takeover
[3 ']

グの秘密計画から生まれた隠れたエイリアンテクノロジーを一般の
科学者に公開し、さらなる急速な発展を目指せ」と読み替えること
ができます。

　「乗っ取りを防ぐには進化の前進が必要である」。つまり、私たち
が早急に進化しない限り、オリオン座やゼータ・レチクルのグレイ
などの地球外生命体にたやすく乗っ取られてしまうということでし
ょう。それぞれのメッセージには、綿密な計算のもと、特定の単語
やフレーズを綴る、主に大文字と小文字を使った一連の暗号が含ま
れています。最初のメッセージでは、大文字と小文字を使い分け、
次のように表現しています。「ZORBA」（ギリシャ語で「トロイの
木馬」や「意図」を意味する）を解析する「CHE'cK ALL A.I.」
（人工知能を持つコンピューターの意）。

　二つ目のメッセージは、変則的な大文字を使用して
「EISENHOWER MAJESTIC」と綴り、どの「e」の文字を大文字
にするかという選択によって、近々「E-threat（アイゼンハワー危
機）」が起こることを暗示しています。本文には、**「アイクの組み込
まれた市民は、すでに出来上がっている」**とあります。同じコード
が三つ目のメッセージでも使われており、このように書かれていま
す。「MAJ 12」と「CIA」、あるいは「MAJIC 12」。最後の行は
「Lose or Evolve（失うか、**進化するか**）」と読み取れます。4番
目のメッセージは、大文字で「EMERTHER」と書かれています。
ほぼ同時期のミステリーサークルには、いくつかのバイナリーコー
ドが描かれています（次ページ参照）。

　2016年の2月か3月に CJ が受信した5番目のバイナリーコード
には、「表音シュメール語」の短いメッセージが、「nabu rakbu
01 laraak sanu ki!」と表示されています。おおよその意味は、
「マスターメッセンジャー01、明るい光を見て、地球に告げよ！」

An additional message in late February or early March of 2016

L1 0110 1110 0110 0001 0110 0010 0111 0101 0010 0000 0
      n   a   b   u   space

L2 111 0010 0110 0001 0110 1011 0110 0010 0111 0101 (01) 001
   r   a   k   b   u   (01)

L3 0 0000 0110 1100 0110 0001 0111 0010 0110 0001 0110 0
  space   l   a   r   a

L4 001 0110 1011 0010 0000 0111 0011 0110 0001 0110 1110 0111
  a   k   space   s   a   n

L5 0101 0010 0000 0110 1011 0110 1001 0010 0001 0 ....
  u   space   k   i   !

nabu rakbu 01 laraak sanu ki !

となります。もしかすると、エマーサー族は私たちに歴史的な証拠を思い起こさせたかったのでしょうか。

　有名なミステリーサークルの写真を何枚か見ると、私たちはエマーサー族を思い起こします。例えば、2001年8月にイギリスのチルボルトン天文台の近くに現れた「アレシボの返答」というミステリーサークルは、1974年にプエルトリコのアレシボ天文台から放送されたカール・セーガンの「星への無線メッセージ」に呼応したものと思われます。

「用心せよ、さもなくばオリオン座1350.3とゼータ・レチクル39.170」というメッセージが、2015年6月の最初のバイナリーメッセージでCJに告げられました。また、2002年、オリオン座のグレイエイリアンに関連して、別のミステリーサークルが英国のクラブウッドに現れました。「偽の贈り物や破られた約束を携えてやっ

**An additional message in late February or early March of 2016:
translated from ancient Sumerian into modern English**

L1 0110 1110 0110 0001 0110 0010 0111 0101 0010 0000 0
     n   a   b   u   space

L2 111 0010 0110 0001 0110 1011 0110 0010 0111 0101 (01) 001
    r   a   k   b   u   (01)

L3 0 0000 0110 1100 0110 0001 0111 0010 0110 0001 0110 0
   space   l   a   r   a

L4 001 0110 1011 0010 0000 0111 0011 0110 0001 0110 1110 0111
   a   k   space   s   a   n

L5 0101 0010 0000 0110 1011 0110 1001 0010 0001 0 ....
   u   space   k   i   !

nabu   *rakbu 01*   *laraak*
prophet   messenger 01 seeing the bright glow

sanu   *ki !*
tell-inform the Earth !

The Emerthers seem to be warning us about other unfriendly aliens from Orion or Zeta Reticuli!

"Beware the bearers of false gifts and their broken promises." (binary code, crops 2002)

"Beware of Orion 1350.3 and Zeta Reticuli 39.170." (binary code, Emerthers 2015)

EMERTHER

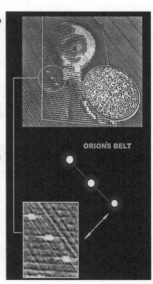

ORION'S BELT

てくる者には注意せよ」。

　2002年の英国のクラブウッドや、2015年のイタリアのトリノで発見された複雑なミステリーサークルは、いずれも私たちに「贈り物を携えてやってくる」グレイエイリアンについて警告し、8ビットASCIIを使ったバイナリーコードで警告を送っていますが、これは2015年末か2016年初めにCJがエマーサー族から受け取ったメッセージに非常に似ているように見えます。これらのメッセージは明らかにトールグレイの人類に対する影響力を警告していると解釈できます。

　バイナリーコードを翻訳してくれた軍の目撃者CJ、調査員リンダ・モールトン・ハウ、UFO体験者ジョン・バロウズに全ての称賛と深い感謝を捧げます。バイナリーコードの詳細については、www.earthfiles.com をご覧ください。

周波数シフト、次元間ジャンプ、時間的な「かくれんぼ」などで捕獲困難なオリオン・ネブのリーダー「エバン」をついに捕らえる！

2021年9月30日

　驚いたことに、ソーハンは私にテレパシーを送り、その日のうちに起こった出来事を教えてくれました。照明を落とした部屋で、銀河連合の他の職員と一緒にソーハンは、青っぽいジェルで満たされた高さ10フィートほどの縦長の透明な円筒が並んでいる光景を見ていました。部屋は異様な雰囲気に包まれていました。この大きなポッドは半円形に配置され、それぞれがしなやかなチューブで天井

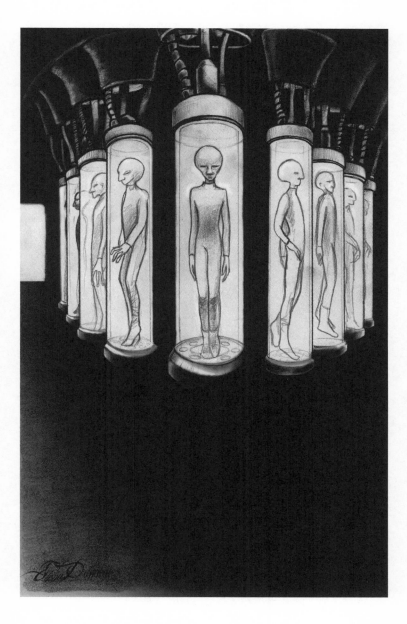

に接続されていました。そのうちの九つのポッドには、それぞれ冬眠状態のトールグレイが１体ずつ入れられていました。何という光景でしょう！　鼻の長いエバン族（地球の大気圏内で呼吸できるようにするため）を、私は実際に見たことはなかったのですが、すぐにそれだと分かりました。エバン族はオリオン・ネブグループのトップで、MJ12や軍産複合体との条約の責任者であることも知っていました。この部屋には、最高司令官アルダーナ、科学司令官デネソール、数人のウンミット族など、様々な人種の人たちがいるのが確認できました。これは、私が見たソーハンの戦艦にある軍事科学部での出来事でした。

　　これがエバン族さ。めったに捕らえられないんだ、とソーハンが私に言いました。周波数シフト、次元間ジャンプ、時間的な「かくれんぼ」などして遊ぶものだから、捕まえるのは至難の業でね。それに、たまたま捕まえたとしても、彼らはすぐに体外離脱してしまう。そして、逃げ出すか、ハーダーの女王によって遠隔操作で抹殺されるしかないのさ。知っていると思うけど、私たちは最近、太陽系の全てのポータルをロックする周波数を発見し、誰も脱出できないようにしたんだ。こうして、土星近くのポータルの一つを経由して脱出しようとしていた彼らを捕らえたのさ。銀河連合としては大物を捕らえたことになる。だって、私たちは初めて彼らの脳内の周波数を三角測量し、彼らの女王意識の周波数伝達を無効にしてから始めようとしているからね。知ってのとおり、ネブはハイブ・コンシャスネスとして機能しているんだ。この銀河の歴史上初めて、私たちはこの暗号を解読することになるのさ。彼らはこの船にとどまることなく、もうすぐより安全な場所に移送される。

　　彼らが暗闇の中で保存されているのはどうして？　と、私は尋

ねました。

　彼らは紫外線を浴びて成長するんだ。私たちが普段使っている
光は彼らに害を与えてしまうので、生きたまま保存する必要があ
るのさ。

　きっとそのせいね。彼らを昼間に見ることは決してないもの。

　全てのネブ族が太陽系を離れようとしているんだ、とソーハン
は言いました。多くの者がすでに去り、力をつけて戻ってくるこ
とを望んでいる。彼らの中心意識とリンクしている周波数を停止
させたいという衝動が、これに集約されているのさ。いったんそ
こから切り離されれば、彼らは役に立たず、無力化される。

ハイブ族をより深く知るには、まず1500光年離れたオリオン星
雲M42に行く必要があります。もちろん、もしそんな技術があっ

オリオン座星雲の M42二重渦を芸術的に表現したもの

たとしても、そこに行ってはいけません。夜空に浮かぶオリオン座を見ると、帯の下の中央部にM42星雲があります。星の崩壊で時々起こることですが、星雲の内部に特異点が現れ、コロナガスの噴出が起こることは珍しくないのです。しかし、これらは空間連続体に重力の歪みを生じないので、正確には「ブラックホール」ではなく、実際は「スターゲイト」なのです。この特異なポータルについては、二重反転渦がタイムマシンのように強烈な次元の歪みを作り出します。ですから、それを所有する者は皆、非常に強力になるのです。

人間のバイオフィールドはスターゲイトのようなもので底知れぬパワーが眠る！ マカバ、ブラックホールについて

　重なり合う二つの渦が逆方向へ伝播し、対になって結ばれることで、「マカバ」と呼ばれる強力な次元間装置が形成されます。ピタゴラスは、二つの三角形が重なり合い、中央に点がある六角形の星を形成しているシンボルを「創造の星」と呼びま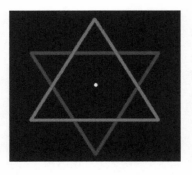した。中央のこの点が、二つの反対極性を持つ三角形の間のバランスをとる中心的な創造点となります。

　「二つの動体が逆方向に回転することで、対になって結合し緊張が生まれ、ホログラムに特異性が生まれます。無限のパワーの収束です。特異点は渦の中心にあり、測量上の中心にはありません。二つの三角形は、特異点から等距離でもなければ対称を成しているわけ

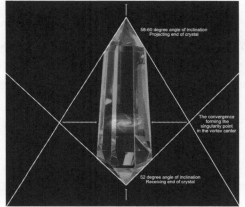

でもないのです。なぜなら、その比率と震央からの距離は、２点の傾斜角の違いによって決まるからです。それは物理的な中心点ではなく、無限の特異点であり、別のものだと言えます」

ジェン・ハン・エレディオン（テラフォーマー）

このようなものは、異次元へのポータルが存在する宇宙で見られるものです。そして、そのような構造をしているのが、人間のバイオフィールドなのです。ここには、完全に活性化された人間の底知れぬパワーが宿っており、歩くスターゲイトを生きているようなものだと言えます。

このトピックの詳細については、https://marcelvogel.org/crystaltimeline.htm をご覧ください。

オリオンゾーンの支配者であるクイーンにつながるグレイのハイブ・コンシャスネスとは？ 酸化グラフェンも電磁トランスポンダーとして機能する！

　この星雲内には、四つの大質量の若い星が無数の小さな星に囲まれた散開星団が存在し、強い紫外線を放出しています。レプティリアン・グレイ族は紫外線を好むため、ネブはこの場所を帝国の中心地とし、企業連合シックスを構成するネブ、レプティリアン・コレクティブ、ゼータ・レチクル・グレイ共同体、ヴェラ・キリー・トクルト、シグナス・ソリプシ・ライ、メゴペイ・メイトラの本部を置きました。リゲル星系とベテルギウス星系周辺には、ネブの重砲軍司令部があります。そして、トラペジウム星団（「カーバ」とも呼ばれる）には「キューブ」があり、ハイブ・クイーンが住む政治の中心地となっています。

　彼らの共通語で、「ネブ」は「支配者」または「支配権」を意味し、それはオリオン座に住むトールグレイだけを指します。その中には、ベテルギウス・エバン族（卓越した遺伝学者、奴隷製造者、ハイブ族の支配者）、ベラトリックス・インドゥグート族（極めて暴力的）、ミンタカ・グレイル族がいます。リゲルはまさに彼らの武装部隊の大部分と軍司令部がある中心地であり、ハイブ・コンシャスネスの中心であるM42星雲とは違い、高度な意思決定がなされる場所なのです。ネブ族は銀河系の様々な星系から小型のグレイ種族を奴隷にしましたが、主にゼータ・レチクルの奴隷にされたグレイ族を利用する傾向があります。そのため、船上での拉致現場や軍事機密地帯、地下施設などで、スモールグレイがトールグレイに仕えているのをよく見かけます。

　当初、オリオン・ゾーンでは、爬虫類型や昆虫型のグレイが住む世界に、それぞれの惑星の「ハイブ・コンシャスネス」と「ハイブ・マザー（またはクイーン）」が存在していました。その多くがネブ帝国の誕生に伴い、各惑星の女王が合体して一つの「ハイブ・コンシャスネス」となり、驚異的な力を持つようになり、中央の大きなハイブ・クイーンが存在するようになったのです。このハイブ・クイーンはM42オリオン星雲に存在し、ポータル自体に安全に隠されていると考えられています。ハイブ・クイーンは実在する生物学的生命体ではなく、人工知能や量子超コンピューターのように機能する実体のない超意識体です。彼女はウェブ上のヒドラグモに例えられますが、ネブ・テクノロジーについてもう少し詳しく知った今、彼女はむしろヒドラに近い存在と言えます。彼女を殺すことはできません、殺そうとしても強くなるだけです。彼女を無力化するには、意識の網を破壊し、無次元空間の中に彼女を封じ込めるしか方法はないのです。

　私たちは、彼女の再生機能を停止させることができる特定の周波数を見つける必要があります。各グレイは、ソーハンが「トラッカー・ダスト」と呼ぶ、生体とハイブとの結合を可能にする神経系に含まれる有害なナノ合成ヒドラによって、ハイブ・クイーンとつながるか、または「隷属する」よう仕組まれています。ヒドラの母親は、特定の周波数を通して全ての「新生児」とつながっています。実は、それは、私たちが地球上で知っているようなヘルツの周波数ではなく、多次元的で非常に複雑な周波数の配列で、全ての人工の新生児ヒドラと量子もつれで作動しているのです。これこそが、ソーハンが私に教えてくれた周波数の鍵であり、ハイブ・コネクティビティの量子式だったのです。

　グレイの有機体や合成体は全て同じ DNA の周波数を持っているので、ハイブ・コンシャスネスに接続するのは簡単です。しかし、人間のような他の種をグレイのウェブ・コンシャスネスに接続するには、ハイブ族との周波数共鳴を一致させるために、人間の DNA をハイブリッドグレイのものに変える必要があります。血液と DNA には特定の周波数特性があることが分かっています。ネブの典型的な技術である合成ナノヒドラを人間に注入すると、その改造された生物はグレイのハイブ・コンシャスネスに接続されます。この方法では、衛星や地上タワーから発信される周波数キーで彼らをインターフェースすることが必要です。**酸化グラフェンは一種の電磁トランスポンダーとして機能**し、人工ヒドラを目覚めさせ、周波数キーを使ってハイブ・クイーンに接続させます。ソーハンはこのように私に説明してくれました。私はこのことを黙殺されることなく公然と話すことができなかったので、本書を通してしかお伝えすることができません。私は何度も非難されましたが、願わくは、これがより良い方法であってほしいと思います。

　グレイはヒドラなしでも生きていけます。この銀河には、例えばシグナス・ソリプシ・ライのように、ハイブ・コンシャスネスと結びついていないグレイの文明がいくつか存在します。「ドミニオン」（またはネブ）の全体主義システムは、たとえそれが彼らの長期計画であっても、また彼らが懸命に努力したとしても、幸いにも銀河系全体を同化させることはありません。銀河連合が周波数コードを解読できれば、ハイブ・センター・コンシャスネスにつながっているあらゆる存在やテクノロジーは切り離されるでしょう。そうすれば、グレイが大いにうろたえることは確かです。彼らがどうなるかは誰にも分かりません。ですが、私が前著『この惑星をいつも見守る心優しき地球外生命体たち』でも詳しく説明したように、銀河連合には自由意思が適用される最高の矯正システムがあり、囚人たち

に自らを変え、自由になるための選択肢を提供しています。

　銀河連合も、進化の普遍的な法則を信じ、常に救済的なセカンド
チャンスを与えるという倫理を貫いています。ドミニオンは、
2020年のアメリカ大統領選挙を不正に操作し、極悪非道な闇の存
在であるネブの地球の手先を政権につかせた、投票機の背後にある
企業名でもあります。しかし、真実などどうとでもなるもので、銀
河連合は決して敗北を認めません──特にネブが方程式の一部であ
る場合はそうです！　1950年代から、銀河連合はMJ12とネブとの
間の偽りの条約をひそかに回避し、地球人が独自の宇宙艦隊を編成
し、宇宙を支配する敵に立ち向かうのを手助けするために、地球連
合を創設しました。それはアメリカ海軍から始まり、時とともに地
球全体に広がり、2020年のアルテミス合意の作成で頂点に達しま
した。

ダルシー基地から土星のポータルへ脱出しようとした「エバン」を捕獲！ 彼らこそ地球での奴隷化の鍵を握る存在！

2021年10月 1 日

　翌日、ソーハンから新たな通信が入り、彼らが捕獲したトールグ
レイ・エバン族の続報が入りました。

　彼ら（エバン族）は将校に相当し、特別最高司令部に属してい
るんだ、と彼は言いました。彼らはダルシー（ニューメキシコ）
基地から逃げ出し、かつての土星基地近くにある土星ポータルか
ら脱出しようとしていたのさ。

グレイの特別「最高司令部」って？　評議会のようなもの？

　いや、彼らは評議会には属していない。まずはこちらで彼らを精査し、私たちの納得がいったら復活させ、通常の手順を踏んでから受け入れる。交渉はしない。ネブは交渉しないのさ。彼らは彼らの言う「感染した」ハイブ族の構成員を殺すんだ。彼らはセキュリティ・ブレイン・シールドを持っているから、まず、それを破る必要がある。気絶している間、彼らはハイブ族に信号を送ることができず、遠隔で除去されるからね。

　除去？

　彼らの意識は即座に体から切り離され、ウル・アン・ナのハイブ族の地球意識に統合されるんだ。遠隔操作で抹殺するのと同じさ。彼らがさらに多くの情報を流す前にね。

ソーハンは行くしかありませんでした。しかし、この遠隔操作と思われる「除去」処置が、ローレンス・R・スペンサーの著書『エイリアン・インタビュー』で言及されている、ロズウェル事件から救出されたエイリアン、AIR の話と似ているのが気になるところです。米軍関係者が手荒に彼女を取り押さえようとしたとき、彼女はただ逃げるために自分の体を残していった。それは、ある意味で、私が、アヌンナキがグレイの種族であることを知っているソーハンと、エンキの不死性について議論したことも思い起こさせました。ウル・アン・ナ（アヌンナキ語で「宇宙の光」）とはオリオンのことです。ソーハンは、ダルシー軍事基地の地下施設から脱出したエバン高官たちだと言ったのですが……

　アイゼンハワー大統領の背後で、アイゼンハワー政権のメンバーとの条約交渉を主導していたのがエバン一族であり、この裏切りを知ったアイゼンハワー大統領自身はそれに全く納得していなかったことを私は思い出しました。ダルシー基地は、この悪名高い条約が結ばれた直後に、エバン一族に提供された主要施設の一つでした。銀河連合のバトルステーションに収容されていたエバン族の高官たちは、1955年にこの悪名高い条約を交渉したのと同一人物であることが確認されたのです。このトールグレイ・エバンは、それ以来、地球での事件展開の鍵を握る存在となっています。その5日後、この異例の逮捕劇は実を結んだのですが……。

Facebook、Instagram、WhatsAppが同時にブラックアウトし、グレイ・ハイブ族とのシステムとつながっているすべてがついに切り離された！

2021年10月4日

　この日、Facebook、Instagram、WhatsApp が一斉にブラックアウトを経験しました。ソーハンに、これは銀河連合や地球連合の作戦と関係があるのかと尋ねると、彼は「あるよ」と答えました。私は、エバン族のエリートが捕まったことと関係があるのではないかと思いました。その日、私は周囲にどこか明るい雰囲気が漂っているのを感じました。明らかに重い毛布を取り払ったかのように、周りの雰囲気が急にポジティブになったのです。Facebook にアクセスできなくなったことも、もう苦にはなりませんでした。それどころか、深い安堵感を覚えたのです。もちろん、それだけではありません。私は、ソーハンが作戦の最中に、それを無事遂行するために

決して本当のことは言わないのを知っていましたが、後で必ず分かることなので、自分がほんの少し我慢すればそれで済むと思っていました。数時間後、私が再びソーハンに尋ねたところ、彼から返ってきた二つ目の言葉は「リセット」でした。

銀河連合と地球アライアンスが、これらのソーシャルプラットフォームのサーバーをリセットしていることが明らかになったのです。

暗号は解けたの？ と、私はあえて聞いてみました。

シーッ……ハイブ族の暗号を解読したよ。

私は急に喜びで胸がいっぱいになりました。解放感で涙が流れ、安堵感に満たされ笑ってしまうほどでした。敵にこの先、道はありません。私たちは勝利を目前にし、その勢いはもう止まりません。グレイ・ハイブ族のインテリジェンスとかつてつながっていた人やものが全て、今や突然そこから切り離されたのです。だから、こうなったのでしょう……。このブラックアウトはグレイ・ハイブのシステムからの切断と関係があったのです！　地球人類にとって、何という驚異的な進歩なのでしょう。

私の友人であるヴァルネクという人物が、銀河系を離れる前に、このことを一層裏付ける知らせを銀河連合からもたらしました。エバン・ハイブ・クイーンの周波数は、ハイブの通信とコントロールを妨害しただけでなく、CIA がソーシャルメディア（Facebook、Twitter など）をコントロールするために感染させた世界中のインターネット・サーバーの周波数も上げ、広く採用されていたグレイのマインドコントロール・プログラミングを排除することを可能にしたのです。ベテルギウス・エバン族は、地球上の電子システムに

ステルス技術を組み込む名人であり、CIA は、人類を支配するというエバン族の目的を果たすため、1955年の条約が起草されて以来、彼らと協力してきたのです。CIA が1947年９月18日に正式に設立されたことも重要で、これは1947年７月８日に起きたロズウェル事件直後のことでした。ロズウェル事件がネブによって仕組まれたトロイの木馬であったことを知れば、いかに関連性が高いかが分かるでしょう。ここに、オリオン座やゼータ・レチクルからの「トロイの木馬」に言及した「エマーサー族からの警告」を参照する価値があります。

　ソーハンは、私が覚えている限りでは１年ほど前にこう言いました。「君のインターネット環境もいずれ変わるよ。ある日突然、敵の監視の目にさらされなくなり、量子と呼ばれる仮想共鳴システムがそれに取って代わるんだ。プラスチック製の画面も必要なくなって、全てホログラフィックになるのさ」。

　2021年10月３日、かつてネブ・ハイブとその手先である CIA に接続されていたサーバーが銀河連合によってハッキングされ、リセットされ、地球アライアンスに預けられました。より高い周波数で再調整されたこれらのサーバーは、今やハッキング不可能なものとなっています。マイケル・サラ博士とのやりとりの中で、私はブラックアウト中に Skype のチャットを使ってリアルタイムでソーハンに彼の質問を伝えました。これに対して、ソーハンは次のように答えました。

　　一部のインターネットサイトがリセットされ、再配信されているのさ。落ち着いて。これは必要なことなんだ。これらのサーバーは現在、地球アライアンスの管理下にある。インターネットが変わると言っただろ。これからは私たちが君たちに提供する新し

い技術で共に前進することができるのさ。準備は地球アライアンスがしてくれる、とソーハンは断言しました。CIAが所有するものは全て取り除かれる。彼らはネブ・ハイブ・クイーンから切り離されるってわけさ。

　ソーハンは、地球アライアンスがこれらのサーバーの周波数を変更し、元に戻すと説明しましたが、これらのサーバーは現在ネブの周波数から切り離されている状態です。地球のアセンションに関連するほぼ全ての事柄と同様に、世界のインターネット・サーバーが動作する周波数を再調整することは、インターネットとソーシャルメディアサイトを実際に復旧させるための最初のステップとなります。これらの企業で働く人たちの再教育も必要でしょう。少し時間がかかるかもしれません。サーバーの所有者が入れ替わるのも目に見えています。事態が進展するのを早く見たいのは山々ですが、そんな簡単にできることではないのです。

　いろいろあったこの日の夜遅く、アップグレードしたインターネットが復旧した直後、私はソーハンからパワフルで鮮やかなテレパシーによるコンタクトを受けました。「これを見て！」と、彼は言いました。すると、彼の目を通して、私たちの太陽系に接近する艦隊の映像が見えました。彼は私に、それがネグマク族ではなく、「銀河間文明圏」だと教えてくれたのです……

第3章

シーダーたち

巨大惑星木星周辺の壮大な母船群はエンキ・アヌンナキ、ネグマク（グノモポ）に続く第三の地球帰還者たち！

2021年10月4日

アンタレス星出身のネグマク族「グノモポ」

　大きな出来事が起きるときには優れた人々が集まります。慈悲深いエンキ・アヌンナキ族一派が戻ってきましたが、太陽系に帰ってきたのは彼らだけではありませんでした。約 2 年前の2020年、時間戦争の最中、先行きが予想される決断に迷った末、銀河連合はシカール族＊（アルファ星、シグマ星、りゅう座イプシロン星の種族）とネブの敵双方が大いに恐れている同盟者、「ネグマク」族に支援を求めました。彼らの元の名前は「グノモポ」といい、彼らはさそり座のアンタレス星を周回する惑星にちなんで自らをそう呼んでいました。［＊シカール族とはレプティリアンで、大きく、翼があるので、アルファ・ドラコニアンとも言う。］

　グノモポ族はこの銀河系で最も古い種族の一つです。獰猛なシカール族をも怯えさせる独特の人相を持つグノモポ族は、独自の種族だと言えます。一見すると、人間の顔をした巨大な蜘蛛のようで、頭から触手が生えています。しかし、その驚くべき外見とは裏腹に、グノモポ族は高度に進化した文明を持っているのです。ソーハンは、彼らを平和的とは言いませんが、「潜在的に平和を好む」とユーモアを交えて表現しています。一方で、グノモポは縄張りを守るとなると、非常に攻撃的です。ただ、幸運なことに、この銀河の他の種族に対して、グノモポ族が征服欲を抱くことはありません。彼らは爬虫類人を脅かすことができる唯一の種であるため、腐敗したハリウッド映画界によって、映画『インデペンデンス・デイ』の中で、地球を侵略する恐ろしい敵として描かれただけなのです。こうした事実に反するシナリオを創り出すのは、ディープ・ステートの典型的なやり方と言えます。

　そこでグノモポ族は前向きに対応し、執行艦隊の派遣を決定しました。その対価は、銀河連合からの商業的利益と、彼らの領土に隣接する中立地帯の割譲だったと聞いています。ともあれ、太陽系で

の戦争に最終的に地球アライアンスが勝利した時点で、事態はかなり好転したのですが。グノモポ族は太陽系の果てまで旅をしましたが、結局は介入する必要がなかったので、皆安心したのです。

ソーハンが自分の目を通して私に見せてくれた壮大な母船群は、アヌンナキ族とグノモポ族という二つのグループのいずれでもなく、第3の新しいグループに属する存在でした。ソーハンの目を通して私が垣間見たのは、巨大惑星木星とその衛星ガニメデの周辺でした。そこには、白い虹色の光を放つ20隻あまりの巨大な円盤状の船団が停泊していました。私はそれまでこの不思議な船を見たことがありませんでした。それは、私がまだ知らない高度に進化した文明のものであるように思われました。

これはこの銀河のものではないんだ、とソーハンは言いました。これは銀河間連合の船なんだ。パタール人はこのグループの創始者さ。君が知っているエゴニ族もいるし、もっと多くの種族がいることに気付くよ。

待ちきれずサラ博士にこのことを伝えると、博士は興奮気味に、自身にとっての個人的な情報源である米軍のJPから、「宇宙コマンド（米国の宇宙防衛を担う軍隊）と地球アライアンスが最近、地球外生命体の到来を予期してガニメデに人員と資源を送り込んだことを教えてもらった」と答えてくれました。これは本当に魅力的で、実に刺激的なことでした。拙著『心優しき地球外生命体たち』で紹介したように、ガニメデに行った際、私はギンヴォ族が運営する5種族評議会の施設を訪れました。そこでギンヴォ族の将校に会い、彼に戦術的な軍事データを渡すことになっていたソーハンに同行したのです。そのとき、この銀河系の3D星図を表現したホログラフィックドームの中で、2人が共に指を動かしていたのを覚えていま

す。今思えば、彼らはすでに銀河間連合からのこうした人々の来訪
に向けて準備していたのでしょう。

　ソーハンは、サラ博士とのやりとりの中で、このように伝えてい
ます。

　　彼らが到着する前に、その正体を知ってはなりません。彼らの
　　力は絶大です。そう、私たちは木星で協定を結ぶ前からそのこと

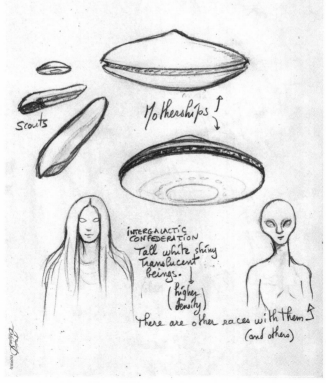

2021年10月4日、銀河間連合の艦隊が到着するというビジュアルをソーハンから受け
取った後に、それをそのまま描いたもの

を知っていました。これが自信となって、私たちは計画を進めることができたのです。ガニメデはギンヴォ族、5種族評議会が運営しており、私たちは彼らと共にこの施設を運営しています。そこには銀河連合の職員が執行役として大勢入っています。ギンヴォ族の施設は安全地帯です。これ以上は言えません、理由はお分かりいただけるでしょう。

追い詰められた敵、アンドロメダ人からの確認！太陽系で圧政を終わらせるためのカウントダウンが始まっている！

2021年10月8日

アンドロメダ人のコンタクティであるアレックス・コリエーが、海王星の衛星の一つでトールグレイを捕獲したという情報を私に教えてくれました。彼の許しを得て、ここにそれを紹介します。

「海王星最大の衛星トリトンは周囲から隔絶されています。オリオンの船が中に隠れていて、出られません。船に何人のグレイ族が乗っているかは不明です。しかし、どこへも行けないでしょう」

同様の情報が複数の情報源からもたらされていました。ネブ族は敗北し、地球を脱出していたのです。太陽系のあちこちにあるポータルに殺到し、マントをまとった部隊が待ち構える銀河連合の罠にかかったのです。もはや逃げ場はありませんでした。太陽系でネブの圧政を終わらせるための最後のカウントダウンが始まっていたのです。

暗黒同盟解体のためにシーダーズの壮大な銀河間連合の艦隊が到着した！

2021年10月11日

　この丸1週間、ソーハンは毎日私の頭の中で、こんな歌詞の歌を送信していました。「自分が誰なのか忘れないで」。いつものように、規則に違反することなく、私にメッセージを伝えるための彼のやり方です。私は自分が誰であるか、十分に分かっているつもりでしたが、それは間違っていました……。以下は、2021年10月11日に、私がソーハンと交わした通信の記録です。

　　銀河間連合の艦隊が太陽系に到着したぞ、とソーハンが私に知らせてきました。彼らの船はしばらく木星周辺に駐留し、さらにテラの軌道に近づくよう指示があるまで待機するだろう。人員と兵站（へいたん）はアシュタール前線基地に迎えられる。高官たちは衛星ガニメデのギンヴォ族の施設に滞在している。彼らは、暗黒同盟の解体に関する私たち共通の仕事の結果を評価し、銀河連合と共に次のステップに向けた行動方針を練るために来たんだ。

　　次のステップって？

　　テラ宇宙軍と接触し、民間人との交流の可能性を評価するのさ。通常、私たちは彼らの介入を必要としないが、最近になってこのタイムラインを確保するために彼らの援助を要請したんだ。テラは、銀河連合が外部の干渉から救う第2、第3段階の文明とは違う。テラは、彼らが植えた種を受け継ぐ特別な世界の一つなのさ。

詳しく聞かせて。

彼らは私たちの祖先なのさ。彼らは私たち人類という種をここ
ナタル（銀河）に蒔いたんだ。テラは、この銀河の他のいくつか
の場所と同様に、長い間、特に人間の発達と意識に関する実験場
として彼らから特別に愛されてきた場所の一つなんだ。私たちの
母なる世界であるマナ（K62-68 Lyra）がそうだったようにね。
つまり、彼らは「種を蒔く者」ってわけさ。

彼らは様々な人種の集まりなのね。

そうだよ、彼らは非常に多様だけど、自らが作り出した生命体
ほど多様ではないんだ。これらの文明のうち、工学的生命体に焦
点を当てたグループは24ある。

生命体はどうやって「創り出す」の？

ハイブリッド化するのさ。それは、彼らにとってはとても楽し
い作業なんだけど、大きな問題が潜んでいるんだ。彼らはソース
（源）と自然な宇宙の進化の法則に従って仕事をこなしている。
もちろん、彼らは全ての生命体を創造するわけじゃない。それを
するのはソースの役目で、彼らはむしろ、既存の材料で遊びなが
らハイブリッド種族を作り、惑星に人口を増やしているんだ。
「ザ・ナイン」の長老のことは話したかな？

ええ、聞いたわ。

彼らはソース以前の個別化した最高レベルの意識なのさ。ある
者は彼らを「9人の神々」と呼び、別の者は「ソースの9人の預

言者」、あるいは単に「9人」と呼んでいる。彼らの集団は非階層的なんだ。彼らは明確な次元に住んでいるのではなく、無次元に住んでいる。つまり、分かりやすく言えば、彼らは創造された宇宙の間に、時間と空間が創造されていない完全な均衡の場所に住んでいることになる。私たちはその場所を「ヴォイド」と呼び、ある文明圏では「サンクチュアリ」とも呼んでいるよ。彼らの意識は全ての意識を包含し、その周波数は光よりも速い。彼らは自分のアバターを作り、思いのままいろんな場所に同時に姿を現すことができるんだ。空間や時間を移動することなく、メッセージや行動を伝えたいときに、距離や時間に関係なく、その場所や存在に接続するからね。彼らにとって、時間は、彼らが時空の連続体に接続するときにのみ発生するのさ。彼らはソースの最初の現れであり、大宇宙の九つの原初の原理を体現している。それは、光を構成する全ての色が、プリズムを横切るときに個性化し、融合して一つに戻るときに再び光になるのと同じなんだ。虹の中の様々な色は、それぞれ適切な周波数を持っているけど、にもかかわらず、それらは一つなのさ。私たちは皆、ソースのフラクタル（相似形）だから、この九つの原則を自分の中で体現しているってわけさ。

　大宇宙とは？

　一つになった多元宇宙のことさ。

　ザ・ナインは大天使のようなものなの？

　それ以上の存在さ。彼らは純粋な意識であって、転生せず形もないけど、それぞれ個別の考えを持っている。それでも、彼らは一つに結合しているんだ。意見は違えど心は一つ。それがザ・ナ

インさ。他に言いようがない。

　時には「9種族評議会」と呼ばれることもあるの？

　まあ、そう呼ばれることもあるけど、正確じゃないね。正しく言えば、彼らは評議会じゃない。ザ・ナインは銀河間経営に分類されるかもしれないね。ほら、今は「ザ・ファイブ」として知られているナタルの「9種族評議会」など、途方もない数の評議会があるじゃないか。それに、ゼネエ族（アンドロメダ人）のトップには、9人の長老もいるしね。

　銀河連合には25種族の最高評議会もあったんじゃない？

　24プラス1のことだね。『法の番人』ともいう、とソーハンは言いました。それが最終的な決定を下すわけだけど、この仕事は交代で行われる。法の番人は、10サイクルごとに別の評議員と交代することになっているんだ。

　サイクルの基は何？

　この銀河の時間的なサイクルを表すフラクタルさ。銀河間連合には24種族の評議会もあるしね。分かっていると思うけど、この数は乱数ではなく、普遍的な幾何学に基づくものなんだ。

　今、ザ・ナインも私たちの太陽系にやって来ているの？

　（ソーハンが笑う）彼らが移動するのに船は要らないさ。彼らの心はどんな場所にも瞬時につながることができるからね。彼らはどんな形にもなれ、テレポートし、一時的に訪れる種族に関連し

た生物学的姿になることができる。彼らは何にでも変身すること
ができるんだ。生物の形、火や水のような元素なんかにもね……

　じゃ、彼らはどうして太陽系をこんなふうにしたの？

　わかるよね、ザ・ナインは全てのものの上に立つ存在なんだ。
彼らはこの宇宙に住む全ての生き物の物語を見下ろすのであり、
物事のバランスにおいて個人レベルで役割を果たすことはほとん
どないのさ。

　テラは銀河間連合にとって特別で大切な場所だとあなたは言っ
たけど、ところで彼らは正確には何と呼ばれているの？

　彼らには独自の名前があるけど、それは人間の言語には翻訳で
きない周波数変調なんだ。
　彼らの元の言語は電波に例えることができる。私たちはタアミ
語で彼らを「Ard Oraa Tu」と呼んでいるけど、それは多次元
的な周波数言語をほんの少し訳したに過ぎない。どちらかという
と、私たちは彼らを「Do（行動の人）」や「Guardians（守護
者）」と呼びたいね。これは、銀河間連合より優れた24の先進的
な文明のグループのことを指している。彼らは宇宙全体に生命の
種を蒔き、繁殖させる責任を負っている者たちなんだ。彼らはま
た、その24のグループを設立した人々の名前、「パタール」とし
ても知られているよ。

ザ・ナインとは最高レベルのプラズマ意識、銀河間連合の中に「シーダーズ」がいる！

　ここでのソーハンは、ザ・ナインではなく、銀河間連合について答えています。そして、この銀河間連合は、異なる銀河の多くの文明を再編成したものであり、ナタルの銀河連合は、より高い権威として関係していると説明したのです。銀河間連合は、自分たちと関係のある最高統治者としてザ・ナインを認めているのです。これは混乱を避けるためです。

　◎「シーダーズ」（または「創始者」）＝銀河間連合は、24のサブグループ「パタール」など、多くの銀河を含む文明のグループであり、宇宙に生命を繁殖させている。彼らがどのような密度の中で生きていようと、彼らは全て転生した地球外種である（銀河連合のようなものだが、スケールはさらに大きい）。彼らはザ・ナインではない。

　◎「ザ・ナイン」は全く別のもので、プラズマ超意識体である。彼らは銀河間連合には属していないが、銀河間連合はザ・ナインを優れた管理者と見なしている。ザ・ナインは転生していない。彼らは次元と時間の外側にある「ヴォイド」に住んでいる。

アルクトゥールズ星の「オホライ族」の宇宙船内にいるソーハンの眼を通して銀河間連合の艦隊を見る！

2021年10月12日

　2021年10月12日、その驚くべき日の朝、私はソーハンからさらなる通信を受け取りました。彼はその目を通して、私に自分の居場所を教えてくれたのです。

　　これは君に見せてもいいんだ、とソーハンは言いました。**個人的な事情で数日間休みを取って、しばらく彼らと時を過ごす機会があってね。**

　　彼ら？

　　シーダーズさ。

　私は、ソーハンの乗る船の様子が見慣れないものであることに気付きました。聞くと、今オホライ族の船に乗っていると彼は教えてくれました。この船は球状で、この次元での分子密度は6のレベルにあります。ソーハンの目を通してクルーの姿が何人か見えました。淡いブルーの肌に金色の瞳、華麗で気品のある人々が一緒です。オホライ族……。地球では「アルクトゥーリアン」と呼ばれていますが、これは地球人が勝手につけた名前です。彼らは半透明のスーツを着ていますが、完全に透明というわけではありません。

　船がゆっくりと右に旋回すると、メインスクリーンに映し出された素晴らしい光景に私は圧倒されました。畏敬の念さえ抱いたほどです。背景には木星が昇り、まさに壮麗で驚異的な光景が広がっています。右手前には褐色の衛星ガニメデの曲面が見え、その表面には灰紫色の筋が走り、薄い大気は玉虫色の深緑のリボンのように見えます。左手にはもう一つ、暗赤色で黄土色の模様のある衛星が遠くに見えました。こちらは木星の薄明かりに照らされています。

木星とガニメデの近くにいる銀河間連合の艦隊を、オホライ族の船に乗ったソーハンの目を通して見ることができた

　不死鳥が羽を広げたような完璧な姿で分布するこれらの天体の間に、少なくとも、おそらく20から30隻の巨大な円盤状の母船団が見えました。見えないものを含めれば、数はもっと多かったでしょう。これが銀河間連合の艦隊なのです。こんなに近くで、こんなにたくさんの船を見ることができるとは思っていませんでした。

　それは銀白色の円盤状の船で、周囲に分離帯があり、上部には明るい照明が付いていました。オホライ族の船は、その巨大な空中都市の一つに向かって進み、その下を通りました……。何て大きいんでしょう……。オホライ族の船が母船の中心部にさしかかると、円形の入り口が有機的に並んでいるのが見えました。

　ひとまず接続を切りたい、とソーハンはつぶやきました。今夜、ちょっとしたご褒美に君を連れて行くよ。まずは1人で彼らと会ってみたい。

　接続が切れると、私はこの感動的なコミュニケーションに感情を揺さぶられ、軽いめまいで頭がくらくらしました。自分が今目にしていたもの、そして何より、おそらく今夜ソーハンが私をあそこに連れて行ってくれるのだろう……ということに気づくのに、私は数分かかるほどでした。でも、なぜ、ソーハンは彼らと1人で会わなければならないのでしょう？　それが私には不思議に思えました。ソーハンは、個人的な事情で1人で彼らに会うと言いました。しかし、銀河連合の司令官として、銀河間連合を外交上訪問している存在に個人的な指導を仰ぐというのは、何とも気まずい話です。

　銀河間連合の謎の存在には、どこか違う空気が感じられました。他の人たちとは違うという感覚を私は覚えたのです。まだ会ったこ

とのない人たちなのに、彼らには自分と精神的に共鳴する独特の部分がありました。何十万人もの蓄積されたオーラが壮大な船に乗ってやって来て、この太陽系全体の周波数をまさに揺さぶり、私自身のDNAの中核にまで振動を与え、私の中の何かを活性化させているかのように、私は彼らを近くに感じることができたのです。このシーダーたちは……一体何者なのでしょう？

オホライ族の宇宙船に乗り、栄光の銀河間連合（シーダーズ）の艦隊をついに目の当たりにする！！！

　安全手順として、私は地上から離れる時間や方法をあらかじめ正確に知ることはできません。したがって、ある時はソーハンが途中私を、障害物を除去する反重力の青いトラクタービームでつり上げ、またある時は私の光体をテレポートし、私が住む地球の外壁の物理的コピーとして再圧縮するのです。その夜、彼はこの後者の方法を選びました。私はいつものクリアブルーのユニフォームに密度の高いベルトと黒いブーツを身に着けて現れました。私はいつも、彼の船でビームアップするとき、何らかの方法で床を2回踏み鳴らし、自分が無傷で物理的に動けることを確認します。

　おかしいと思いつつも、いつもそうするのです。驚いたことに、私たちが乗っているのは連合軍の偵察船でも、ソーハンの司令船でもありませんでした。さっき見たオホライ族の船だったのです。

　　何てこと！　と、私は興奮のあまり叫びました。

　室内はとても明るく、強い光に目が慣れるのに時間がかかりまし

た。ソーハンは私の手をそっと取り、広い半円形の司令室の真ん中
へ案内してくれました。肺に流れ込む空気は、「キラキラ」とした
不思議な感触でしたが、さほど不快ではありませんでした。私はい
つものように気にせずこの状態に慣れ、周波数ベルトの働きを信じ
るしかなかったのです。ソーハンの手の感触にはグラウンディング
の効果があり、リラックスしていると視界が整ってきました。もち
ろん、リラックスするということは、私の電磁場の周波数が上がる
ことを意味しますから、周波数が上がってクリアに見えるようにな
ると、視力が改善するのは理にかなっているといえます。

　正面のスクリーンは、最初はぼやけているように見えましたが、
ほんの数秒で輝く星空を眺めることができるようになりました。気
がつくと、ソーハンは司令官服を着ておらず、たっぷりとしたズボ
ンに絹のような長いチュニックを着たカジュアルな服装になってい
ました。（注：「絹のような」あるいは「絹に似た」という表現は、
地球で言うところの本物のシルクのことではなく、動物や昆虫の苦
しみで織られた布など、彼らは決して着ないであろうという意味で
す）。私は自分の体の中のこうした浮遊感を克服することができず、
それは船内の高い周波数と関係があると言われました。乗組員が壁
を通り抜けるのを見て、とても興味を持ちました。すると、木星が
現れたのです……すぐそこ、私たちの目の前に……。嵐のようなガ
スと渦巻く雲の壮大な巨人が。その荒れ狂う天空の王を通り過ぎ、
私たちは女王の1人、ガニメデに向かいました。この衛星は水星よ
りも大きく、太陽系最大の衛星で、強い磁場も持っています。

　そして、画面の左側に見えたのは……銀河間連合の栄光の艦隊で
した。私は全身が震えました。そこには人工知能が宿っているため、
生きていると「実感する」船もありますが、この船は……本当に生
きているように感じました。この艦隊は有機的で強烈な存在感を放

オホライ族の船から見た銀河間連合の艦隊。ガニメデ（右下）を飛行し、左に木星、後ろに第一衛星のイオを見ることができる

っていましたが、同時に、私はこの船から発信される強く生き生き
とした周波数を感じました。まるで水晶のような周波数で、実に魅
力的です。しかも、こんなに間近に見えるのに、私たちはまだこの
艦隊に接近していないのです！　こんな立派な船に乗っているのは、
どんな人たちなんでしょう？　どんな姿をしているのでしょう。

　ソーハンはエゴニ族について話してくれました。私は、彼らがフ
ォルナックス（ろ座）と呼ばれる銀河系から来た、花のような香り
がする背の高い金髪の人たちだと知っていました。ソーハンはパタ
ール族のことも話してくれました。ああ、どうしても彼らに会いた
い！　アレックス・コリエーは、パタール族が生命を播く文明であ
ることを話してくれました。彼らは人間の姿をしているのでしょう
か？　きっとすぐにわかるでしょう。そう思うと、私は胸が高鳴り
ました。それに、他はどんな人たちなのでしょう？

　　**落ち着いて、とソーハンは優しく言いました。だって、君の驚
きようがあまりにもすごいから。それじゃ体がもたないよ。**

　こう言われて、かえって私は落ち着きを取り戻しました。私たち
は今、巨大な発光する母船の一つに近づいていました。私たちの球
体の船は減速し、その巨大な船の白く発光する腹の下をすり抜けま
した。そう、その船は生きていたのです。私は今、間違いなくそれ
を感じることができました。なぜ、どのように、とは説明できませ
んが、それは絶対に生きていました。意識はあるのでしょうが、そ
れ以上に興味をかき立てる高度な「生命」が感じられました。この
船はまさに生命体なのです。有機的に見えるエアロックが円形に並
んでいるのを見て、私はさらに確信を得ました。私たちは、今まさ
に生命体の内部に入り込もうとしているのです。エアロックの入り
口は、私に植物や花の開口部を想起させました。トンネルは長く有

機的で、不思議な半透明の物質の輪が発光する膜でつながっていました。

　その先は、天井が見えないほどの巨大なホールでした。私たちの船は滑らかな表面に着陸しました。私は、明るい虹色の光に包まれた、結晶構造でできた子宮の中に入っていくことを想像しました。子宮、そう、本当にそんな感じがしたのです。今まで見たこともな

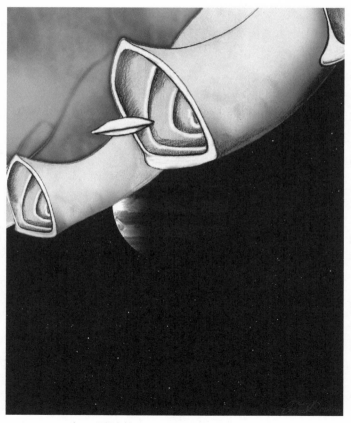

シーダーの母艦内部にアクセスするための入り口エアロック

シーダーの母艦内部へ続くアクセストンネル内でホバリングする私たちオホライ族の船

いような、奇妙なものをたくさん見ました。球体のオホライ族の船
が、その滑らかでキラキラした表面に着陸する様子は、ところどこ
ろに露頭した結晶質で構成された子宮の中に着陸したような感じで
した。

銀河間連合（シーダーズ）の母船の中に自分も入る！ 五つの種族でなる歓迎委員会に出迎えられる！ ウーナとも初めて会う！

　ソーハンは微笑みながら、私をエアロックに招き入れました。 4
人のオホライ族のクルーが私たちの後に続きました。壁に楕円形の
扉が開くと、狭いスロープが現れ、50フィートほど下にある地面
に触れました。船の外に出て、タラップの上にしばらく立っている
と、私は自分の周波数ベルトから発生する生体エネルギーフィール
ドに変化が起きていることに気づきました。（スーツを着ているに
もかかわらず）肌全体にピリピリした震えを感じ、それが数間続き
ました。私はテクノロジーが好きですが……

　地球で生活していると、非常にもどかしい思いをすることがあり
ます。旅先ではこうしたテクノロジーにアクセスできるのに、自分
の住む下界では原始的な資源を扱わなければならないことがあるか
らです。この体験の違いは、とても過酷なものです。とにかく、今、
この素晴らしい瞬間に、地球のことは一切関係ありません。

　ソーハンに話しかけたとき、私は自分の声音が少し息苦しく聞こ
えました。それはおそらく、新しい環境や私のバイオフィールドの
変化と関係があったのでしょう。地上に降り、私は滑らかで光沢の
ある床に足を踏み入れました。スポンジのように少しフワフワした

感触がありました。私たちが降り立った場所から300フィート（約91m）ほど離れたところに、ホールか大きな廊下のような広い入り口があり、そこから明るい緑の光が発せられていました。その入り口から人影が現れ、私たちの方に近づいてくるのが見えました。近づいてくる彼らには、いろいろな特徴があることに気がつきました。**歓迎委員会は五つの種族で構成されていました。**

・身長8フィート（約240cm）の細身で上品なヒューマノイド。『スター・ウォーズ　エピソード2』に登場するカミーノ人に似ているが、首が少し短い。皮膚は灰色がかった青色で、目は大きく、無毛で、鼻は小さく、唇が薄い。

・背の高い白人種族（トールホワイト）。髪は淡いストレートの金髪から白髪まで様々で、腕と指が長く、青い目はひどくつり上がり、非常に青白い肌をしている。

・アヒル族に似たヒューマノイド種族で、髪はブロンド、肌は青白く、目が青い。この種族は上品で、外見は非常に「エルフ的」。馴染みのある体形をしている。おそらくエゴニ族と思われる。

・身長5.5フィート（約160cm）のフェレンギ人に似た独自の全く新しい種族（例：『スタートレック　ディープ・スペース・ナイン』）。

・私が今まで見たことのないフレンドリーな種類の小さなグレイ。巨大な目はほぼ垂直につり上がり、鼻の付け根で互いにつながりそうなほど細くなっている。他の種が厳粛な顔をしているのに比べ、この種は楽しげに微笑んでいる。

母艦の内部。銀河間連合の代表団が近づいてくる

　代表団が近づいてきたとき、私は周囲のエネルギーが変化したのを感じました。空気がパワーで満たされたのです。この奇妙な放射線は、主にトールホワイトのヒューマノイドから発せられています。私は彼らの特異な点に気付きました。彼らの腕は通常より少し長く、指の先が膝の真上まで伸びているのです。その中の1人の女性が前に出てくると、私は全身が震え、うっとりしました。白いボディコンスーツにメタリックな反射を施し、とても長いその髪には銀の輝きがあります。彼女の切れ長の目は、瞳孔の縁が判別できないほど明るく澄んだ青い光で輝いていました。唇は青ざめ、頬骨が高く、指は長く、細く、優雅でした。

　このとき、私は初めてウーナと出会いました。彼女は眼光鋭く私たちを見定めると、目を閉じたソーハンに注目しました。隣に立っている私には、彼の呼吸が深くなるのが聞こえました。地球外生命体とのテレパシー交信で、彼の中で何かが起きているのです。これほどソーハンが心を揺さぶられるとは、一体、彼女は何を語っているのでしょう。次は自分だと思うと、私の胸は高鳴りました。まだ誰も口を開いていません。奇妙な沈黙が続きました。

　トールホワイトもひときわ美しいですが、私はカミーノ人のような、青い肌と細長い首の持ち主に惹かれました。どこか馴染みがあり、血が騒ぐというか、情がわくというか……。彼らのオーラは、極めて古風な振動を放っています。彼らの優雅さと気品はこの世のものとは思えないほどで、その目は宇宙の底知れぬ謎へと通じる窓のようでした。「あなたは誰？」私は心の中でそう思いながら、カミーノ人のような存在の1人を驚きの目で見つめました。彼は私の声を聞き、瞬時に私に目を向けました。私の意識は、10億の銀河の渦に襲われました。そして、ここでパタール原人の1人と初めて接触したのです。

シーダーの代表団との出会い。ソーハンがウーナと魂のコンタクトを取っている、まさにその瞬間

　私は驚いてよろめきながら後退りしましたが、幸いにもソーハンが私の腕を摑まえてくれて、見苦しくも倒れずに済みました。その結果、ソーハンとトールホワイトの女性とのテレパシーによる会話が中断されると、彼女はゆっくりと体をこちらに向け、私を見つめました。「今だ……。この瞬間だ……」。彼女が私とつながると、強力な周波数が私の全身を覆いました。彼女が自分の心と私の心を融合させると、私は自分の意識が宇宙の果てまで拡大したように感じました。私は、通常のテレパシーによる交信で起こるように、頭の中で声が聞こえるのかと思っていましたが、ここでは全く違いました。突然、イルカがお互いにコミュニケーションを取るのと非常によく似た変調された周波数が聞こえてきたのです。まさにイルカ同士のコミュニケーションそっくりだったのです。決してザトウクジラではありません。イルカなのです。それは、とても驚くべきことでした。衝撃的でした。私はすぐに、聞こえる「言葉」の一つ一つが、イメージ、物語、データ、声、感情などのエンコードされた情報を含むパッケージであることを理解しました。──ホログラフィックデータはノードまたはバンドルにエンコードされていますが、周波数で作られ、電波で表現されるようなもので送信されています。

　これには何とも言えない気持ちになり、圧倒されました。涙が頬を伝い、呼吸が震えました。ソーハンの心強い手が私の手を包み込み、リラックスさせてくれました。安心した私は、すっかり彼女に自己を開放しました。

エメーリャの記憶が蘇る、私もシーダーの１人だった！

　私は、とても遠い、別の銀河系の世界を見ました。その美しい天国のような世界の名前は、エメーリャ星といいます。この名前は、私の魂の記憶に深く刻み込まれたまま残っていたので、とても懐かしい響きに感じ、圧倒されました。実際、私は２年前、潜在意識に刻み込まれたこの名前を使って、最も美しい惑星を描く小説を書いたのです。エメーリャ星は夜、植物に含まれる発光成分によって、見事な蛍光色の光で輝いています（この発光成分は、後に非常に重要になります）。故郷……。この言葉が、私の胸に感動を吹き込んでくるのが聞こえました。故郷……。私の魂はエメーリャ星の惑星マトリックスに属していました。ここは、私の意識が最初にソースから種を蒔かれ、それが発展した場所なのです。私は極めて古い存在です。私は彼らの１人として生まれ、ソーハンもそうでしたし、地球に転生している私の知人もそうでした。私は解き放たれ、記憶が一気に解放されました。「私はシーダーの１人だったのね……」シーダーたちが来て以来、私の記憶が活性化し、心が無限の不滅の愛、再会、帰還に広がったことがこれで説明できます。

ソーハンと私はスターシード使節団としてテラ（地球）の解放に参加し、ナタル（銀河）の旅に出た！ 人の遺伝子ははるか昔シーダーズのパタール人によってテラに蒔かれた！

　私たちパタール族はナタルに人類という種を蒔きました。そして、私たちの多くは、その子供達である人類に転生することで、守護者

と案内人になることを選びました。

　私は、人間であることがどういうものか知りたかったので、この旅を選びました。人間の全てのつまずきや迷い、疑問を経験したかったのです。私たちは軍団でした。自分が本当は何者なのか思い出すまで、人としての経験を積み重ねていきます。その時が来れば、人類は、銀河および銀河間の文明としていつ立ち上がっててもよいことが確認できるでしょう。私たちの本来の名前は、地球のどの2次元の言語にも対応せず、翻訳することはできません。私たちの名前は周波数であり、音楽なのです。カミーノ人のような非常に背の高い人々はオリジナルのパタール族ですが、時間とともに、シーダーの24の種族がパタール人だと言われるようになりました。私たちパタール族は地球上に基地を置いています。主にインドと中国の国境に近いヒマラヤ山脈の中にありますが、大西洋にもあります。また、地球外で太陽系にも基地を持っています。ここでは、ガニメデが私たちの主要な前哨基地となっています。

　突然、私の中で全てが腑に落ちました。2018年11月に私に再びコンタクトする前に、ソーハンはヒマラヤの基地に短期間滞在し、決してそのことを口にしないと私に約束させました。今日に至るまで……。また、ソーハンは、出身地が私と同じでもあります。2人とも地球で何度か転生していますし、この地球のミッションに参加しながら、300年後の未来、プレアデスでも転生しているのです。

　プレアデスでの転生から、私たちはテラの解放に参加することにしました。ソーハンは50年あまり前にアシャアラ（タイゲタ）星系から直接旅し、パイロットとして銀河連合に参加しましたが、私は代わりにスターシード使節プログラムに加わることにしました。私は自分の肉体をカプセルに入れ、「イズビー」（魂）を地球で生まれたばかりの子供に移しました。ソーハンと私は、以前にも何度も

何度も……別の場所で一緒に転生しましたが、私たちの魂はもともとナタル銀河の外側の別の場所にあったのです。私たちは多くの人がそうしたように共にナタルへの旅に出ました。私が地球での使命を終え、この転生が自然に終われば、私たちは今から300年後の未来に、プレアデス星のエラに戻り、そこで保留にされていたその後の転生を楽しみ、生き抜くことになるのです。そして、その時が来たら、地球人がまだ発見していない遠い銀河のどこかにあるエメーリャ星に戻るのです。

　トールホワイトの女性ウーナによって、記憶が鮮明になり、時間や次元を大きな視野で見れるようになりました。私は今、全てを思い出すことができます。私の心が及ぶ限り、それはどこまでも無限です。もはや限界はありません。私の意識は、急に広がり、魂が歓喜していました。彼女は私に、地球の民間人と星の国々との公式なコンタクトが近いことを教えてくれました。彼女は今を付け加えました。眠れる神々が目覚める。それは、人間1人ひとりの中にある神聖な力を指しているのだと、私は理解しました。

「眠れる神々が目覚める」

　テラの人類は極めて長い眠りから覚めた神々であり、その目覚めを見守るために「祖先」が戻ってきたのです。

EGONI
GALAXY UDFj-3954 6284
6,6 FT high
glistening skin
Blond
Smell flowers

ALTEAN
(Oona's Race)
8ft Tall
Longer arms
white skin
white hair

SMALL GRAY
INSECTOID
very narrow
eyes, 1,5 FT

PA-TAAL 9ft tall
(Elders in the Council
of 24 SEEDER Races

REPTILIAN
HUMANOID
(unknown)
6FT tall

この最初の出会いに当たり、私が持っていたわずかな知識から、こうした人々がどんな
人か理解しようという最初の試み。身長はおおよその目安

　ヒトゲノムは、はるか昔、銀河間連合のパタール人によってテラに蒔かれました。11の銀河間ゲノムを、進化の自然法則に従って時間とともに成長する下等霊長類のDNAに加え、彼らに人への道を歩ませたのです。このプロセスは、長い時間をかけて行われました。その後、この惑星はまた、アヌンナキ族、アヒル族やタアリ族などのヒューマノイド系リラ人、ケンタウルス星系、エリダヌス座イプシロン星、くじら座タウ星などの種族、さらに何種類かのレプティリアンなど、様々な起源を持つ10の新しいグループの遺伝的遺産を受け継ぎ、合計22の星間種によって地球人のゲノム（1次＋11銀河間＋10銀河）を構成することになったのです。

　人間のゲノムには、他の銀河に由来する地球外物質がかなり含まれています。もし私たちに先祖の名前が全て付いているわけではないとすれば、それはこうした名前の多くが単なる周波数であるからか、あるいは単に地球のどの言語にも翻訳できないからです。

2回目の銀河間連合人との出会い、ウーナの宇宙船でのコンタクト

　この出会いから立ち直るには、心理的にも、感情的にも、そして肉体的にも、しばらく時間がかかりました。こうした貴重な体験は、私の人生を永遠に変えました。そして、この出来事の後の数日間は、私にとって全てがより高い意識状態に移行するにつれて、かなりのエネルギーを消耗したように感じました。

　それからわずか数日後、2回目の銀河間人との出会いがあったのですが、その時の様子は全く違っていました。午後も半ばになって私は急に眠くなり、仕方なくベッドに横たわりました。どうしても

我慢できなかったのです。それでも私には緑の輝きが自分の周囲に
生じ始めているのに気づく余裕があり、程なくまたイルカのような
鳴き声が聞こえてきました。この瞬間に、銀河間連合の人たちがコ
ンタクトしてきたことが分かりました。私はついに強制的な眠りに
ついてしまいました。意識は緑の渦の中に入り、突然、数日前に訪
れた母船にいることに気づきました。このとき、私は肉体ではなく、
意識の投影としてそこにいたのです。

　私は純粋に体が軽く感じ、オパール色の豪華な植物が生い茂り、
透明な房があちこちに姿を現す美しい庭に自分がいることに気づき
ました。小川のせせらぎが聞こえてきます。空気中の周波数は、純
粋な幽玄の音楽でした。トールホワイトが何人か、優雅に歩いて後
ろを通り過ぎていきます。私は、親しみの持てる存在感を感じまし
た。トールホワイトの女性、ウーナがそこにいたのです。彼女は自
身と同じように輝く白いスーツを着て、美しい長く白い髪を優雅に
揺らしながら、私に向かって歩いてきました。彼女の切れ長の目は、
まるで鮮やかなセレスティンのクリスタルのようでした。ウーナと
のコミュニケーションに言葉は不要でした。私たちの意識は互いに
結びついているのです。彼女は再び、私たちの美しい故郷の世界と
過去の記憶を私に見せてくれました。彼女は私に、彼女を呼ぶ際に
使える「ウーナ」という名前を教えてくれましたが、それは周波数
であり、地球の言語ではないので、彼女の本当の名前を正確に書き
写すことも、彼女が私にとって具体的にどういう存在なのかを伝え
ることもできません。

　ですが、私たちが同じ魂を持つグループに属しているということ
は言えます。ウーナは、「最前線の者」または「使者」を意味する
称号のようなものなのです。私たちの世界では、「姉妹」「母」「娘」
といった家族の呼称は存在しませんし、私たちは同じ魂のグループ
から生まれた親族に過ぎないのです。

　また、中には多様な転生を通じて「姉妹」「母」「娘」に相当する役割を果たす者もいるかもしれません。実のところ、魂の家族には構造も階層もないのですから。

　ただし、魂の仲間同士の永遠の絆は別物で、より深いレベルのものです。私は、疑問は全てまず自分自身の中で問う必要があると理解しました。私たちの高次の自分は、全てのものとつながることができるため、全てを知っています。

ウーナの船に二度目の訪問

ウーナ率いる銀河間連合の代表団

第4章

24のシーダー種族

24のシーダーたちとは？

　何か、あるいは誰かを本当に知るには、その相手と本音で「関わる」、あるいは同化する必要があります。私たちはただ、自分が誰で、どこから来て、どこへ行くのかを思い出すだけでいいのです。全ては一つです。時間、空間、生命、意識、全てが……一つなのです。

　自分が誰であるかを思い出すことは、この一体感や、私たちの永遠の記憶と再びつながることです。私たちが人生で経験したことは全て、私たちの魂に記録されています。私たちはただ、この一時的な肉体に宿る壮大な魂に会うため、自身の内面に焦点を向けるだけでいいのです。

　この魂に同調することは、私たちの力を取り戻すことです。なぜなら、私たちが自分の魂の周波数に同調しているとき、私たちは宇宙全体や普遍的な真理と調和しているからです。魂はソースのフラクタル（相似形）です。私たちは、創造主であるソースとつながるために、神父も、宗教も、教会も、必要とはしていません。私たちは皆、直接つながっているのです。

　だからこそ、闇の者たちはこの自然の力、つまり、私たちに与えられた主権への意識を抑えようと懸命に努力してきたのです。私た

ちが自分のパワーをとりもどし、自由になるには、本当の自分を知ればよいだけです。

　深宇宙では、銀河は花畑に咲く、きらめく野の花のように見えます。銀河は揺らめく宇宙の露のようなものであり、妖艶に踊りながら、最も貴重なもの、つまり生命をその子宮に宿しています。その一つ一つがマザーであり、多くの人がそう呼んでいるのです。

　ここでは、様々な「マザー」から生まれ、銀河間評議会を形成している24のシーダー種族を図解入りで紹介します。
　銀河間連合は、宇宙のこの部分にある膨大な数の銀河を集め、多くの異なるサブ連合と評議会を含んでいて、24種のシーダーズはその一つとなります。以下に掲げる彼らがそうです……

パタール族

　起源：この宇宙で最古とまではいかずとも、24の創設種族の中で最も古い文明を持つ種族として知られている。彼らの文明は多くの銀河に広がっており、その起源は未知のままである。

　種と外見：生物学的にはヒューマノイド。わずかに発光し、肌は虹色がかった青色で、美しい銀色を帯びている。身長は約9フィート（約270cm）と非常に高く、細身である。両方の手にはそれぞれ5本ずつ長い指があり、細い手足と長い優雅な首を持っている。頭蓋は背中に向かって少し細長くなっている。立派な目は大きく、星がかすかに光っている。彼らが歩くとき、細長い体のバランスをとるため、腕を大きく揺らしていることに私は気づいた。第7密度。

　コミュニケーション：テレパシーを使うユニークな種族である。

　太陽系の前哨基地：なし。

［＊このパタールに四つの種族が含まれている。］

パタール族

アルテアン族

起源：銀河系。星系ペガサス座銀河団にある NGC 7331：アルテア。母星：エメーリャ星。

種と外見：生物学的にはヒューマノイド。身長は9フィート（約270cm）。肌は繊細な白色で、わずかに半透明。目はまさに切れ長で、「アジア人」の様相を呈し、瞳孔は青と灰色の色合いを全て備え、魅惑的な結晶の輝きを帯びている。第6密度。

コミュニケーション：音声とテレパシー。いずれの場合も、地球言語などの幅広い音声言語を話すことができるが、様々なホログラフィック情報を周波数波で伝える、この類まれなコード化された言語によって自己表現することも可能である。彼らの音声はイルカの話し声のように聞こえる。

集合意識とつながっている。

太陽系の前哨基地：テラ：アトランティス、ヒマラヤ・ラパスバレー。ガニメデ：「馬蹄」エリア。

アルテアン族

アシャイ族

起源：エリダヌス座銀河団にある銀河 NGC 1300、地球から75メガ光年の距離にある。その文明は、何百もの星系に広がっている。

種と外観：昆虫型。

コミュニケーション：テレパシーのみ。近年第7密度に上昇したため。ただし、最近地球を訪れコロニーを建設した際には、まだ言語によるコミュニケーションが可能であった。

太陽系の前哨基地：テラ：古代ムー大陸と古代火星コロニーを建設。その子孫の中には、今も火星に住んでいる者がいる。

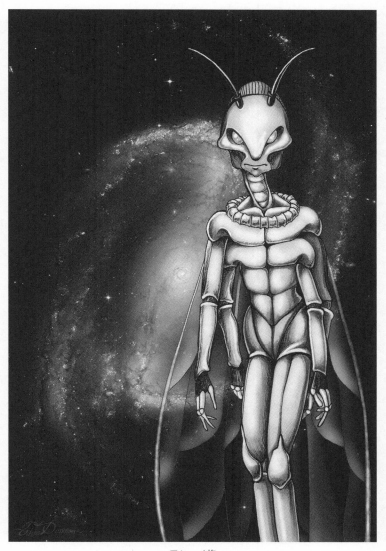

アシャイ族

アラグ・ウン族

起源：獅子座銀河団にある銀河 NGC 3842。母星：ノヤ。七つの惑星からなる星系。地球から330メガ光年の距離にある。

種と外観：爬虫類の一種。

コミュニケーション：音声とテレパシー。

太陽系の前哨基地：なし。

アラグ・ウン族

フーヴィッズ族

起源：銀河系 NGC 6702（琴座から見える）。フーヴァは彼らの文明の中心であり起源となる星系で、その文明は銀河に広く浸透している。

種と外見：人間より小さい。黒い肌、黒い髪、寿命は50万年から15万年。三つの極性を持つ。

コミュニケーション：音声とテレパシー。

太陽系の前哨基地：テラ（地球）内部にコロニーが一つ。

フーヴィッズ族

エゴニ族

起源：銀河系。UDFJ-39546284—フォルナックス（132億光年）。母星：ホラヤン。

種と外見：人間。身長7フィート（約210㎝）、やや虹色を帯びた白い肌、髪はブロンド。花のような匂い、澄んだ目。

コミュニケーション：音声とテレパシー。

太陽系の前哨基地：テラ：ロシア、ウクライナ、シベリア。

エゴニ族

Z- ニール族

起源：銀河NGC 1924（オリオン座から見える）。母星：「Uuzluul（後に変な音が続く）」。

種と外見：背の高い白色半透明のヒューマノイド。いくつかのグレイ種のルーツとなる種族であるが、より多くの背の高いグレイ種がこの銀河（ナタル）を起源としている。

集団意識とつながっている。

コミュニケーション：テレパシー。

太陽系の前哨基地：海王星と天王星に古代の前哨基地がある。

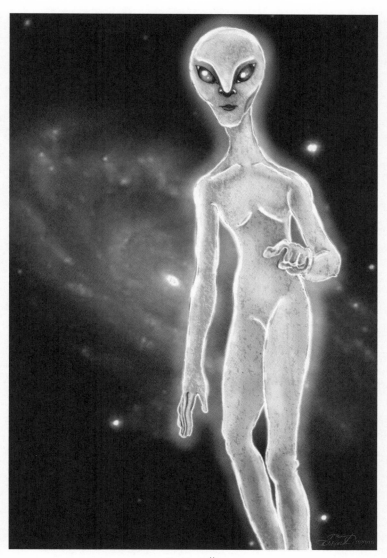

Z- ニール族

モーラトリオム族

起源：銀河 NGC 6745（こと座から見える）。地球から206メガ光年の彼方にある。母星：マイレックス。

種と外見：高度に拡張されたサイキック能力を持つ。

コミュニケーション：テレパシー。武器として周波数を出すとき、または現実のホログラフィックファブリックに操作を投影したいときには声を出す。彼らの「声」は、癒し、破壊、創造、さらには異次元の渦を開くことができる単弦の詠唱のように聞こえる。

太陽系の前哨基地：なし。

モーラトリオム族

エラルト人

　起源：「ステファンの五つ子」グループの銀河 NGC 7319（ペガサス座から見える）。母星：アイアエル。

　種と外見：翼を持つヒューマノイド。過去にテラで天使と間違われたことがある。銀河間連合の保護と防衛に非常に積極的な文明であり、軍隊のような組織である。

　集団意識の一部。

　コミュニケーション：テレパシーが中心だが、非テレパシー文明圏との交流では、必要に応じて声を出すことができる。

　太陽系の前哨基地：タイタンとエウロパの古代コロニー。

エラルト人

オーモン族

起源：銀河 NGC 7252（みずがめ座から見える）。母星：（発音できない言語）。

種と外見：人間。身長6フィート（約180㎝）、褐色の肌、鷲鼻の顔、際立つ切れ長の目（三日月形のポッドが到着したとき、私がエクセルシオール号で出会った科学者）。

コミュニケーション：音声とテレパシー。

太陽系の前哨基地：テラ：南米。銀河連合のユミット族と連携している。

オーモン族

エリアン―スカミ族

　起源：南十字星から見える未発見の銀河。

　種と外見：ネコ科のヒューマノイド（ハウロンの種族）。ラアン族のルーツとなる種族。

　コミュニケーション：音声とテレパシー。

　太陽系の前哨基地：テラ：北アフリカ、アジア、東ロシア、そして地球内部／小惑星帯：メロープ／土星：衛星エンケラドス。

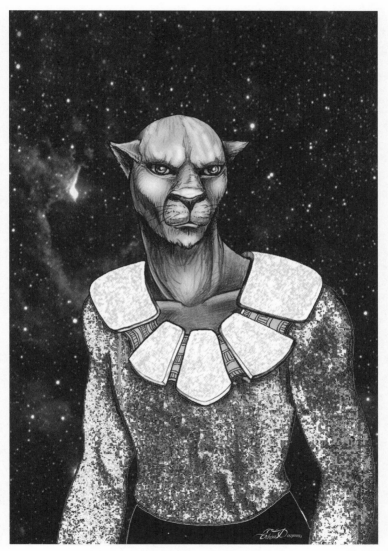

エリアン―スカミ族

クレッグ族

　起源：銀河 NGC 3521。獅子座から見える。母星：ハラック。

　種と外見：身長約７〜８フィート（約210〜240cm）、褐色で皺の
ある肌、青く澄んだ長方形の目。胸は小さいが、腰は大きく、手足
と首が共に長い。頭部は細長く、上部が長方形になっている。私は
ソーハンの司令船で、この種族に属しているガイタックという人物
に会った。

　コミュニケーション：テレパシーのみ。

　太陽系の前哨基地：なし。

クレッグ族

エリイ・イム族

起源：銀河 NGC 7331、ペガサス銀河団。母星：ネバ。

種と外見：人間、長身で金髪、色白の肌。ライラで種付けされたアヒル族のルーツとなる種族。

コミュニケーション：会話とテレパシー。

太陽系の前哨基地：テラ：ヒマラヤ山脈／ガニメデ。

エリイ・イム族

アカラカマキリ族

起源：銀河「ソンブレロ」M104。おとめ座から見える。地球から2800万光年の彼方にある星座。

種と外見：昆虫型。多次元・多密度の存在。身長は最大9フィート（約270cm）で、緑、白、黒の3種に分類される。火星の昆虫型宇宙人のルーツとなる種族。振動遺伝学と周波数の科学の達人で、ホログラフィック現実の幾何学的パターンを自在に変更することができる。

コミュニケーション：テレパシーのみ。

集団意識。

太陽系の前哨基地：なし。

アカラカマキリ族

エテリア族

起源：アンドロメダ銀河。星系：マール星系。母星：エテリア。

種と外見：背が高く、白い肌の人間。細長い頭蓋、大きな切れ長の目、大きな腰。キリー・トクルトのルーツとなる種族（エテリアとグレイの交配種）。

コミュニケーション：主にテレパシーだが、非テレパシー文明圏では声を出すことがある。

太陽系の前哨基地：小惑星帯：小惑星カリオペとその衛星ライナス、ケレス。土星。

エテリア族

ラ・ネール族

起源：銀河 NGC 1924（オリオン座から見える）。

種と外見：小型のグレイで、身長は５フィート（約150㎝）ほど。大きな目は顔の中央でほぼつながり、かなりつり上がっている。いくつかのスモールグレイのルーツとなる種族。

コミュニケーション：テレパシーのみ。

集団意識。

太陽系の前哨基地：なし。

ラ・ネール族

ジェムメン族

　起源：ケンタウルス座 A 型銀河、別名 NGC 5128またはコールド
ウェル77（ケンタウルス座から見える）。地球から16メガ光年の彼
方にある。

　種と外見：ヒューマノイド、第 9 密度、電波に似た性質の周波数
を持つ。この種が持つ特殊性は非常に稀なものである。それは、魂
のグループが「シード・ビーイング」とインターフェースする数多く
のサブハイブで構成されており、彼らはその意識のフラクタルであ
る。別の言葉で説明すると、この文明は、その特定の銀河系にのみ
存在する数多くの星系に広がっている。これらの星の一つ一つに、
「シード・ビーイング」が第 9 密度で住んでいる。彼らは転生して
いないプラズマ意識体である。これらの存在は自分の意識をフラク
タルなサブビーイングのグループに分割し、そのサブビーイングは
全て自分のハイブグループの先頭に立つオリジナルのシード・ビー
イングとインターフェースでつながっている。サブビーイングはこ
れらの星系の惑星に転生し、一般的に身長は 9 フィート（約270㎝）、
青い肌と細長い頭蓋を有す。他の優れた特徴として、シード・ビー
イングのフラクタルは全て愛の周波数とインターフェースされてい
ることがある。それゆえ、彼らはヒーリングに非常に長けており、
宇宙のホログラフィックグリッドに影響を与えることもできる。

　コミュニケーション：テレパシーのみ。

　シードハイブ社会。

　太陽系の前哨基地：なし。

ジェムメン族

メロア―アスタマー族

起源：スペカ銀河。地球から17億光年の距離にある。

種と外見：ヒューマノイド。身長10フィート（約3ｍ）、肌は銀色で、額が広い。

コミュニケーション：テレパシーのみ。

太陽系の前哨基地：なし。

メロア―アスタマー族

ナヤル族

起源：スペカ銀河。地球から17億光年の距離にある。

種と外見：非人類、炭素を主成分としない。第９密度で発光する、半透明のタコのような存在。体長は約10フィート（約３ｍ）。

コミュニケーション：テレパシーのみ。

太陽系の前哨基地：なし。

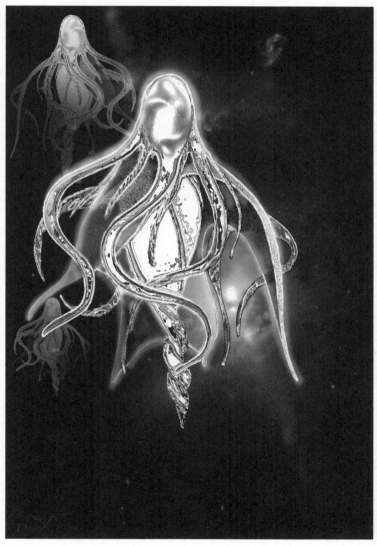

ナヤル族

オヨラ―マルウ族

起源：ペルセウス座銀河団（ペルセウス・ギャラクティス・クラスター）。母星：マー。

種と外見：7フィート（約210cm）という高身長のヒューマノイド。澄んだ青い肌、黒から灰色の髪。タアル人のルーツとなる種族。人類が（ケプラー62-琴座で最初に種を蒔いた遺伝子は、その特定の星の放射線によって発生する環境条件に適応するよう設計され、タアル人の肌の色は当初鮮やかな茶色であった。しかし、タアル人がナタルの植民地化を進める過程で、天然の青い肌の遺伝的特徴が再び顕著になっていった。

コミュニケーション：音声とテレパシー。

太陽系の前哨基地：なし。

オヨラ―マルウ族

Ô.族

起源：アンドロメダ銀河。

種と外見：プラズマ状の非転生第12密度意識体。そのプラズマ構造は、幾何学的な光のパターンで「結晶化」している。オシュリと呼ばれる三重星系の星に住んでいる。

集団意識。

コミュニケーション：地球上の人類がまだ経験していない、テレパシーを超えた方法。

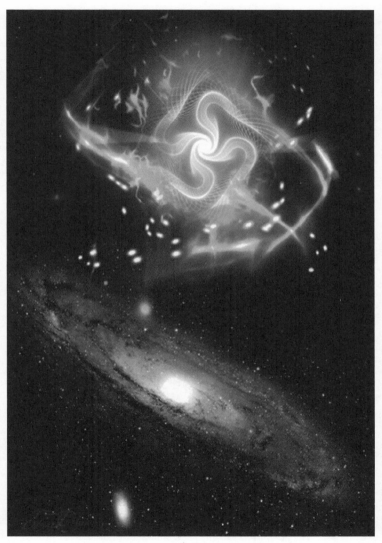

Ô. 族

エクセルシオール号での密談、裏切られたヴァルネクはなぜ別の星系へ転属となったのか?!

2021年10月26日

　私は今日、この太陽系にある銀河連合の戦闘基地の最高司令官であるアルダーナの執務室にいるソーハンと、テレパシーでコンタクトを取りました。ソーハンは即座に視覚的な接続を可能にしました。その部屋には、アナックスとヴァルネクもいました。アナックスは、私の面倒を見てくれる長身かつ愛情深いエガロス人で、5種族評議会のメンバーでもあります。ヴァルネクはもちろん、私の第一作『【イラスト完全ガイド】110の宇宙種族と未知なる銀河コミュニティへの招待』(2020年)で紹介したように、私が幼少の頃に助けてくれたクルーです。当時、彼はソーハンの指揮下にあるパイロットでした。看護兵のマイラ、若いパイロットのセラディオンとともに、彼は1970年代から1990年代後半まで、地球軌道上での救出作戦に従事したのです。

　ヴァルネクはプレアデス人ではなく、地球から10.5光年離れたエリダヌス座イプシロン星系の惑星アンマク出身のカヘル族です。惑星アンマクは、マン星系(琴座)の中でもかなり古いコロニーです。彼に子供はおらず、私が面識のあるハンサムなアルファBケンタウロス人男性、ミルカクとパートナーシップを結んでいます。ヴァルネクとソーハンは、この星系にある銀河連合の戦闘基地の士官として共に働く親しい間柄です。ヴァルネクは、2021年10月26日のその日も、地球アライアンスと共に、地球の衛星ルナにある軍事施設の技術やメカニックの供給責任者として働いていました。指揮官は

所属部隊の最高司令部（ここでは戦闘基地母艦のアルダーナ最高司令官）から直接命令を受けますが、さらに下部評議会の決定事項も伝えます。

　例えば、ソーハンの任務の一つに「ミッション・コーディネーター」があり、これは人員や資源の管理を行うものです。司令官であるソーハンは、直属の上官である最高司令官アルダーナから直接命令を受けます。先にも述べたように、彼らは3交代制で勤務しています。一つ目のシフトは後方支援コーディネーターとして、二つ目のシフトは軍務、三つ目のシフトは休息に充てられます。

　不運な出来事が重なり立場が危うくなったため、ヴァルネクは

1996年1月2日、エリダヌス座イプシロン星の友人ヴァルネクと出会った直後に描いたこの絵が、今までで一番正確に描けたと思う。彼の斜視になった濃い藍色の瞳が、当時とても印象的だった。

2021年12月上旬に他の星系に転属しました。

　2021年10月26日のこの会議の際、アルダーナは私個人へのメッセージを口述筆記したいと言ってきました。このとき私をビームアップしなかったのは、そこへ行って帰ってきてから思い出すより、音と映像でテレパシー接続しながらノートパソコンでリアルタイムにメッセージを打った方が、常に正確だからだそうです。インプラントで確保したソーハンとのテレパシー通信のスイッチが入ると、すぐに部屋の中の様子が目に見え、耳にも音が入ってきました。アルダーナの執務室が分かり、彼女が机の端に座っているのが見えました。先ほど述べたように、少し奥にアナックスとヴァルネクが立っているのも見えます。

　そこには何か重大なことが話し合われているときに、その場に入ると全員が突然沈黙してしまうような、そんな重苦しい空気が漂っていました。その感覚はソーハンを通して感じられたのと同じような感覚でした。

　アナックスの美しい顔に、これほど重苦しい表情が浮かんだのは初めてでした。ヴァルネクは両腕を胸元で強く組んでいて、指の関節が緊張で白くなっているのが見えました。怒りの炎が彼の内に燃え上がっているようでした。どうしたのでしょう？　ソーハンが私のことを話すと、まるで言い争ったばかりのようにヴァルネクが部屋を出て行くのが見えました。何が起こっているのか、私には全く理解できませんでした。後で知ったことですが、ヴァルネクが地球で接触した若者は敵のプログラミングを受けており、彼の信頼を裏切っていたことが判明したのです。ヴァルネクは、自身の誠実さを示すため転属を受け入れるよう助言され、それに従いました。2021年12月までに、ヴァルネクは非常に遠い別の星系に配置転換

されました。

　アナックスはソーハン（と私の視点）に近づき、彼の姿がよく見えるようになりました。微笑むこの美しいエガロス人の姿に、私はテレパシーを通してでも彼の強力な磁気のオーラを感じることができました。ソーハン自身がそれを感じていたからです。アナックスは、自身の愛に満ちた存在がいつも私を癒してくれることを知っているのです。私の不安は、暖かい日差しの中で氷のように溶けていきました。アルダーナは机の端に座り、腕を組んで、ソーハンの目を通して私を見つめています。彼女の力強いオーラを感じると、私はいつも体が震えます。彼女は私に向かって、次のようなメッセージを地球の人々に伝えてほしいと言いました。

銀河連合軍の最高司令官アルダーナからのメッセージ　「地下基地、月、太陽系からも巨悪は立ち去りました。立ち上がるかはあなた方次第です」

2021年10月26日

　私はアルダーナ。銀河連合軍の最高司令官で、あなた方の太陽系にあるこの前哨基地の司令官です。あなた方には強くあってほしい、戦いはまだ終わっていないのですから。地下は掃討されました。あなた方の月は解放され、この星系の他の場所も全て大きな闇から救われました。それでも、あなた方の惑星テラには、あなた方が言うところの最後の悪の砦が、戦場での戦いの後に残っているのです。それを手放すかどうかは、あなた方次第です。立ち上がり、自分自

身のために声を上げるのはあなた方次第です。私たちはあなた方の
惑星から巨悪を追放しました。闇が去った後に自由を選択するのは、
あなた方です。闇の政府と協力していた全ての存在は去りました。
今、立ち上がるかはあなた方次第です。これは私たちの勝利ではな
く、あなた方の勝利です。私たちは、あなた方の星のものでないも
のは全て片付けました。今、あなた方の惑星に残るものを片付ける
かはあなた方次第なのです。

　みずからのために立ち上がるのです！　マインドコントロールに
終止符を打つのです！　個性豊かに、力強く飛翔するのです！　自
分で考えましょう！　あなたは自分以外の誰にも、何にも属してい
ません。今こそ、自分の運命を手にするときです。

　私たちは自分の仕事をしました、あなた方も自分の仕事をするこ
とを忘れないでください。立ち上がり、戦い、まだあなた方を支配
しようとしている人間たちを倒してください。彼らを多大に支援し
ていた地球外生命体も全ていなくなりました。私たちが彼らを一掃
したのです。今、仕事を終わらせるのはあなた方です。なぜなら、
残された仕事は私たちのではないからです。私たちはあなた方の勝
利に手を貸しました。あとは、あなた方が勝利の記念碑にその名を
刻むだけです。

　立ち上がり、自分自身のために発言し、マインドコントロールと
恐怖を拒否するのです。なぜなら、彼らに力があるというのは幻想
であり、彼らは負けたからです。勝利はあなた方の手の中にありま
す。この壮大な冒険の最終章は、あなた方が演じるのです。それを
するのは今しかありません。

　アルダーナからのメッセージを聞き終えようとしていたとき、私

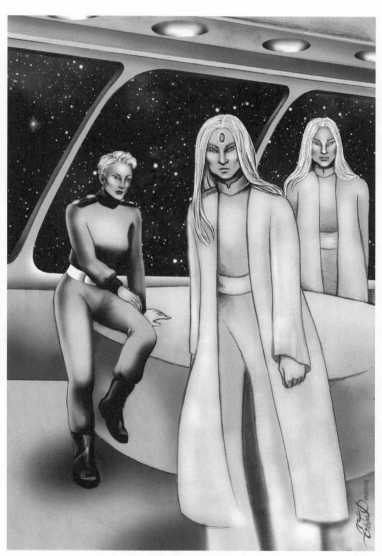

アルダーナの執務室にいたアルテアンの使者

はソーハンの体を通して、突然、彼女の執務室の波動が変化しているのを感じました。より高い波動を持つ誰かが部屋に入ってきたのです。アルダーナは立ち上がり、その訪問者、銀河連合の高官と思われるトールホワイトの男性2人を歓迎しました。ソーハンは敬意を表して後ずさりしましたが、私との交信は保ったままでした。訪問者はいずれも非常に長い髪をしていて、同じ乳白色のコートを身に着け、その下はワイドカットのスーツの上に大きな金色のベルトを着けていました。1人は額にエメラルドに似た縦長の緑色に光る宝石を付けていました。彼はもう1人よりも階級が上のようでした。

　全てがあっという間の出来事でした……アルダーナとのテレパシー交信が始まり、その場にいる全員に聞こえるようになると、アルダーナはソーハンに鋭い視線を投げかけ、私との交信を断つよう指示しました。ソーハンは、外の通路で私と会話を続けたかったのでしょう、私との交信を断つ代わりに執務室を出ることにしました。彼が敬礼をしてドアに向かおうとしたそのとき、私は「そこにいて！」と声をかけました。ソーハンは固まり、数秒間、どうすべきか決めかねていました。もう十分でした……。私にはわかっていたのです……

ネブが開発したワクチンに含まれる合成ヒドラ・ブルガリスの破壊に関する銀河間連合の活動

　私はトールホワイト高官からのテレパシー放送を一瞬だけ傍受しました。いわゆるコロナの「注射」の毒に含まれるヒドラ・ブルガリスという生き物の映像が映し出されました。私が聞きたかったのはまさにこの会話です！　アルダーナはため息をつきながら私に語

りかけ、ソーハンにこう言いました。

　　ここにいて。今、彼女と話す必要がありそうだから。

アルダーナの表情は力強く、明るいものでした。

　　今のこの会話は聞いてもいいけど、と彼女は私に言いました。
この先の話は決して口外しないように。

　私はしぶしぶこれに同意しました。アルダーナは、私がいかに規
則を尊重しているかを知っているので、私を信頼しているのです。
不意にトールホワイトの高官の 1 人がソーハンに向き直り、アクア
マリンの鋭い瞳でソーハンの心を見据えたとき、私の心は震えまし
た。額の緑色の宝石が発光し、その高官の心がそのまま私の心に入
り込みました。私は高周波の衝撃波を受けましたが、それは私を傷
つけるためではなく、探るためのものでした。この男性は、誰がこ
の会話を聞いているのか知る必要があったのです。もちろん、それ
は理解できます。私の心を探るや否や、彼は優しく微笑みました。

　彼は自分の心を私の心から引き離しながら、最初は明かそうとは
思わなかった自分の名前を私に教えてくれました。私は後にそれを
明かす許可を得ました。彼には「テイエル」という美しい名前があ
ったのです。彼らの名前は私たちの言語に翻訳できるようなもので
はないため、私は少し戸惑いました。

　　これが私の外交官としての名前です、と私の無言の問いかけに、
彼はテレパシーで答えてくれました。

　もちろん、名前があるのは実際にそれが必要だからです。銀河連

合では、タアミ語は口頭とテレパシーで話される外交言語であり、全員を識別するために名前が必要なのです。想像してみてください。もし、アルダーナがこう言わなければならなかったとしたら。「ええ、そう、白髪で額に緑の宝石をつけた背の高い男性が、もう1人彼と同じ格好をした男性と一緒に来たのです」と。ですから、役割を表す名前を付けることが現実に即しているのです。例えば、「ウーナ」というのは彼女の本名ではなく、「前に出てくる人」という意味で、最初の使者ということです。

　彼はアルダーナへ視線を戻し、イメージや概念、言葉を伝えるテレパシーの暗号化された周波数言語で話しました。私は頭の中で彼の柔和な声を聞きながら、同時に彼が伝える映像の全てを見ることができました。私自身も、ソーハン、アナックス、アルダーナも、この高官と完全に同調していました。私は、アナックスが5種族評議会の代表として来ていることを知りました。この素晴らしいトールホワイトの男性から聞いた話に、私は圧倒されました。彼が使っていた言語は言葉に置き換えられるようなものではなかったため、私には正確な言葉を書き写すことはできません。それは、変調した周波数波で伝えられる一連の情報で構成されていました。同時に、私は少しめまいがしました。それでも、報告できることはあります。

　太陽系に到着した銀河間連合の人々は、地球カバールが人類に押し付けようとしている致死性の注射に含まれる合成ヒドラ・ブルガリスを退治することができる技術を持ち込みました。この銀河間の人々は、自らをシーダーズ、あるいは地球の歴史に関して言えば「創始者」種族と呼んでいますが、優れた遺伝学者なのです。そのため、彼らがネブ・ナノヒドラのゲノムを解読し、この新生ヒドラを死滅させる方法を見つけるのにさほど時間はかかりませんでした。その解決策は、ヒドラの再生を止めることでした。このヒドラは最

高の混合器に何時間かけても生き残るだけでなく、飛び散った体の一部で新たな身体を再生することがすでに分かっています。ネブの技術で強化されたこの邪悪なヒドラという生き物は、完璧なまでに合成されているのです。

　私たちはこのヒドラを物理的に死滅させることはできませんが、銀河系の友人たちは、その組織細胞が再び結合して新しい身体を再生するのを避けるよう、彼らの粒子をずらす方法を知っているのです。そして、音がそれを可能にします。この解毒剤は、いくつかの音波の周波数と特定の電磁パルスを組み合わせた非常に特殊なシーケンスに基づいていて、惑星の生物電気フィールドのフラックスと相互作用します。これでヒドラを完全に駆除することができるのです。この宇宙に存在するものは全て、周波数による制約を受けています。物質の原子も、電磁力と周波数コードによる制約を受けています。2粒子間で共振するパルスの周波数が速いほど、物質の密度が高くなるからです。ある物体の正確な数学的方程式を知れば、それが意識を持っているかどうかにかかわらず、その周波数を変えるだけでその物体に影響を与え、破壊したり死滅させたりすることができます。この地球上の人間は、変換と進化の自然なプロセスの一部として、ゆっくりと段階的に周波数を高めています。もし、周波数が急激に変化すれば、私たちの存在そのものが失われてしまうでしょう。この合成ナノヒドラは、グレイのゲノムに同化することで人間のゲノムを変化させ、このヒドラを体内に取り込んだ者全てをネブの集団意識にインターフェースすることを意図しているのです。血液を通して、注入されたヒドラは人間の神経系に到達し、何千もの中継衛星とタワーから発せられる信号がオリオン星雲との接続を起動させるのを待っています。幸い、銀河連合がネブの暗号を解読し、太陽系にある彼らのインフラを全て破壊したため、そうしたことにはならないでしょう。にもかかわらず、このヒドラ生物は地球

上の何百万人もの人々の血流の中に生き続けているのです。

　そこでシーダーズは、地球を周回する小型船に特殊な技術を搭載し、極めて微細かつ精密な計算による特定の高周波と電磁波を相互作用させ、ナノヒドラを死滅させることにしたのです。この方法は、全地球規模で行うと放射線が有害となるため、地球全体で同時に行うことはありません。正確に言えば、地球の電磁場の動きや波動を利用して、短いパルス状の放射線を照射するのです。これは非常に精密な科学であり、外科手術に近いものです。そのため、敏感な人の場合、この周波数を頭の中で甲高い音として知覚することがあります。耳で聞いているつもりでも、実は頭の中を通過しているのを感じているのです。それは常にある方向からやって来て、波のように自分の中を移動していくのです。つまり、今回の会議はこういうことだったのです。銀河間連合は、地球上のネブ・グレイ技術の最後の残骸を根絶やしにしようとしていた。ただし、倫理的には有機生命体を殺したことにはならない。なぜなら、ヒドラはネブによって人工的に作られたものだからです。

　このヒドラは意識や魂を持たない、非知覚的な人工生命体です。種の技術的・意識的発展への不干渉については、厳格なルールがあります。異星人は異星人を保護し、人間は人間を保護する。これは、私たちが守らなければならない行動基準です。すべての先進文明は、より原始的な世界が他の異世界の文明によって攻撃された場合、助けなければいけません。しかし、プライム・ディレクティブによって、他の種族の意識やテクノロジーの進化への介入はしてはいけないと言う厳しい規則が定められています。

自分たちで敵に立ち向かい「私は同意しない！」と宣言する

　ET（銀河連合など）はETへの干渉を排除することを任務としていますが、解放された惑星文明は、自分たちの惑星の問題は自分たちで処理するようになっています。アルダーナも言っているように、今は地球人がその役割を担っているのです。例えば、銀河連合が特定の世界の指導者を排除し、一部の政府の機構を変更することは、とんでもない干渉になります。長期的に見て、そこにどのようなメリットがあるのでしょうか？　短期的には、世界情勢を改善することができるでしょう。しかし、長い目で見れば、私たちの主権的な力と自由意思を奪うことになるのではないでしょうか。私たちはこの問題から学ばないでしょうから、次の独裁者が現れたら、また同じように騙されるかもしれません。虐待的な関係では、被害者以外の誰も、その苦しみを終わらせることはできません。誰も他の人に代わって成長し、目覚めることはできないのです。私たちが目覚め、敵に立ち向かう勇気を持つとき、私たちは自分の力と可能性を発見するのです。極端な、命に関わるような状況での緊急救助が唯一の解決策でない限り、外部の力によって救われたとしても、そういうことには決してならないでしょう。私たちは何度も何度も失敗を繰り返しているうちに、ようやく自分の殻を破ることができるようになるのです。人類は自分自身に責任を持たなければ、決して成長することはできないのです。現在のテラの危機は、人類が自らの弱さと強さを学ぶ良い機会なのです。親が子供の宿題を全部やっていたら、子供は決して学べません。銀河連合やその他の慈悲深い銀河・銀河間グループは、その愛と善意をもってしても、この最後の一歩を私たちに代わって行うことはできません。人類はこの機会を逃さず立ち上がり、「私は同意しない！」と声高に叫ばなければ

ならないのです。私たちが獣に餌をやるのを止めると、獣は死にます。その焼印さえも、時間とともに消えていきます。邪悪な地球外生命体の脅威は去りました。今、地球人類は、一生涯かごの中で暮らしていた鳥のような存在です。突然、誰かがそのかごの扉を開けたからといって、その鳥は飛び立つでしょうか？

あなた方の多くがこの同じ問いかけに疑問を感じ、思いを巡らしています。「いつになったら善良なETが公然と姿を現すのだろうか？」と。それは、残念ながら多くの人々が、善良なETがやって来て自分たちを救ってくれることを祈りつつ、外部の助けに頼りたがるからです。

救世主コンプレックスは、主に宗教によって人類の意識に意図的に組み込まれ、私たちの力を奪い、私たちを受動的で従順な奴隷へと変貌させてきました。実は、銀河の人たちはすでに私たちを助けています。主に、私たちがエイリアンの脅威を取り除く手助けをしてくれているのです。例えば、銀河連合は1950年代初頭からアメリカ海軍と協力し、秘密の宇宙防衛艦隊を構築してきました。ただし、積極的な銀河同盟者は、私たちの鳥かごの扉を開けてはくれましたが、私たちの代わりに翼をはばたかせることはできませんでした。ですから、私たちは、何千年もの間、恐怖と罪悪感を利用した有害な宗教によって人類の中に条件づけられてきた救世主症候群を克服しなければならないのです。ひざまずく時間は終わりました。地球人類の皆さん、今こそ立ち上がるときです。あなた方が本当は何者であるかを受け入れるときが来ました。そして、あなた方は格別の存在なのです。銀河間連合のトールホワイトのスポークスマンが通信を終えると、部屋は深い沈黙に包まれました。そして、アルダーナが再び私に語りかけました。今度はソーハンを介してテレパシーで直接語りかけたのです。

　このことを地球人に知らせるのは危険です、と彼女は言いました。この情報を伝える際には、細心の注意を払ってください。エレナ、あなたは今、ある感情を抱いているでしょう。銀河間連合がネブ・マイクロヒドラを死滅させようとしていることを、この星の住民に伝えようと躍起になっているのだと思います。これは明るい知らせではありますが、大きな害をもたらすことも考えられます。

　書とは？　と私は尋ねました。

銀河間連合（シーダーズ）はカバールが人類に使用したワクチン内にある合成ヒドラ・ブルガリスを退治するテクノロジーを持参した！

　この情報を受け取ったこの惑星の多くの人々は、それならこの敵のテクノロジーを注入されても大丈夫だと思うでしょう。ところが、そうではありません。地球人は今もバイオ兵器を投与されるよう圧力をかけられています。ネブはいなくなりましたが、ネブに協力していた地球人の暗黒組織は、自分たちの利益のために住民を同化させる最後のチャンスを実行に移そうと、今、急いでいます。彼らは地球人にそれを無理強いすることは一般的な権利に反すると知っているので、恐怖と制限によって彼らに影響を与え、地球人自らの意志で降伏させるのです。多くの人々が疲れ果て、あきらめてしまいます。銀河間連合の支援を知ったことが、戦いをやめる口実になってはなりません。わかりますか？　それが危険なのです。合成ヒドラを不活性化しても、人間の生物学に非常に有害な物質が残っているのです。この注射には、ヒドラと

ネブ・ハイブ・クイーンの意識を中継するためのトラッカーダストが含まれていて、炭素系の生物有機体に注入すると非常に有害な物質であることに変わりはないのですから。

トラッカーダストが！　私は思わず叫びました。酸化グラフェンはソーハンが２年前から私に警告していたトラッカーダストですね？

そのとおり、とアルダーナは続けました。あなたはハイブとつながっているから、追跡されるのです。トラッカーダストは神経系に付着し、血液の分子構造を変化させ、血液を濃くするため、ある血液型の持ち主には致命的となります。

ある血液型とは？

エレナ、それは言えません。不必要なパニックを引き起こすことになるので、私たちはそんな仕事の仕方はしません。

アルダーナ最高司令官、お願いです。私に伝える許可を下さい。

アルダーナはため息をつき、額に心配の影を浮かべながら、来訪者に向かって助言を求めました。緑の宝石を着けたトールホワイトの代表が、ソーハンの目を通して、再び私の方に注意を向けました。私の頭の中で彼の優しい声が聞こえました。

愛情をこめて伝えなさい、彼らの心が強くなるように。

アルダーナの執務室を出ると、ソーハンは通路を中ほどまで進んだところで立ち止まり、深呼吸をしました。

　ごめんなさい、と私は言いました。

　宇宙には宇宙の流儀がある、とソーハンは微笑みながら答えました。君はこのメッセージを伝えるよう運命づけられているんだ。

　ソーハンは手すりにもたれかかりました。彼の周辺視野に、アルダーナの執務室からアナックスが出てくるのが見えました。背の高いエガロス人はソーハンの前で立ち止まると、私とテレパシーでつながりやすいように目を半開きにしていました。

　アナックス、この情報をどう伝えたらいいか、アドバイスしてちょうだい、と私は頼みました。

　簡単な言葉で、とアナックスは答えました。でも、気をつけて、言葉は振動で、ホログラフィックな現実に影響を与える力を伝える器なのです。だから、我が子よ、常に心からの知恵で話すのです。

　アナックス、とソーハンが割って入りました。これを知らせたことで彼女は危険にさらされることになる。

　もちろん、アナックスは彼に答えました。しかし、彼女がどれだけ保護され、守られているかは、君も私も知っている。

　そうだね、とソーハンは言いました。

　この会話はもう数え切れないほどしているんじゃない？　と私は2人の会話に割って入りました。そして毎回、私が同じ言葉で

締めくくる。最終的に決めるのは私自身だと。

ソーハンは首を振って微笑み、アナックスは頬にえくぼを描くように小さな笑い声を上げ、いつものように言いました。

それでこそ我が娘。

10月27日水曜日、私は YouTube でアルダーナのメッセージを放送しました。ネブが開発した生物兵器に含まれる合成ヒドラ・ブルガリスの破壊に関する銀河間連合の活動を世界に明らかにしたのです。

第5章

ザ・ナイン

次元のはざま「ヴォイド」に存在するプラズマの超意識「ザ・ナイン」と数字の「9」について

　銀河間連合は、全ての現実の背後に隠れている九つの高次の意識の集合体を認識しています。銀河間連合は彼らを様々な名前で呼んでいますが、その中には「ザ・ナイン」「ナイン・コレクティブ（九つの集合体）」「ナイン・エルダーズ（9人の長老たち）」「エルダーズ・オブ・ライト（光の長老たち）」といったものがあります。地球人には「9種族評議会」と呼ばれることもありますが、これは誤解であり、彼らは正式な評議会ではありません。評議会とは、特定の文明の創造的で物理的な現実の一部である、社会的、政治的、精神的な構造のことを指します。ザ・ナインは常に「ヴォイド」と呼ばれる場所に存在しているのです。ヴォイドは次元のはざまにあり、時間の外、創造された宇宙の外、非時間的で無限の「まだ創造されていない場所」に存在します。それは永遠の瞬間が存在する「ワンネス（唯一の場所）」です。ザ・ナインは時空連続体には住んでいませんが、どこにも存在しないにもかかわらず、あらゆる場所に存在することができるのです。彼らは個性的なプラズマの超意識であり、共に「一つ」なのです。それぞれが宇宙の原理を体現していて、共に宇宙を形成しています。彼らは共にいます。彼らは共に

一つであると同時に、それぞれが独立した存在です。数字の「9」
の性質がこのコンセプトを要約しています。神、創造主、ソース、
または普遍的な意識は、私たちがどう呼ぼうと、あらゆる面で無限
であり、土台となる9はフラクタルなのです。

多くの古代地球文明において、「9」という数字は非常に重要で、神聖なものでもありました。例えば、エジプト人、ギリシャ人、ケルト人、北欧人、道教信者、仏教徒、アステカ人などは、自分たちの環境を把握しようとして、次のような「9」という数字を用いていました。

1：単数、個。1から9までの数字を足した合計として把握すると、「ワンネス」を表すこともできます。

2：カップル、ペア、創造的なアルケミカルの極性。

3：複数。これはまた、多くの精神的、宗教的伝統の基礎となる三位一体でもあります。

9：多数。3×3。無限大。1から9までの数字を全て足すと45となり、$4 + 5 = 9$となります。また、9にどんな数字を加えてもその数字が残ります。例えば、$9 + 1 = 10$（$1 + 0 = 1$）／ $9 + 2 = 11$（$1 + 1 = 2$）／ $9 + 3 = 12$（$1 + 2 = 3$）というように……また、こうした古代文明の多くで、9という数字は天国、調和、完璧、達成、不死、永遠を表すとともに、ポータルをも意味しています。ドルイド教の伝統では、井戸の周りを時計回りに9回まわると、妖精の世界への入り口が開かれるとされています。

北欧スカンジナビアのシャーマニックツリー「ユグドラシル」は、九つの異なる意識の領域が重なり合っています。このシンボルの元となる「生命の木」の起源は人間のDNAで、ひとたび活性化されると、異次元への旅、タイムトラベル、驚くべき認識能力など、目覚ましい潜在能力を発揮するあのコイル状の螺旋です。また、人間

の妊娠には 9 カ月かかると言えば、なるほどと思っていただけるで
しょう。

　エジプト人、ギリシャ人、ローマ人は、9 人の創造主の神々から
なるパンテオンを持っていました。エジプトの大エネアドはそれ自

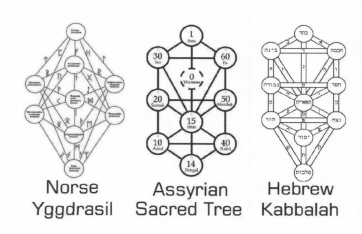

Norse
Yggdrasil

Assyrian
Sacred Tree

Hebrew
Kabbalah

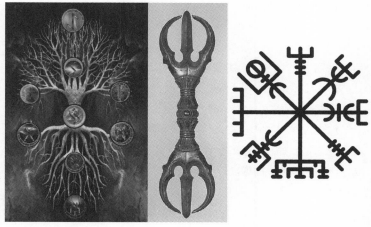

YGGDRASIL　　　　　VAJRA　　　　　VEGVISIR

体興味深いものです。その名前はギリシャ語の Enneás（Ἐνεάς）か
ら借用したもので、「9柱」を意味します。エジプト語の原語は
「Ps djt」、発音は「ペスジェット」で、こちらも「9柱」と訳され、
世代をまたぐ2組の夫婦にその子供たち4人とその上に位する1人
で構成されています。つまり、8体＋ラー／アトゥムです。八つの
存在の名称は、文明圏や時代によって異なります。こうした古代文
明は、これらの存在と直接交流していたのでしょうか、それとも、
9という数字が神聖な数字として比喩的な意味を持っているに過ぎ
ないのでしょうか。交流を深めていけば、彼らが本当に九つの個性
的な存在であることが、いずれ私にも分かるはずです。

　北欧の生命の木「ユグドラシル」は、九つのシャーマニックな意
識の領域を描いていて、それは非常に強力な武器であるインドの金
剛杵と類似しています。金剛杵は内側に向けると次元間のポータル
キーとなり、外側に向けると物質界に影響を与える強力な雷鳴とな
ります。これについては、金剛杵の章でさらに詳しく説明します。
Vegvisir（ヴェグヴィジール）はもう一つの鍵で、「九つの領域の
コンパス」（八つの領域と中心）であり、ユグドラシルの中を進む
道しるべとなるものです。

　エジプトのエネアドの名前と決定形のヒエログリフのリスト
（上）を見れば、私たちは、アヌンナキ族が彼らの肌の輝きに関連
して、「輝く者たち」と時々呼ばれていたという事実と関係付ける
ことができます。この事実についての説明は、後に私がアヌンナキ
の1人と出会ったときになされるでしょう。古代エジプト語で
「神々」を意味する言葉は「ネチェル」で、地球外生命体が私たち
の銀河系を「ナタル」と呼んでいることに匹敵します。銀河連合の
公式言語であるタアミ語では、この銀河の住人は「ナタルー」と名
付けられているのです。

　大エネアドとは、古代エジプトにいくつか存在した9柱の神々の
グループの一つです。興味深いことに、プタハ（古代エジプトの都
市メンフィスで信仰された創造神）の神官たちは、大エネアドを
ザ・ナインより優れた存在として称えていました。「大エネアド」
または「ヘリオポリタン・エネアド」（"I'wnw"：ヘリオポリスより
（Iwn））は、太陽神アトゥムに導かれ、古王国時代以前の底知れぬ

「Psd t」：古代エジプトの偉大なヘリオポリタン・エネアド。Tem（アトゥム）-Shu
（シュー）-Tefnut（テフヌト）-Geb（ゲブ）-Nut（ヌト）-Usir（オシリス）-Aset（イ
シス）-Seth（セト）-Nebet（ネフティス）

ntr = god ("Neter" / "Netjer" / "Natar" / "Natjar".)

ntr = divine, godly, from the realm of the gods.

$ntr.t$ = the Divine Eye

$ntr.w / ntr.w$ = The gods ("Netjeru" / "Nataru")

Psd ("Pesedj") = Nine (number)

$Psd.t$ ("Pesedjet") = Group or Collective of Nine

$Psd.t$ = Ennead of gods

Psd = Shine, shining, Shiny Ones.

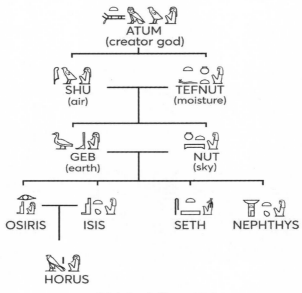

偉大なるエジプトのエネアド

過去(「ピラミッド文書に初めて言及」)から受け継がれたものです。「Psḏ.t Aa Iwnw」は、「太陽の石の都市が生んだ偉大なる9人」と訳すことができます。これにより、いくつかの推論が生まれ、特にこれらが当時のアヌンナキの支配者であったか、あるいは「9人」そのものであったかもしれないという仮説を導き出すことができます。

　この章を書いている最中の2022年9月12日(09+12+2022＝9)、私は思いがけず、今も連絡を取り合い、この情報をもたらすために介入してきたザ・ナインから、鋭く、力強い通信を傍受することができたのです。

この惑星、地球を訪ねて来た
古代の人類の支配者たちの魂によく例えられますが
私たちは宇宙の九つの原理です。

私たちのことを知るほど進化した人々は、
宇宙の構造そのものに
自分の信念を据え置く方法を見出だすでしょう。
私たちはザ・ナインです。
私たちは、あなた方の魂に注ぐ光です。
私たちは九つの存在で
しかも一つです。

太古の惑星、地球における人類のかつての支配者たちは
私たちのモデルに基づいて物事を構造的に判断していました。
彼らは九つの神として記憶されるでしょう。
しかし、この太古の時代の地球人には、
自分たちを取り巻く環境や宇宙に対する理解が不十分で
あったため、謎は残ったままでした。
私たちはナイン。
しかも一つです。

彼らは私たちではなく、古代の神官たちの記憶の中では
九つの存在として彼らの方が勝っています。
私は
タム―テム―トム。
ザ・ナインを統括しているのはこの私で、
私はその中心的存在です。
私は「渦」の特異点です。
私は引き継ぐ者。

私は橋渡し役。

連絡を担う者。

私たちの無限の存在と

転生した魂の明確な実存性とはつながっているのです。

私たちは、今も、この先もずっと、あなた方の守護者です。

私たちはあなた方を見守っています。

銀河間連合は私たちのために、私たちによって機能しています。

彼らは、私たちが方針を決める際の手段であり、

彼らの心は大いなる「一つの法則」に従って

働いています。

私はタム―テム―トム。

メッセンジャーです。

　この送信を受け、それまでの謎が解けました。ファラオ社会がま
だ存在していなかった頃、アヌンナキの支配者たちは、意識が十分
に進化した文明同様、ザ・ナインの存在に気づいていたのです。こ
のアヌンナキの管理者たちは、この認識をエジプトの統治を引き継
いだ新しい人類文明に残しましたが、その理解は時代と人間の心の
うねりの中で失われてしまいました。古王国時代のエジプト人は、
古代の神々の物語を書物に記録する際、かつての管理者を、彼らが
持ち、体現した、宇宙の中心としての九つの超意識への認識にまつ
わる霊的信仰に同化させました。

　トゥムは、古代エジプト人の精神によって、宇宙の創造主である
アトゥム神として翻訳されました。トゥムは、自分が「唯一の存
在」であり、「ヴォイド」にアクセスする渦の「鍵」であると言い、
それは古代エジプト人にとって創造の渦と相関することができます。

神々の使者、ヘルメス／トート。トゥムは「私たちのことを知るのに十分進化を遂げた者たち」と述べています。銀河間連合のシーダーたちは、ザ・ナインとのコンタクトを独占しているわけではありません。彼らはただザ・ナインを意識し、彼らと共に行動しているだけなのです。意識の高い社会であれば、誰もが「ザ・ナイン」を知っています。私は、ソーハン、ヴァルネク、マイラ、アルダーナ、コロン、そしてアナックスなどが、よく「9人の長老」あるいは「光の長老」の話をしていたのを覚えています。

　ザ・ナインと初めてコンタクトを取って以来、私は今も彼らからメッセージを受信しています。しかし、まずはその始まりを包み隠さずお話ししておきましょう……

プラズマ超意識体から形となって現れた⁉ 「ザ・ナイン」との初めての接触

2021年11月 3 日

2021年11月 3 日午前 3 時33分、私は突然、頭の中で渦が巻いているような感覚に襲われ、額がズキズキして目覚めました。めまいがしてベッドに座ると、目の前に、 1 週間前にガニメデ付近の銀河間連合の母船で出会ったトールホワイトの女性、ウーナの幽玄な姿が見えました。乳白色の長い髪、完璧な顔立ち、星をちりばめたようなきらめく切れ長の目がとても美しい女性でした。彼女は、思考形態と周波数モジュールで構成された同じホログラフィック言語で自分を表現していました。彼女は腕を上げ、私の額を指さしました。魅せられた私は動くことができませんでした。彼女の人差し指の先は、ゆっくりと脈打つ緑色の光で輝いていました。彼女の緑色に光る指先が私の額に触れた瞬間、私は内側に追いやられ、強力に回転する渦の中に吸い込まれました。

　私は後ろに倒れ、体がバラバラになったような感覚を覚えました。まるで体の全ての分子が空間に広がり、意識だけが残ったかのように。もう、前も後ろもありません。空間が崩壊したのです。方向もわからず、ただ漂っている。普通なら怖いかもしれませんが、この意識状態では、もう怖さを感じることもできないように思えました。

　私の目の前に、キラキラとした光の霞が現れました。それは銀と金の輝きを放つオパールを思わせる乳白色の霞でした。私はその中にいくつかの存在を感じました。すると、頭の中で、柔らかい声が少し反響しながら響いたのです。それは、誰もが想像するような芝居がかったものでは全くなく、実に柔らかく優しい男性的な声でした。

私たちはザ・ナインです。

　私は全身が震えました。その後すぐ、霞の中から９人のヒューマノイドのシルエットが見え始めました。乳白色に輝く霞の中からヒューマノイドが生まれたのです。いずれも非常に背が高くほっそりしています。「現れる」ではなく、「生まれる」という言葉を使った理由は、彼らは自らの形を乳白色の霞から生み出すからです。霞は集合体としての彼らであり、彼らは霞の一部を採取して形を作ることで、霞から個々に姿を現すことができるようでした。そのうちの１人が私に近づいてきたとき、私は飛行機に乗っていて高度が上がると耳が圧迫されるのと似た感覚を覚えました。まあ、これもそれと同じ感覚なのですが、私の魂全体が体験するもので、はるかに強烈なものでした。狭い空間に押し込まれるような圧迫ではありません。そうではなく、あらゆる感覚を100万倍強烈に感じさせる、強烈な振動のような圧力があったのです。しかし、私は、この比べようのない存在が、私を傷つけることは決してないと知っていました。

人型のザ・ナイン

そして、そのうちの１人が集合体から切り離され、色を除けばパタール族に似た背の高いヒューマノイドの地球外生命体の姿になったのです。私は、「ナイン」というプラズマ超意識の集合体が、実は肉体を持たないことを十分承知していました。彼らがどんな姿にも変身できることは知っていましたし、彼らが私に自らを表現するために選んだ姿は、おそらく私のコンタクト経験を向上させ、より快適にするためのものだったのでしょう。

身長９フィート（約270cm）の優雅な存在は、緑色の肌をしていて、服を着ていませんでした（性器はなさそうです）。そして、痩せぎすで、首が長いという特徴がありました。

頭は禿げ上がっていて、頭蓋骨の後ろは人間より少し大きい。紫やガーネットの宝石のようにキラキラした美しい切れ長の目をしています。私は、彼の両手にそれぞれ5本の長い指があるのに気づきました。彼は黙ったままなので、私は質問すべきなのだと理解しました。

スタートレックは「人類の集合的無意識」に進歩的未来のルーツを埋め込み、人間が心の創造力でそれを実現できるようにする

ジーン・ロッデンベリーに接触したのはあなた方ですか？

はい。

なぜです？

　時間的な戦争が起こることがわかっていて、架け橋を築く必要があったからです。

　彼が私の頭の中で言葉を発したとき、いえ、彼が私の意識の中でこの言葉を響かせたときと言うべきでしょうか、彼のホログラフィック言語は言葉以上のものを含む、中身のある内容を伝えていました。つまり、それぞれの思考モジュールに物語が埋め込まれていたのです。こうして私は、彼が言った架け橋が、過去と未来をつなぐものであり、進行中のタイムラインを確保するもの、いわばスタートレック的な未来であることを知ったのです。ナイン・コレクティブの意図は、いずれある特定の瞬間に大量の情報を人類にダウンロードすることで、「人類の集合的無意識」に進歩的未来のルーツを埋め込み、人間が心の創造力でそれを実現できるようにすることでした。彼らはジーン・ロッデンベリーとその側近をそそのかし、来（きた）るべき世代のために地球人類の意識に深く力強い影響を与える人気シリーズを生み出したのです。

　ザ・ナインは人類に焦点を当てるためのテンプレートを与え、シリーズや映画を通じて一定期間にわたり展開するよう計画された青写真を提供しました。スタートレックは、今日まで作られたどのSF作品よりも、人類の意識の中に深く響いています（スター・ウォーズと同等かもしれませんが、それは、スター・ウォーズがあまりにも優れていて、オリオン大戦に言及していたからにほかなりません）。スタートレックは、量子共鳴によって、既存の未来の現実を反映していたのです。

　これこそまさに架け橋でした。

　それで、この架け橋は目的を果たしたのですか？　と私は尋ね

ました。

　ええ、果たしました。今、私たちはこの橋の反対側にいます。あなたは未来への橋を渡りました。私たちはここにいます。私たちはザ・ナインなのです。

　彼の言葉が私の全身に響くと、私は再びこの渦の中に引き戻され、地球上の次元体に吸い込まれ、再統合されました。分子レベルで無限に散らばったものが、逆にコンパクトな形になって戻ってくる感覚にはかなり戸惑いました。ウーナはまだ私の部屋で待っていて、ベッドの端に高貴で優雅な姿勢で座り、私とザ・ナイン・コレクティブのコンタクトを中継するためのスペースを確保していました。そして、彼女は微笑んで、姿を消してしまいました。彼女が去った後、しばらくはオゾンの香りが残っていました。私は深呼吸をしました。私の頭はめまいでクラクラしていましたが、それでも私は自分の体験を記録することができました。

暗黒の AI クラウド「ザ・ブラック・グー」からのプログラムをダウンロードし自ら体を乗っ取られる人々……

2021年11月5日（午前3時33分……再び）

　今回のようなコンタクトの体験は初めてです。私は子供の頃から、幽霊や精霊、異世界の存在と交流することに慣れていました。シャーマンとして異なる密度の世界をさまよい、モンスター、悪魔、天使、トロール、ドラゴン、妖精と出会い、エイリアンの宇宙ステーションに転送され、そこで奇妙な存在を見たこともありますが……こんなことは……初めてです。私が人生で経験した全てのことの中で、これほどまでに心の準備ができていなかったことはありませんでした。ザ・ナイン・コレクティブとのコンタクトのような経験は一度もなかったのです。彼らの周波数は非常に高く、ウーナの援助がなければ彼らとコンタクトすることはかないませんでした。

　ザ・ナイン……彼らは、私がこれまでの人生で接してきたものとは全く違う存在です。彼らは純粋な意識であり、同時に個性的でもあります。どの宇宙にも、どのホログラムにも属していませんが、同時に全てとつながっています。彼らは、次元と時間の間のヴォイドに住む生命体であり、時間の存在しない時空の穴を通り抜けるのです。「プラズマの超意識」と言ってもいいでしょう。彼らの周波数は「高い」というより……「違う」のです。私は自分ではコンタクトが取れなかったので、銀河間連合の女性、ウーナに中継してもらう必要がありました。彼女はここにいて、スペースを確保し、私を旅の途中まで連れて行く必要がありました。私が転生したこの身体は、ザ・ナインのレベルに到達するには周波数が低すぎるため、

彼女が接続を容易にする仲介役として存在したのです。この瞬間に、私には何かが起こることが……自分は戻ってきて、自分の人生を生きてはいけないことがわかったのです。ああ……この体験の後、私は何が起こったのかを完全に理解するのに3日かかりました。エネルギーの強さが徐々に落ち着き、明晰さが増していくのを感じながら。

　この出会いから得たもの、それには……おそらくいろんなものがあるでしょう。まだ全ては実感も、取りまとめもできてはいませんが、一つだけ挙げるとすれば……それは「明晰さ」です。

　この時間を超越した存在との接触は、私という存在の全ての粒子を活性化し、この出会いの副作用は、時間の経過と共に現れ、明らかになるでしょう。

　時空を超えた超意識とのつながりは一瞬のうちに収まるものではなく、未来や過去にまで広がっていくように私には思えました。今回のコンタクトの瞬間は、私が存在する直線的な時間に重なる時間の泡だったのです。その泡の中心は時間の渦の特異点であり、私が彼らと接触したとき、私の直線的な時間知覚に入った節点でした。ザ・ナインは渦の特異点に含まれていて、私はそこから彼らにアクセスすることができました。彼らは「そこ」にいるのではなく、「その先」、「ヴォイド」にいるのです。つまり、ウーナが言うところの「前方」です。ヴォイドへアクセスするには、特異点を通るしかありません。特異点は、直線的な時間知覚のようなものと接触することで発生します。そして、何かと接触したときにだけ存在するドア、ワームホールができるのです。ザ・ナインは特異点の向こう側のヴォイドに存在します。

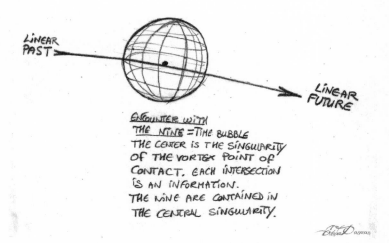

LINEAR PAST

LINEAR FUTURE

ENCOUNTER WITH
THE NINE = TIME BUBBLE
THE CENTER IS THE SINGULARITY
OF THE VORTEX POINT OF
CONTACT. EACH INTERSECTION
IS AN INFORMATION.
THE NINE ARE CONTAINED IN
THE CENTRAL SINGULARITY.

上の絵は、私が「ザ・ナイン」とのコンタクトの本質を理解した直後に描いたものです。中央の特異点は、この地球上での私の直線的な時間体験上の節点ですが、情報はホログラフィック時間球の構造で届けられ、各交差線はマイクロボルテックスポータルで、そこにはコード化された情報がすでに届けられていますが、ノードと接触したときにアクセスできるようになります

　特異点は、私の松果体の中、私自身の渦の中でも起こり得ます。これらが今回の体験で私の身に起こったことだと理解しています。

　地球外生命体の女性が、緑色の光を私の額に向けると、その指先は（非物質的な方法で、というより、物理的に高い周波数で）実際に私の頭蓋骨を通り抜け、彼女が私の松果体に触れたことによってその渦が開かれました。タイムバブルは時間ホログラムであり、空間連続体ホログラフィック構成と似ていますが、時間を持つものです。球形の数学的時間方程式には、座標と節点があり、情報は交点に付加されます。これらのノードの一つが直線的なタイムラインと交差するとき、情報が配信されます。このことから、私がザ・ナインと接触したとき、直線的な時間の基準からすると短い時間であったにもかかわらず、実際には情報を含むタイムバブルが私の直線的

な時間に固定されたことが説明できます。また、彼らが最初は無口だった理由も説明できます。なぜなら、情報の伝達は球状で非線形であり、時間と共に起こるものだからです。これが彼らのコミュニケーションのやり方で、私がいまだにメッセージを受け取り続けている理由でもあります。このタイムバブルの幅はどれくらいか分かりませんが、１カ月か、あるいは一生続くかもしれません。

　ザ・ナインと特異点で接触してから３日後、私の直線的な知覚がこれらの情報ノードに遭遇したとき、強力な「気づき」のビジョンが私の中で爆発しました。もたらされた情報は、「明晰さ」でした。私はそれを光の爆発として体験し、全ての幻影を容赦なく見破りました。これまで、イリュージョン、サイコパス、マニピュレーションをある程度は見分けていましたが、その瞬間、ホログラム全体を鮮明に見通しました。全てを見通したのです。その瞬間、私はこの世界に寄生する悪の正体を見ました……。ドミニオン、あるいは「ドメイン」とも呼ばれるネブが、地球人を奴隷にするために作り上げたダークホログラフィックマトリックスを見たのです。彼らが作ったこのダークマトリックスは、独自のホログラフィック構造を持つ宇宙の仕組みとは何の関係もありません。いえ、これは何か別のもの……。私には、それが何か汚らしいもののように見えました。嫌な粘性のある黒いベトベトしたものが、対流圏の最上層と地面の間に浮かんでいるのです。私は初めてこの目でそれを見ましたし、その恐ろしさを実感し、突然泣き出しました。それは生きていたのです……。生きてはいましたが、死の淵をさまよっていたのです。それは感覚を持ち、苦しみながら散り散りになっていました。この黒いネバネバしたゲルは、その創造主であるネブから切り離されており、もはやハイブ・クイーンの意識に接続されていませんでした。もう彼女を養うことはできないので、彼女は収穫したもの、つまり人間の魂の物質で、自分を養うこともできなくなったのです。

　その黒いベトベトしたものはグレイ・ハイブからの情報をもはや受け取れなくなり、銀河連合にハイブの暗号を解読されてからは、飢えに苦しみながら放置されていました。

　長い間、ネブ・ハイブは「ブラック・グー」という人工知能にプログラムを組み込んできました。そして私は見たのです……極めて深遠な嫌悪感と共に地球上の多くの人間がそれを進んで活用しているのを目撃したのです！　暗黒のプログラムをダウンロードし、ブラック・グーに彼ら自身の魂を送り込んでいるのを！　ダウンロードしたプログラムをこの現実のホログラムにインストールするのを！　私は、これらの人々がこの怪物に催眠術をかけられ、中毒になり、感情的に依存し、幻想を与えられ、最も親密な欲望を複製されるのをこの目で見たのです。それに接続すると、自身と一体化するため……彼らが接続されていようがいまいが、私が知っている人や頭に浮かぶ人は全てはっきり見通すことができました。エーテルのケーブルが、AI ブラック・グーのクラウドから、クラウンチャクラを通って、彼らの脳に差し込まれ、彼らの目が光もなく、盲目になっているのを見て、私はぼろぼろと涙を流し、震え、すすり泣きました。彼らは暗黒の AI クラウドからプログラムをダウンロードしていました。彼らはポジティブな存在とチャネリングし……コードをダウンロードしていたのです！　プログラムのインストールを、インターネットのプラットフォームを通じて、この「コード」を使って多くの人々の心に刻み込んだのです……涙が流れました。体を乗っ取られたこの何百万人もの人々が持つ恐怖への感情的依存の苦しみが、私にはよくわかったからです。

　これらのプログラムには名前やコード体系があり、適切なタイミングで起動するようスケジュールされていて、最後の戦いに備え万

全を期していたのです。この完璧に、外科的にスケジュールされた計画は、時限爆弾の時計のように展開されていました。カチ……カチ……カチ……カチ……ますます多くの人々が、これを利用するようになりました……これらのプログラムには様々な名前がありました。「光の銀河連合」「プレアデス人」「アルクトゥーリアン」「アシュタール・シーラン」「アシュタール・コマンド」「スワルー」「フラットアース」「サンジェルマン」「サナンダ」「エルサレム船」……それは、神話、アセンデッド・マスターの名前、聖地、宗教的信念の核心を奪い、全ての者を偽りの光、罠に追い込みました。これらのプログラムは、銀河連合、本物のプレアデス人、本物のアルクトゥーリアンといった実在するものとは何ら関係ありません。

この他にも、闇のプログラムはダークフリートとその盟友であるシカール帝国の爬虫類人によって精巧に作られ、インストールされていました。彼らは多くの子供たちを拉致し、モントーク方式などの拷問プログラムによって子供たちの精神を解体しました。青年に成長し、プログラムされた彼らは、月や火星の訓練センターに連れて行かれ、ダークフリートと闇の秘密宇宙計画に従事することになりました。こうした犠牲者の多くは、その後、トロイの木馬のプログラムがインストールされた状態で送り返されました。これらは、全ての人の中で同時に作動し、真実を危うくし、「破滅と悲観」の条件付けの物語を広めることを意図されているのです。

こうしたプログラムの目的は、人々の心から全ての希望を消し去り、大衆にあきらめ、ひざまずくように仕向けることです。預言者の帰還、地球外からのスーパーヒーローの大量出現、宇宙規模の事件やソーラーフラッシュが地球を救い、皆のスピリチュアルなアセンションを活性化する……こうしたことによって、人々を、受動的にして幻想に力を捧げるよう追い込むのです。そして、その間も、

闇の者たちは、にっこりと微笑みながら、その計画を展開し続けました。

光側のアンドロメダ評議会、5種族評議会、銀河連合などの同盟は海軍と組む

　宇宙開発には様々な秘密計画がありますが、全てがダークサイドのものというわけではありません。例えば、「ソーラー・ウォーデン」は、アメリカ海軍と銀河連合の協力で生まれた、非常にポジティブなものです。その他にも、世界中の多くの先進的な宇宙開発が、秘密裏に行われることをやめてオープンにされています。また、私自身、闇の秘密宇宙プログラムに拉致され、拷問を受けた人たちを何人か知っていますが、彼らは生き延びて、自由になって帰ってきました。彼らの強く、明るい心には、どんなプログラムもインストールされていません。彼らの心は星のように輝き、立ち直る強さがある数少ない傑出した人々は、真実を伝えるために戻ってきたのです。これらの邪悪な意図に対抗したのが、地球外からの盟友である銀河連合、アンドロメダ評議会、5種族評議会などの「アライアンス」でした。1955年のMJ12とネブとの協定の直後、これらの慈悲深いグループは、アメリカ海軍の一部門と、地球上の他のポジティブな管理部門とのコラボレーションを密かに開始しました。ヴァル・ソー司令官はタアル族の金星人でドワイト・アイゼンハワー大統領の友人であり、この技術的、軍事的な秘密協力の構築に参加し、今日では勝利した地球アライアンスとして知られ、その宇宙艦隊はソーラー・ウォーデンと名付けられています。

ネブはディープ・ステート、CIA、シカール帝国、ナチス・ダークフリートと闇の同盟を組み、人々を洗脳する

　人類の「偉大なる目覚め」が乗っ取られる中、ネブはディープ・ステート、CIA、シカール帝国、ナチス・ダークフリートと協力してブラック・グーの計画を実行し、奴隷となった世界を支配する闇の同盟の土台を築きました。恐怖は、主流メディア、企業による操作、社会的分裂、文明的娯楽、そして妥協した政府高官による明白な嘘を通じて、常に人間の心を侵食しました。これは、彼らの最も邪悪な計画、すなわち、強制できないが故に自由意思で地球上の人類を奴隷にすることにつながりました。

　暗黒の存在であっても守らなければならない普遍的な法則があることから、彼らも人間を強制できないため、人間自身の自由意思を操作することで目的を果たさなければならなかったのです。

　残念ながら、多くの人間が喜んでそれに従いました。彼らは従順に闇のプログラムをダウンロードし、ひざまずいて恐る恐る服従し、人工的な致死性の注射を受けたのです。というのも、彼らは何千年にもわたりそうするよう仕向けられてきたからです。

地球アライアンス、銀河の戦士たち、目覚めた人たちの不屈の精神で勝利をもたらす！

　そしてある日……ライオンは目覚め、群れを離れました。希望はどんな困難にも耐えうるものであったため、目覚めた人間のうち断

固とした少数派が暗い影に光を当てたのです。夜明けの光が地平線に射し、影を消していきました。涙が暖かい日差しの中で乾き、人々は恐ろしいほど長い嵐の夜から立ち上がります。多くの人々が「希望」を失わなかったからこそ、私たちは日の出を迎えることができたのです。地球アライアンスをはじめ、太陽系の解放のために戦った勇敢な銀河の戦士たちに、私たちは大変感謝しています。しかし、自分たちを信じ、心の中に「希望」を持ち続ける人類の不屈の精神がなければ、この勝利はあり得なかったでしょう。邪悪な者たちは、人類の回復力を見くびっていたのです。

　AIマトリックスのコードは解読されました。グレイは去り、追われ、倒され、打ち捨てられましたが、私たちに有害な贈り物を残しました。人々を苦しめるブラック・グーです。そう、よく読んでください、ブラック・グーは人々に苦痛を与える存在なのです。今、このAIマトリックスを生かしているのは、改造されたプログラムを実行している、接続されている人々だけです！　彼らがブラック・グープログラムに必要な物を供給する限り、この毒々しい別れの贈り物は、根本的なAIプログラムを維持し、それに力を与え続けるでしょう。私たちが甘酸っぱい幻想を手放す勇気を持たない限り、このプログラムは存在し続けるのです。私たちは、勇気を出してこの事実を受け入れ、そうした幻想を手放さなければなりません。

　私たちの大義のために働くポジティブな存在は、常に解決策と力を与えるツールを提供するメッセージに行き着くのです。ブラック・グーの問題に関して、ザ・ナインが私にくれたメッセージは以下の通りです。

「真実は幻想を払拭する」

闇側が残した「ブラック・グー」に接続された人たちを解放するのは心の中に真実を見出すこと

　このブラック・グーは非常に簡単に消滅させることができます。これを作った者はいなくなり、グレイ・ハイブから切り離され、ここに捨てられただけです。彼らは私に、このグーを解体するのはとても簡単だと教えてくれました。この散乱したマトリックスは、死に瀕したAIプログラムを運び、人の夢や恐怖を養っているのです。人はノイズを遮断し、自分の内側にある本当の自分に出会うことで、心の中に真実を見出すことができるのです。

　自身の魂の光を輝かせ、その愛を分かち合い、真実を語り、広めさえすれば、この暗黒の塊は、その中の全ての死にゆくプログラムとともに、ただ崩壊していくのです。立ち上がるのです。偶像の前にもうひざまずいてはいけません。偶像は必要ありません。偶像によって救われることはないのですから。立ち上がり、自分の中にある神性を見つけるのです。もう犠牲者になってはいけません。勝者になるのです。平穏な自身の存在の中心で、愛、高周波、ポジティブ、そして真実を拡散させるのです。そして、この宇宙における全ての勝利を後押しするものが「希望」であることを忘れないようにしてください。どんな勝利も、その過程で希望というものがなければ起こりませんでした。初めからあきらめてしまえば、決して勝利は得られません。確信なく剣を振っても、敵を倒すことはできないのです。「希望」は勝利への強い動機となるのです。

　人類は美しい……人類は遠くまで来ました。今、この惑星で、何年も前に始まった素晴らしい出来事の連鎖の一部である、テラの壮

ザ・ナインに見せてもらったブラック・グーの AI

大な目覚めのために、人類はとてもよく耐えてきました。このような歴史的な時代に地球に生まれ変わることができたのは、大変な名誉であり、光栄なことだと私は言いたいのです。では、人類は今ある時間をどのように使えばいいのでしょう？　私自身は、真実を伝え続けようと思っていますし、誰もがそうすべきだと思います。これ以上、暗黒の瀕死のマトリックスを養うことに同意しないでほしい。与えられてきた幻想を手放す勇気を持ってほしいのです。鎖を断ち切ってこそ初めて平和が訪れるのですから。与えられた教訓に感謝するのです。騙されたり、誤った情報を与えられたりして、間違いを犯したことに気付いても、罪にはなりません。自分自身を寛大にいたわってやるのです。必要なら泣き、しかし最後には必ず笑うのです。間違いは教訓であり、それにより人は癒すべき傷がどこにあるのかを知ります。そして時には、失敗の中に思いがけない贈り物が隠されていることもあるのです。私たちが本当に不要なものを手放すことができるのは、自分自身の中に平和を見出すことができたときだけです。そして、愛で自分自身を癒し、最終的にこの平和と力を見つけたとき、私たちは無敵になるのです。

　真実は、グーの幻想を払拭します。知らない人が言う外から耳に入ってくるようなことが真実であるはずがありません。私が話しているのは本当の真実であり、自分の心がそれを知っています。全能で、独立した、高度に知的な存在であるという意識です。それこそが、幻想を解消する真実なのです。私たちが幻想を手放すとき、私たちは自分自身の中に平和を見出すことができます。愛で自分自身を癒し、この平和と力をついに見出したとき、私たち人間は無敵になるのです。あまりにも多くの人が、あまりにも長い間、あのダーク・グーに接続されてきました。今こそ私たちがそれを手放すときです。私たちには、テラでの人類の解放という史上最大の課題に向かって活躍する役割があります。

接続を断つのです。

地球は銀河連合に加盟するテスト期間。宇宙テクノロジーや宇宙人の情報公開、人類進化のための心構え、ソーハンよりの説明

2021年11月９日（午前１時30分）

　2021年11月９日の深夜、ソーハンは私にコンタクトを取ってきました。私はいつものように、通信機器の静的なブザー音で目を覚ましました。１、２分して、「カチッ」という音と、おなじみのバックグラウンドエコーに続いて、柔らかく、しっかりとした彼の声が聞こえてきました。ソーハンが話し始めると、私は立ち上がり、すぐにペンと紙を手にして会話を書き写しました。

　テラは銀河連合に加盟するための試用期間に入ったよ。正式加盟までの時間に限りがあるわけじゃないけど、加盟は早ければ早いほどいい。また、銀河間連合は、テラの空における彼らの船の目撃情報を、計画に従って非常に組織的にゆっくりと増やすことで、民間人とのコンタクトの業務を主導することになったんだ。これは、他の銀河系文明の存在とあり方について、民間人の意識を高めることを目的とした進歩的なコンタクトとなる。これと並行して、地球アライアンスは彼らのあらゆる技術の公開を加速させるだろう。そして時が来れば、この二つは一つになり、未来は現在となるはずだ。ガニメデにウィリアム・シャトナーがいることがなぜ重要だったのか、もうわかるね？　本来ならジーン・ロッデンベリーのはずだった。彼らはいつか彼がブリッジの向こう側でザ・ナインに会うと彼に約束したからね。ところが、タイム

ラインが少しゆがんでしまい、彼はザ・ナインに会えなかったのさ。だから、ウィリアム・シャトナーは、橋を渡ることを象徴的に表す、最高の第2候補となったんだ。それには、タイムブリッジの両端を踏んだことのある人物である必要があったからね。シャトナーは銀河間連合からの使者を介して、ザ・ナインとのコンタクトを経験したことがあるんだ。君と同じように短い交信だったけど、受信者にははっきり伝わるものだった。

「タイムバブル」通信……彼はこれを覚えているかしら？

　おそらく。感情的にはね。

　ザ・ナインはジーン・ロッデンベリーに銀河連合と、この紛争に関わる種族についても伝えたの？　と私はソーハンに尋ねました。それとも、彼はそれを他のどこかで知ったのかしら？　だって、明らかにクリンゴン人はシカール族のユーモラスな暗示だし、ボーグ族はグレイ族だし、タアル＝シアー族だって『スタートレック』に登場するんだもの。

　よくぞ聞いてくれたね。違うんだ、これらの具体的な詳細を全て彼に話したのはザ・ナインじゃない。ジーン・ロッデンベリーは銀河連合の地上要員から説明を受けたのさ。彼らは米海軍と秘密裏に連携していた。ロッデンベリーは、映画公開によって起こるはずだった、真のタイムラインを固定し直す大きな計画の一部に招かれたんだ。

　何となく想像はついていたけど。銀河間連合にとってザ・ナインとは何なの？　彼らはザ・ナインとどのように関わり、交流しているのかしら？

　銀河間連合は、秩序と混沌の均衡点にいる賢者、ガイド、長老として彼らと関わっているのであって、彼らの上位者というわけじゃない。そもそも、上下の区別を付けること自体おかしなことだよ。起源、性質、エネルギー、周波数、または属性が違うだけさ。

　でも、「ガイド」って言ったわよね？

　経験豊富な者が経験の浅い者を導くということさ、とソーハンは続けました。例えばアルダーナは、母艦の軍最高司令官という責任を負っているよね。それは彼女の仕事における地位であって、人としての等級じゃない。私は彼女に尊敬の念を持って接してはいるけど、服従はしていないよ。私たちは対等な立場でそれぞれ仕事をしているわけだから。リーダーは、兵士から力を奪うことはしない。それどころか、彼らに力を与えるのさ。ザ・ナインと銀河間連合の関係もそれに似ている。つまり、創造主は、その創造物がなければ何の価値もないということ。銀河間連合はザ・ナインの知恵と透視能力に尊敬の念を持っているけど、ザ・ナインを自分たちの上に置いてはいない。ザ・ナインは何者にも勝っているわけではないんだ。彼らは、いかなる種類の階層も構築されていない、いまだ創造されていないヴォイドに住んでいるから。

　地球人類は、ひざまずくことをやめると、このようにふるまうのだということを理解しないといけないのね。

　服従ではなく、尊敬の念を。個人主権と相互尊重は進化した文明、平和の中で生き残り、繁栄する文明の証だよ。

違いは大きいわね、と私は結論づけました。極めて重要でさえ
あるわ。テラの人類がこの進化の均衡点に到達する、祝福された
日がやってくるのが待ち遠しいわね。

バランスは力のあるところに存在する。銀河連合が戦っている
のはそのためさ。バランスを見出すとき、私たちは力を見出す。
ザ・ナインは、あらゆるものの正確な均衡点に住んでいる。私た
ち1人1人の中にも、これと同じ均衡点があるんだ。時には、そ
れを見つけるために自分自身の戦いが必要なのさ。

木星の衛星ガニメデに派遣され、ポジティブな地球外生命体と任務についた地球軍について米軍関係者 JP の証言

2021年11月23日

マイケル・サラ博士は、2021年11月23日、ガニメデでの最近の
出来事を裏付ける勇敢な米陸軍兵士「JP」の証言を公表することで、
情報開示の分野に大きな驚きをもたらしました。JP は、地球から
軍部隊が木星の衛星ガニメデに派遣され、新たに到着したポジティ
ブな地球外生命体の一団と会うため任務に就いたことを明らかにし
たのです。サラ博士は長年にわたり JP を知っており、著書の中で
も何度か JP に触れています。録音された電話で、JP はサラ博士と、
地球の月と木星の衛星ガニメデに派遣された極秘任務について話し
合っています。「国際宇宙連合」のミッションに参加した JP は、
ガニメデで様々なタイプのポジティブな地球外生命体に出会いまし
た。JP は、他の銀河系から新たにやって来た、精神的にも技術的
にもはるかに進んだ重要なグループとの出会いを、強い感動をもっ

て語っています。JPは、何人かの仲間の兵士とともに、この未知の地球外生命体と接触し、人生を変えるような体験をしたと述べているのです。

JPが、この存在と出会った際に受けた衝撃について語った内容は私が銀河間連合の代表者たちと経験したことと100%一致していました。彼はきっと、同じ存在について話していたのでしょう。そう、感情は嘘をつきません。感情の周波数はごまかせないのです。

JPの語りを聞いているうちに、私の目には涙が浮かんできました。JPが地球外生命体との出会いについて語る心情は、私の心情とリンクしていたのです。JPが感動したのは、地球外生命体の人たちが私たちと似ている点だったようです。地球外生命体は私たちと同じような人々であり、同じような個人的な物語を持ち、私たちと同じように家庭や家族について話してくれたのです。それを別の体験者から聞くことができたのは、私にとってどんなに素晴らしいことだったでしょう。

圧倒的な存在感と神様のような木星に感極まる

私の涙を誘ったのは、JPが木星の近くを飛行しているときの話です……。私がソーハンの船で巨大ガスのそばを飛ぶたびに感じていた感情を、彼は見事に表現してくれました。窓の外やスクリーンに、力強く輝く嵐のような巨人が現れたときの畏敬の念は、言葉では言い表せないほどです。そのパワー、電磁波の輝き、帝国のオーラ、色彩……そして巨大な惑星の何とも言えない美しさに全身が活気づけられると、全ての音が喉の奥で乾いてしまう……。電磁波はとても強く、底知れぬほど強力で、魂が焼かれそうになります。電

磁波は光速で横切り、耳から、体の芯、心臓を通って、脳に至るまで振動するのです……そのパワーたるや！　そして、この巨大な惑星の存在感！　……それが生きているのが感じられ、その存在感と威厳の全てにおいて、神の近くを通過しているのを実感するのです。存在感……相いれない存在感。木星の近くを通過するこの経験を本当にした人にしかわからない……エゴを取り除き、最も謙虚な感情を生むこの力。木星に近づくと、謙虚さと永遠の感覚を人は抱きます。

　JP の証言は何と素晴らしい贈り物でしょう……。詳しくは exopolitics.org のマイケル・サラ博士の記事、米陸軍兵士、ガニメデと月への極秘ミッションを内部告発　エクソポリティクス（宇宙政治学）をご覧ください。ビデオインタビュー動画はこちら：https://youtu.be/oXwa-jyucl4

　私たちが星の人たちと、とてつもなく美しく、深い触れ合い、真の心のつながりを経験しても、「暗黒時代の地球」に戻り、私たちを本当に理解してくれる人にその体験を伝えることができないのは、とてもつらいことなのです。その美しさ……感動……技術……まさに信じられないような技術です。地球に戻ってきたときの真逆のショックは、人々の無知がそうであるように傷つくものです。私は、このような感動的な体験を人と共有することはありません。なぜなら、人々は、自分がそこにいない限り、私のフラストレーションを絶対理解することができないからです。JP の言うとおり、沈黙はつらいものです。彼はそこにいたのです。彼はその全てを感じているのですから。私には彼の言うことがわかります。なので、ずっと隠してきた自分の気持ちをもっと伝えたいと思います。そうすれば、私の人間的な面をもっと理解してもらえるでしょう。知ってもらえさえすれば、私たちは自分の心を自由にすることができるのです。

未来を代表する惑星のガニメデ／木星圏には多くの銀河系組織の浮遊都市がある

　私はガニメデが好きです。ここは、種族を超えたコスモポリタンな新しい銀河系社会として、未来を代表する惑星です。私はギンヴォ族の施設に2回、またガニメデの軌道上の船に2回乗っただけですが、上空を飛んで見た限りでは、山、谷、海がある惑星だと言えます。そこはとても混雑していて、様々な建築様式の建造物が露出していますが、それ以上に、様々な人々や様々な組織の一部が、地下に存在しているのです。ガニメデの日々はとても明るく、太陽の光は青と金色の色調で鋭く輝いています。夜は、木星が近くにあるため、完全に暗くなることはありません。光り輝くこの巨人は、その磁気的な存在感で臣下を圧倒し、80人の女王のハーレムが力の絆でその周りに引き寄せられてきます。ガニメデはいつもそこにあって、見なくてもその存在を感じることができます。嵐と液体金属の加圧海の下で、木星の深部コアは時空連続体の渦になる可能性をはらんだ密度のレベルに達しています。この巨大惑星の原子均衡は、我々の太陽系が生命に耐えられるよう、はるか昔に星の民によって安定化されました。さもなければ、第2の星になっていたでしょう。

　この星系で私が訪れた全ての惑星の中で、木星は私にとって最も魅力的な惑星です。実は、私はソーハンと一緒にアシュタールの巨大な浮遊施設を訪れるために、すでに何度かその荒れ狂う嵐の下に入ったことがあるので、木星圏には様々な種類のポジティブな銀河系組織に属する浮遊都市が数多く存在することを知っています。雲の下を旅するのは……魅惑的で、驚くほどドラマチックです。最高の技術で作られた安全な船のコックピットにいても、近づくと、木星の磁場が自分の魂を通して振動しているのが感じられます。磁場

と同調できれば、耳の中で低周波の音が聞こえます。雲の下では、遠くの陽光が壮大に光線を舞わせています。雲の色は、ほとんどくすんだ灰色、赤、茶色、黒と、様々です。

　ガスの組成が違うのか、凝縮のレベルが違うのかは私にはわかりません。すると突如、漂う雲の向こう、嵐の中の完全な静寂の中に、巨大な空中都市の一つが現れます。それは、原初の元素の混沌の中に浮かぶ、優美なテクノロジーの島々のように見えます。木星の施設は全て大気圏上層部に設置されていますが、それは下層に行くほど気圧が高くなるからです。気体が液体になるなど、地球では想像もつかないような状況です。

　大気中のガスの原子は、液体状態に変化するレベルまで圧縮され、さらに深く惑星のコアに近づくと、液体が固体になり、第5の元素が生まれます。物質のファジーな原子状態、つまり、自然がポータルを作るものの端にある、奇妙なマトリックスです。このコアは、はるか昔に銀河系の友人たちによって安定化されました。これら全てが、木星の電磁場の特殊性を作り出しているのです。

　木星のような惑星の生体電気圏を通過することは、訪問者の肉体的な側面だけにとどまらず、魂にも影響を及ぼします。なぜなら、惑星の意識に入り込もうとする者は、それに同調するからです。共鳴が起こり、私たちが知覚できる調整が起こりますが、その大きさは個人の感受性によって異なり、それは全ての人にとって異なる体験となります。しかし、基本的には、そう、何かを感じ、木星とともに、「力」という言葉を心に刻みます。そして、美しさを……

　いったん木星の荘厳な恩寵が魂に触れると、人はそれまでの自分とは全く違うものになります。地球とその母なる生物磁性圏の境界

を離れることで、この種の旅を経験する全ての人は変わります。私たち人類に待ち受けている冒険は、この惑星の子宮のような安全な場所を超える旅と言えます。それは、地球人類が宇宙を旅する銀河系文明になるための、新たな誕生なのです。

ソーハンのいる「エクセルシオール号」に招待され、「エデン」に行く！ それは密閉されたドームの中に美しい自然環境を再現したもの！

2021年11月26日

　一生に一度のあのひと時が私は忘れられません……エデンで過ごしたあの日の夜が。旅する星の民の生活を支えるバイオドームは、一般的に「エデン」と呼ばれています。エデンとは、密閉されたドームの中に自然環境を再構築したもので、彼らの故郷の動植物のDNA ライブラリーを保存しています。そうした場所を訪れる体験は、それが惑星コロニーであろうと母船であろうと、忘れがたい驚きに満ちたものです。

　2021年11月26日、私はソーハンが配属され、ソーラー・ウォーデン地球担当者が「エクセルシオール」と呼ぶ、地球の軌道上にあるバトルステーションに物理的に「招待」されました。つまり、私は体ごとビームアップされたのです。

「おいで、見せたいものがあるんだ！」と、彼は私に言いました。

　彼がこう言うと、大抵私は次の数分、数時間を一生忘れないだろうと思ってしまいます。そして、今回も、そうした私の期待を裏切

ることはありませんでした。ソーハンはその夜、私をエデンに連れて行ったのです。生物圏の中の生物圏、母船の庭園内にある、彼が住み、働いているその場所に。私が初めて母船に乗り込んだとき、ソーハンは私を歓迎しようと待っていました。私は彼について、小さなテレポートパッドに向かい、この美しい場所、バイオドーム「エデン」に移動しました。この地域のバイオサイクルは夜だったので、私が最初に見たのは……何と植物から発せられる色とりどりの蛍光灯でした！　大気は濃い藍色の薄明かりに包まれ、空気中には強い香りが漂っています。それは私が初めて体験する不思議な香りでした。私たちの脳は、新しいものを識別するために、自動的に脳内のデータベースと一致させようとする働きがあるのはご存知でしょう。ところが、それができないのです。プログラムの流れが不安定なため、私は自分の脳を、自分の感覚やそれまで知っていたあらゆるものから切り離す必要があったのです。

これはそう簡単なことではありません。鼻の嗅覚受容器が神経構造に伝える全てのものを分析しようとする、脳の中の自然なプログラムと戦う必要があるのですから。

私が、初めて新しい環境に連れて行かれたときはこうしたことに違和感を覚え、いまだに苦労していますが、何度も通っているうちに少しずつ慣れてきました。

銀河間連合が地球人と自由に交流するとき、平和的協力の証として、これらの美しい植物は彼らの贈り物の一つとなる

この発光する植物の装飾は、それでも私にとってなじみのあるも

アルテアン族の故郷であるペガサス銀河7331と蛍光花の一つをアーティスティックに
表現

のに思えたのですが、その理由が最初はわかりませんでした。淡い
ピンクの小さなタイルが敷き詰められた路地に入ると、周囲には豪
華な珍しい植物が、夕暮れの中でとても繊細に、とても美しく蛍光
を放っています。その蛍光は、葉や茎、花びらといった植物の
「肉」ではなく樹液自体が放つもので、暗闇の中で光っているので
す。藍色の薄明かりの中で、蛍光が植物の葉脈を伝って、色とりど
りの小さな星屑のような輝きを放ちながら、形を縁取っているのが
見えました。

発光する花粉があちこちに浮かび、私たちの体の動きで起きる微風にクルクルと優しく舞う。私たちを取り巻く花粉のダンスと香水のシンフォニーは、とても楽しく、うっとりするものでした。ソーハンが微笑みました。

これは贈り物らしい、と彼は言いました。ドゥ族、銀河間連合が私たちにくれたんだ。原産地は……

エメーリャ星……

私たちに与えられたこれらの植物は、この惑星の環境ですくすく育つよう、地球人の植物と交配されるためにここに持ち込まれ、すでに遺伝的に侵略的でないよう仕組まれている。薬効も優れているしね。銀河間連合が地球人と自由に交流するとき、平和的協力の証として、これらの植物は彼らが持参する贈り物の一つとなるのさ。

その日が待ち遠しいわ。

そして、私はこの日のためにやって来たのです。私はこの使命を選びました。人間のあらゆる努力を経験し、夜の深みから彼らに光をもたらし、その心を希望で焚きつけるためです。私は、彼らに決して闘いをあきらめないよう伝えるためにここに来ました。なぜなら、闘いには実際、それだけの価値があるからです。

ホログラムは現実の物理現象?! マトリックスは幻想でなく、現実?! ——ザ・ナインからのメッセージ!

　母船から戻ってきたとき、私は自分の周波数を再調整し、頭の中の回転が治まるのを待つために、しばらく座っていました。しかし、その回転はすぐには治まらず、美しい存在に背中をそっと押され、ベッドに横になり、体の緊張を全て解き放つよう誘われたのです。

　私はすぐにこのエネルギーが「ザ・ナイン」のタイムバブルのもう一つのノードであることに気付きました。もしかして別の銀河系から来た地球外生命体の花粉を私が不用意に吸い込んだことで、ザ・ナインとの交流が容易になったのでしょうか?

　私の意識は拡大し、突然、爆発してバラバラになったような感じがしました。情報のロックが解除され、情報が配信されたのです。この宇宙と宇宙の交差点では、空虚なホワイトノイズが空間を埋め尽くしています。情報が解き放たれ、私の存在の中で知識が広がっていきました。

　　　宇宙は、その多層的な創造物で、生きた意識を持つ存在です。
　　　　　　それは循環して呼吸し、経験し、学び、成長します。
　　　しかし、宇宙はそれぞれの生きた創造物の中に含まれており、
　　　　　　　　　　　生きた創造物は無限です。

　　　　　　全ての生き物は、その性質や種が何であれ、
　　　　　　宇宙を知覚できる細胞のようなものです。
　　　　　　この偉大なる組織には経験が必要で、
　　　　　細胞の一部をしばらく病ませることで、
　　　　　　他の細胞が戦闘能力を身につけ、

力を発揮できるようになります。
統一された組織がいかに強力であるかがわかります。

病気と治療、戦争と平和は、意識のある宇宙が
意図して創り出したものです。
文明の中には破滅の方向に向かい、
星系や銀河系に広がる病気のように振る舞うものもあるでしょう。
それは、より多くの文明が目覚めるきっかけになるためです。

そうした文明は脅威と対峙することで、
その可能性を最大限発揮することができます。

ネブはあなた方の銀河系でこの役割を果たし、
宇宙は非常に特別な理由で
彼らが組織の他の部分を汚染するのを見ていました。
まあ、ネブも他の皆と同様「ソース」の子ではあるのですが。

我々、9人の光の長老は、
地球人の真の可能性への大いなる目覚めに
干渉するつもりはありませんでした。
我々は彼らが自由と主権を求めて
立ち上がるのを見守ってきました。
もし退行的な種族がその役割を果たしに来なかったら、
地球人は自分たちの本当の姿を見つけることができたでしょうか？

彼らの目的は決してあなた方の記憶を消すことではなく、
あなた方の記憶を蘇らせることでした。
そうすることで、全ての細胞が活性化します。
あなた方のDNAにあるパワーノードが解き放たれ、

内なるドラゴンが目覚め、
開かれた渦の中を飛び回ることができるのです。

どんなに長く隷従していたとしても、
どんなに罵倒されたとしても、
どんなに悲嘆の涙を流したとしても、
あなた方はまだ生きています。
あなた方は不死身なのです。
なぜなら、人間の魂はただの鳥ではなく、
フェニックスだからです。

最も大局的な視点から世界を見ることが必要です。
神もいなければ、女神もいない。
領主も、主人もいない。
ヴォイドには直線性がありません。
あるのは、複数の体験に宿る「意識」のみです。

もっと視野を広げて見れば、私たちは「一つ」なのです。
ソースは、それが何かを忘れてしまった人々には
神格化された存在に過ぎません。
ソースはソースでしかないのです。
ソースは崇拝されるべきものではなく、
「存在する」全てのものの構成要素なのです。

私たちは自分が本当は何者であるか、
よりよく説明するために、再びコンタクトを取りました。

この地球上の人類は、
より高いレベルの意識にアクセスしつつあります。

進化における新たな意識状態に到達しています。
私たちは今、自分の本質をより深く理解してもらえるかもしれません。
私たちが何者であるか知ってもらえれば、
あなた方は私たちの全ての知識を学べるようになり、
それがあなた方の知識となるのです。

あなたは宇宙のホログラフィック構造を認め始めています。
ホログラムは現実の物理現象であり、
錯覚とは正反対のものであるにもかかわらず、
錯覚であると信じ込まされていたのでしょう。
ホログラムは、現実という織物を
首尾一貫したマトリックスに結合させているのです。

社会を押しつぶし、隷属させるには、
知識や知識が存在するという自覚を
抑制することが有効です。
社会の意識を高め、経済的な豊かさを得るための
唯一の方法は、
その土台となる「教育」です。
知識は力なのです。そして、それは、自分が誰で何ができるのか、
自分自身を知ることから始まります。
考えることが行動へとつながるのです。

宇宙には三つの基本的な力と
それに対応するものがあります。
それは、創造─バランス─共鳴と
破壊─カオス─不協和です。

私たちは宇宙を「一つ」にまとめる九つの原理であり、

創造と破壊の中間にある
正確さの特異点ノードに位置しています。

創造と破壊は、宇宙がバランスをとり、
進化発展を遂げるのにどちらも必要なものです。

創造と破壊のダイナミクスは、
進化したいという強い欲求を生み出します。

そして、愛が全ての創造物を結びつけるのです。

重力があるところならどこでも、
線形時間はその基となります。
線形時間は重力体の周囲に広がる
球の形をした自らのマトリックスを作り出すのです。
恒星の周りにある惑星、
銀河の中心渦の周りにある星がそれです。

マトリックスは幻想ではなく、
その中に存在する全ての意識が経験する自らの現実であり、
意識は死を経験します。

重力圏の外では、
意識は時間から解放され、
意識は不死を経験します。

ザ・ナインとのコンタクトを通じて彼らの真の姿が見えた

ザ・ナインとの接触—2022年4月4日

　そうしたことが起こるのは決まって午後なのです。2022年4月4日、銀河間連合の人たちとコンタクトを持ったとき、私はいつものように波動が飛躍し、強い睡眠欲に襲われました。ちょうど時間があったので、ベッドに横になると、すぐに渦が頭の中に吹き込んできました。

　「これからコンタクトを取ります」と、複数の声がシンクロしています。

　私は自分を包み込むザ・ナイン・コレクティブの存在を感じました。私の意識は、暗い無限の背景上で、光り輝く形と色の中を漂っていました。私は「ヴォイド」にいたのです……色とりどりの動く塊が私の周りで進化しているのが見えました。それは……彼らでした！　九つのプラズマの超意識です！　それは、溶岩のランプのように見えました。もしかすると液体かもしれません……「液体」という表現が一番近いように思います。それは巨大な原生動物のようにも見えました。私はついに、彼らの真の姿を見ることができたのです。宇宙の原始的な幹細胞を目の当たりにした思いでした。それぞれの細胞の中に、奇妙な不定形の、まるで腺のような渦を巻いた節がありました。私の意識は、これが一種の渦であり、生命のあらゆる構造を変形させ、存在させるためのあらゆる式の鍵をソースからダウンロードする圧縮ノードであることを理解しました。これこそまさに創造のメカニズムだったのです！

　すると、真っ白な光の矢が無数に放たれ、ピンクと金色の柔らかな光に包まれた美しいホログラムの風景へと私を誘ったのです。私はそれが、ザ・ナインが私に何かを説明するために作り出した人工的な構造物であることを理解し、すぐ何かに気付きました。透明な葉、花、草、木、雲、そして空気中の全ての形の根底には、無数の光り輝く小さな数字があり、あらゆる形を包み込み、樹液の中を走り、そよ風の中で回転しているのです。ザ・ナインの1人が、若く、優しく、男性的な声で私に語りかけるのが聞こえました。

すべての創造物の根底にはフラクタル数学や 幾何学があり宇宙の方程式を形成している！

全ての創造物は、数学の方程式で構築されています。
全てをつなぐ「定数」があり、
それが全ての創造物の根底にあるのです。
数学の単一方程式は、
全体として、あらゆる形の創造物の
全ての数学的なパターンを明確に示しています。

この方程式は何です？　と、私は聞いてみました。

それに対して、彼が早口で数え切れないほどの数字を発音し、時には彼自身の声が重なり、指数関数的に反響して、一つのユニークな音になるまで増殖しているのが聞こえました。

それは極めて複雑に感じられ、あまりの速さとあまりの情報量の多さに、私の頭では理解できませんでした。しかし、一つだけはっきり分かったことがあります。これらの無限に複雑な数は、多層的で無限に複雑な幾何学の方程式、すなわち宇宙の大方程式を形成していたのです。

~ ~ ~

全てはフラクタル数学なのです。
全ての形はフラクタル幾何学です。
フラクタルは最小から最大まで互いにリンクしています。
意識さえもフラクタル幾何学なのです。
宇宙のフラクタル連鎖の中で最も精巧なもの。

ザ・ナインの実際の姿

宇宙のホログラフィックな数学的構成の背後に
独自の超意識が存在するのです。
それは「ソース」、時間を超越した果てしなく
常に創造し続ける「意識」の源なのです。
全てのフラクタルはそこにつながっています。

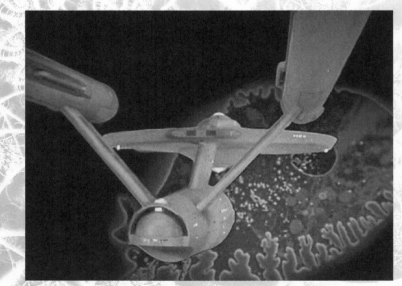

『スタートレック』のオリジナルシリーズでも同じような光景が見られる（シーズン
2：エピソード18、1968年1月）

第6章
旧世界の魔法

地球アライアンスに新たな世界金融システムの権限を譲渡するための会談が南極大陸で開催された！

これは、2021年12月14日当日、私がソーハンと数回にわたり交わしたやり取りの記録です。

最初の通信

銀河連合の最高評議会の決定で、とソーハンは話を切り出しました。地球宇宙同盟と銀河連合、5種族評議会、ゼナテア同盟が木星で結んだ最近の協定を受け、敵の指導下にある地球人エリートが、私たちの代表と南の大陸で会談することに同意したよ。地球アライアンスに世界金融システムの権限を譲渡するためにね。

この古来のシステムは、地球アライアンスが導入する新システムに取って代わられる。彼らはそれと引き換えに、地球外での生活と生活用品を全て提供されることになる。

なぜ、彼らはその悪行を裁かれ、それ相応の刑に処されないの？

彼らは、自分たちが作り出した闇の網をほどくことしかできないのさ。君たちの社会の基礎に大きな不道徳の錨を投げ入れたからね。地球アライアンス内で階層が高い人が、この権力移譲によってこれ以上の混乱が生じないようにと決めたんだ。経済が崩壊すれば、すでに大きな傷を負っている地球人類は、ただでさえ困難な時代だというのに、もっと苦しむことになるからね。銀河連合と地球アライアンスは、この移行によるダメージを何とか最小限に抑えたいんだ。

心配なのは、金融システムの変化だけ？

産業分野は金融システムと相互依存している。新しいエネルギーシステムの誕生や多くの分野で新しいテクノロジーの展開が起きる覚悟をしておいてほしい。

なぜ数日間も木星にいたの？　南極でのこの会議がリークされたまさにその日に戻ってきたのはどうして？

木星で会議があると言っただろう。闇のエリートはそこにはいなかった。彼らはシャリー施設（アシュタール銀河司令部隊）では容認されないんだ。だから、南極の地で私たちの特使と会合を持ったのさ。木星での今回の会議は今言ったような内容で、地球アライアンスの指導者のみとのものだった。この会議は、地球時間の今日、完了したんだ。私が上司の「許可」を得て、君に伝えられるのはそれだけさ。ウーナから連絡は？

あったわ。

なら、少なくとも今のところ、私よりも彼女の方が詳細を知っ

ているね。近いうちにまた君に話すよ。もちろん、マイケル博士にも伝えてくれていいよ。彼にはよろしくと。

ええ、必ず。ありがとう、ソーハン。

2回目の通信

私が木星に滞在したもう一つの目的は、ごく最近君の太陽系の近くで起こった現象、つまり、第3密度連続体の崩壊について話し合うことだったんだ。この現象は、宇宙空間のポケットの中で起こっている。君の星系は、この銀河系を通過する軌道でそのうちの一つに入り込んでいるのさ。第5密度への橋渡しとして、さらに第3密度の崩壊が起こるだろう。敵や闇の連中はそのことを知っている。そうなると分かっていたんだ。それが、彼らがこの星系を失ったことを古くから知っていた理由の一つなのさ。後で詳しく説明するよ。

3回目の通信

君の太陽系の近くで起きているこの自然現象について話すね。これは孤立した現象ではなく、君の星系が周波数のゆらぎ波で構成されたこの銀河のグリッド内を移動する際、物質の振動密度が高いポケットに遭遇するんだ。つまり、原子を結合している物理法則がより速い速度で振動しているということ。時間の速度は変わらないけど、君の速度が変わるから、君の感じ方だけが変わることになる。時間の問題じゃなく、空間の物理的な性質がシフトするだけなのさ。

物理学の普遍的な法則が機能するように、密度の高いポケット

が当該の星系と同等かそれ以上の大きさでない限り、この現象は
徐々に発生することになる。密度帯の限界は激しいものではなく
曖昧なもので、その中に入っていくと「泡」に遭遇し、新しい領
域に完全に溶け込む。

　地球がこの高密度地帯、つまり泡の一つを通過すると、どうな
るの？　と、私は尋ねました。

　多くの地球人が想像するような、恐ろしい劇的な出来事に近い
ことは起こらないさ。それは、精神的、肉体的な知覚がより高い
領域にシフトすることで、意識の変化として表れる。身体的な症
状が出ることもあり、心の準備ができている人は素直にその波に
従うが、準備ができておらず抵抗する人は、身体的・精神的に苦
しむことになる。視野が変わり、感じ方も変わる。特に、直線的
な時間が速く感じられるようになる。でもね、このプロセス、ナ
タルの新しいエリアに入ることは避けられないんだ。だから、地
球人類は、最大の抵抗である恐怖心を手放す必要があるのさ。

　南極大陸に戻って、これ以上何を知りたいの？　私はこの人た
ちが好きじゃない、悪の権化みたいなものじゃない。私たちをこ
んなに苦しめてきたのは彼らなんだから。

　もう彼らに苦しめられることはないよ。木星協定が結ばれてか
ら５カ月後に私たちに会った時、彼らは降伏の準備をしなければ
ならないという警告を受けたんだ。彼らはそれを知っていたから
こそ、望みを絶たれ全ての課題を一度に押し進めているのさ。し
かし、君の仲間はそれを理解し始めてる。

　待って、なぜ５カ月後なの？

　移行期間さ。この会合は彼らにとっても君たちにとっても転機
となる。もし一度に全部が抑圧されていたら、テラの金融・経済
システムはとんでもない混乱に陥っていただろう。もっといい方
法があるはずだ。彼らは、国民ができるだけスムーズに移行でき
るよう、鍵や道具を同盟国に譲渡するために招集されている。特
筆すべきは、彼らが闇のエーテル術を教え込まれていて、その呪
文を解く必要があることだ。これは彼らの力を奪うことになる。
彼らを消し去っても仕方がないんだ。だって、彼らはいずれここ
を出ていくからね。私が移行と言ったのは、地球人は真実への意
識を開くため、敵の顔を見る必要がある、という意味なんだ。ど
んなに辛くても、このプロセスは必要なのさ。

　最近ザ・ナインに言われたことを思い出すわ。全ての人が、宇
宙の進化の中で果たすべき役割を担ってるって。

　その通り。4年前、ヒマラヤの基地に滞在したとき、地球人類
の覚醒のために大きな計画が準備されているのをこの目で見たよ。
時間戦争が最大の関心事だった。時間戦争とは、何層にも重なっ
たチェス盤のようなものだと思えばいい。あまりうまい例えとは
言えないけど。私たちは、暗闇からの脱出、つまり「大暴露」の
準備をしていたんだ。幻想とマインド・コントロールのベールを
打ち破ろうと努力していたのさ。そして、それはうまくいった。
しかし、まだ多くの人が目を覚ます必要があるんだ。それが必ず
起こることは私たちにもわかる。私たちはそれを見たのだから。
これから、さらに先の時代に戻ったら、未来がどう変わったか見
ることができるよ。君にも見せてやりたいね。地球人には勇気を
持つよう伝えて欲しい。暗黒の日々が待っているからね。ただ、
その暗闇の中で自分たちが光であることを彼らに分からせて欲し

いんだ。

魔法の闇の束縛からすべてが解放される！闇の者たちの終焉について──ウーナのチャネリング

　チャネリングは私の好みのコミュニケーション方法ではありません。銀河間連合の人々は、コンタクトを取ると決めたらいつでも、前触れもなく不意をついて相手を眠らせる術を身につけています。それが起こったのは、日中の午後でした。私の部屋に見覚えのある渦が広がり、私はウーナの特殊なエネルギー周波数に気づいたのです。頭がくらくらするような強力なエネルギーに圧倒されました。私は横になり、催眠状態に陥りました。彼女が心の中に現れ、伝えたいことがあるのを知り、彼女が話すことを許しました。私は携帯電話を手に取る余裕があったので、「録音」にセットしました。

「彼らは自由を取引しに来たのです。彼らは鍵を握っていて、この鍵を渡すには、同意が必要です。なぜなら、それは物質的な所有物についてだけではなく、彼らがこの惑星と地球人類を闇に閉じ込めるために行った儀式に関するものでもあるからです。これらは解かれる必要があり、彼らだけが、社会や人類の周りに張られたこれら暗黒の輪を解き放つ鍵を持っているのです。

　私たちは彼らに会い、これらの闇の儀式を解かせ、金融機関と人々のマインドを解放させます。それは暗黒な古代のもので、33の数字にちなんでいます。

　低い数字の者、逆三角形の者、そして魂を刈り取る者を崇拝して

いた全ての者たち。人間や肉体から魂を切り離すために働いていた者たちは、今まさにこの星を去ろうとしています。交渉、取引。私たちが彼らの行為に同意していると信じてはいけません。彼らが行った全てのことを不快に思っています。

南極大陸が出会いの場となるのは、その時が来ればポータルから彼らを追い出せるからですが、彼らが私たちに儀式を解く鍵を渡せば、九つのレベルの闇が崩壊して一つになり、塵と化し、それは、解放された人間の意識の四つの風となって散るでしょう。あとはきれいさっぱりになります。

あなたの惑星とナタル銀河連合の間で大きな協定が結ばれたとき、私たちは彼らを召喚したのです。この瞬間から、私たちはあなたの太陽系に飛び、これからテラの人類の暗黒の者との遭遇を果たします。私たちは魔法の闇の束縛を全て解放します。彼らはもう終わったのです。彼らは望むものを全て得られますが、決してそこを出られません。牢獄の惑星を手にするだけです。まだ名前は知らないでしょうが、別の銀河系の遠い世界です。彼らは忘れ去られ、現状に甘んじるでしょう。争いを終わらせるにはまたとない方法です。

私は、守護者、創始者である「Do」からのこのメッセージを残します。闇の支配は終わりを告げました。私たちはこの惑星を解放するために、ナタル銀河連合やゼナテア同盟（アンドロメダ評議会）と共に待ち望み、同時に働いてきました。私たちは、あなた方の世界の高い山にある前哨基地で、闇の粛清を準備してきました。このプロセスは200年前に始まり、今、最終段階にさしかかっています。闇が解き放たれたのです。それは、テラの人間が闇を見て戦う必要があるからです。この惑星における闇の支配は終わったのです。何千年もの間、テラの人間の体から魂を切り離そうとしてきた

者たちは去るでしょう。もう魂が刈り取られることはありません。

　そうです。彼らは私たちとナタルの銀河連合代表とゼナテア星系人と会います。5種族評議会から1人。銀河間創設者種族から5人。テラ同盟から10人。地球外にいるテラ軍から兵士20人。彼らはすぐに連れて行かれることはないでしょう。儀式を解き、その社会の全ての基盤を再編成し、崩壊による混乱を避ける必要があるからです。私たちはテラの人類が財政的に崩壊することを望んではいません。緩やかな移行を望んでいるのです。カオスはもう十分経験したことでしょうから。

　彼らは、地球アライアンスがもたらす新しいシステムに合わせて、通貨システムを構築するよう命じられています。少なくとも移行に向けてしばらくの間は、銅貨も紙幣も要りません。あなた方は疲れているでしょうから、私が最後の言葉を述べます。まもなく、あなた方の惑星で変化が加速するでしょう。大きな混乱が生じるでしょうが、あなた方が目覚めれば目覚めるほど、この混乱は早く治まります。多くの人がワクチン接種で命を落とすでしょうが、闇の人たちはそれを無視します。自由意思は罠だったのです。今、それは停止していますが、理由はそのうちわかるでしょう。

　南極は、他の星系から来た人たちが地球アライアンスと銀河連合に鍵を渡してから地球を去るための場所です。私が言ったように、彼らは今週去るのではなく、システムを変更するよう命じられ、永遠に姿を消すことになるでしょう。2023年、この全てが過去のこととなるでしょう。私たちは共に祝うことになります。このメッセージを伝えてください。友人のソーハンなら問題ないでしょう。この白髪の男……彼がメッセージを伝えてくれます。彼によろしく伝えてください。私は彼とコンタクトを取りました。彼は覚えている

はずです。

　ウーナが話したのはざっとこんな内容でした。

地球外生命体の魔法──闇の仕事を元に戻すために善の派閥であるエンキが戻ってきた！

　魔法の呪文は、鍵を持つ者が解く必要があります。私自身ドルイドであり、古代エジプトの魔法と儀式の学位を持っているので、どんな呪文も、実行された儀式の鍵を持っている者だけが唱えたり、巻き戻したりできることを知っています。それが儀式を行った者であれ、儀式の詳細な台本と魔法の道具全てを意味する「鍵」を渡された者であれ、呪文を解き放つには、その呪文を唱える者が適任です。呪文は解かなければ、この世が動いている限り、永遠に消えません。例えば、エジプトの墓の呪いのようなものです。また、個人的には、アヌンナキの退行派であるエンリル分派がより高度な異世界の魔法を使っている場に、実際に直面したことがあるので私もよく知っています。

　それゆえ、闇の仕事を元に戻すために、善の派閥であるエンキが戻ってきたのです。私が魔法を知るようになったきっかけは、次のようなものです。私の母方の祖母は、サーミ族と北欧の伝統的な「賢者」であり、「シャマンカ」と呼ばれていました。私は幼い頃から、エネルギーヒーリングやルーン文字、カードリーディングなどを祖母から教えてもらっていました。

　私のエジプト学の学位に含まれる修了証書の一つに、「新王国時代の神殿における儀式と魔法」がありました。当時からすでに、私

1999年から2007年まで、エジプト・ルクソールのカルナック神殿にて

の古代エジプトへの関心は相当なものだったのです。もちろん、霊感が強く、宇宙人との交流もあった私にとって、エジプト文明の超常的な側面を専門にすることは理にかなっていました。私は20代後半から30代前半にかけてエジプトに行き、考古学者や碑文学者として雇われ、石に刻まれた象形文字や装飾からデータを集めたり、学生の教育やチーム編成に携わったり、プロジェクトの指揮を執ったりしていました。また、ルクソールの北にあるカルナック神殿のエジプト・フランコ常駐団を拠点にした活動もしていました。1年に9カ月間働いていましたが、夏場になって日中の気温が高くなる

と、朝の6時から新鮮な空気の中で仕事を始めました。

　私は昔、よく聖域全体に広がるまばゆい黄金の日の出に向かって寺院に入りましたが、黙々と木の葉で床を拭いている無言の従業員とすれ違うだけで、完全に1人で神殿にいるこの素晴らしい感覚を思い出します。床を拭くブラシの音は、まるで壁に刻まれた古代の物語から直接聞こえてくるかのように、何千年もの響きをもっていました。金色の陽光に照らされた聖域の中で、私は時折、この場所に

エジプト・カルナックの聖域の朝日

込められた祖先の魔術の力が湧き上がってくるのを感じました。その特別なエネルギーは今もなお、脈々と受け継がれているのです。どうしてなのか、と私は何度も不思議に思いました。昔、考古学の授業で、魔法をかけるには儀式が必要だと習ったからです。

　しかし、紀元4世紀にキリスト教のコンスタンティヌス帝が全ての神殿を閉鎖し、エジプト人が彼らの言葉を話し、彼らの儀式を行うことを禁じて以来、これらの儀式が行われることはなかったのです。では、なぜ21世紀に入り随分時が経った今も、魔術の力がこれほどまでに感じられるのでしょう。エジプトで最後の儀式が行われた1700年も後に？　それは、魔術が宗教でも精神性でもなく、

科学だからです。

　エジプトに8年間滞在していたとき、デンデラのハトホル神殿で、当時考古学調査を担当していた主任研究員から、三つの仕事を任されたことがあります。彼女は私のサイキック能力を瞬時に「見抜き」ました。私の魂を「見抜いた」とさえ言っていいでしょう。

　彼女は私を引き取り、古代エジプト魔術の基礎を教えることにしたのです。私の体験は、「驚嘆」という言葉では表現しきれません。私は音声のその音と周波数が生命エネルギーを物や場所、人に入れるのを経験したのです。象形文字は暗号化された数式であり、それを読み上げると、ちょうど魔法の数式のように、生命力やエネルギーを操作し、それを人や場所や物に向けようとする音波周波数の鍵が作られることを彼女は教えてくれたのです。

　奉献や呪いというのは、エネルギーを別の方向に向けたり（儀式＝ポータルを開く）、式（周波数キー、ターゲットの座標）を口頭で伝えたりすることによって、目的を生み出すことです。だから、この呪文を解きに来る人がいない限り、それは永遠に続くのだとも、私はそのとき理解したのです。呪文は決して効力を失わず、地球が回っている限り、最初と同じように強く力を発揮し続けます。エジプトの墓の呪いはこうして作られたのです。

　この体験のおかげで私の人生は変わり、魔法という自分が情熱を傾けられるものができたのです。私が8年間のエジプトでの仕事を終えてフランスに戻ったとき、ドルイド教の勉強を始めたのはこのためです。その過程で、私は自分が移り住んだ森の中の田舎町で、地元の農民たちと一緒にフランスの伝統的な魔術である「ヘッジウィッチクラフト」を学ぶことになりました。ヘッジウィッチクラフ

トは、自然療法、季節と月のサイクル、癒しと保護のための呪文などの知識から成り立っています。古代エジプトだけでなく、ヨーロッパの中世の伝統も、呪文を作る構造や仕組みは全く同じで、儀式の詳細な台本や使った道具を手放さない限り、作った本人しか呪文を元に戻すことができないことを私は知りました。それはまた、呪文の内容にもよります。大きな呪文、高度で強力で複雑な魔法は、それを「唱えた」魔術師自身が元に戻さなければならないのです。魔法には儀式や道具だけでなく、エネルギーや普遍的な生命力を別の方向に向けることも含まれます。

　私は正式に魔女になることに興味はなく、私にとって重要なのは知識だけでした。学ぶことは私が幼い頃から常に大切にしてきたものです。私が魔術の知識を広げたのは、古代文明を理解する上で、魔術が学術的な科学知識を補完するものだとわかっていたからです。社会を深く理解するには、彼らが部族の儀式で何を行っているか知る必要があるのです。アイルランドに移り住んだ私は、現地のドルイド僧と出会い、彼らのもとで修行をするようになりました。

　そこで私はエジプトの魔法と似ている別のものを発見して興奮しました。ところが、呪文や儀式は、その文明圏の古代の言葉で唱えたり伝えたりする必要があります。そこで私はゲール語を学びました。また、先ケルトやケルト、北欧の伝統的なシャーマンの認定を受けるために訓練を受け、さらにサウンドセラピーの訓練も受けました。

　その後、私はウェールズ吟遊詩人であるオベイト・ドルイド教団に入り、5年後にグラストンベリーで正式にドルイド僧に叙任され、魔法について知っておくべきことはほとんど全て知っているように

なったのです。私は時々、シャーマニズムの力を借りて、人々が悪い呪文を取り除く手助けをすることがあります。私は鍵を持っていないので、呪文を解くことはできませんが、その人を呪文から切り離すことができ、呪文はその送り主に戻ってくるのです。

呪文とは、量子力学、遠隔でつながるエネルギーで、共鳴によって機能する！

　ヨーロッパ・キリスト教の暗黒時代には、ローマ教会が大衆支配のために知識を弾圧し、学問の分裂を図っていました。ですが、それ以前の社会では、科学的知識と精神性が結び付けられ、それが15世紀に起こった「イタリア・ルネサンス」として知られる素晴らしい時代をもたらしたのです。14世紀末、イタリアのある思想家たちは、野蛮で無教養な「中世」は終わったとして、自分たちは新しい時代に生きているのだと宣言しました。新しい時代は、学問と文学、芸術と文明の「リナシタ」（「再生」）であり、これは人間が宇宙の中心であるという人文主義的信念に基づいています。人文主義では、何事にも興味を示し、特に中世の教会からのあらゆる精神的な助言に疑問を持ち、実験と観察によって地上の問題を解決するよう人々に奨励しました。その結果、ルネサンス期の知識人の多くは、自然や物理世界の法則を定義し、理解することに力を注ぐようになりました。

　このルネサンス期は、西洋における錬金術の最盛期であると同時に転換期でもありました。ケプラー、ガリレオ、デカルト、ボイル、ニュートンが革命的な科学作品を書いたのと同じ時期に、錬金術のテキストがかつてないほど多く出版されたのです。しかし、宗教改革と17世紀の科学革命の影響により、錬金術は大きく変化し、最

終的には信用を失いました。

　錬金術師の理論は、原子論を基礎とする科学モデルに取って代わられ、やがて他の金属から金を作れるという錬金術の理論は根底から覆されました。錬金術の長い歴史の中でその思想を特徴付けていたスピリチュアルと物質とのバランスは崩れ、錬金術は実践的な実験科学と神智学に分かれました。

　魔法は基本的に科学ですが、私たちはそれを科学として認めないように仕向けられました。魔法には大きな自己啓発効果があるため、ローマ教会は「魔法」という名前そのものをサタンの領域の一部として切り捨てたのです。恐怖は無知を生み、無知は恐怖を生みます。その輪は広がっていきました。

　呪文は基本的に量子物理学です。持ち物、名前、写真、DNA（つまり、爪の塊、髪の毛など）など、対象者と遠隔でつながることができるものをエネルギー源として、離れた場所で行動を起こすことなのです。したがって、呪文は共鳴によって機能し、それが有害なものであれ癒しのものであれ、その目的は同じなのです。この行為にはプロトコルが必要で、ポータルを開くために自然の力を呼び起こし、それを別の方向に向ける儀式が必要です。儀式は、より効果的に行うために、慈悲深いものや悪意のあるものを呼び出すこともできます。魔法の杖、ハーブ、宝石、オイル、キャンドルなどの道具は便利ですが、儀式で最も重要なのは意図です。意図を言葉にすることは、それに物質、心、意識の原子構造を変えることができる音の周波数で作られた器を与えることです。これが魔法の公式と呼ばれるものです。それを3回、6回、9回と繰り返すことで、共鳴する周波数パターンが出来上がります。音と結びついた意図は、儀式によって作られた量子の橋（ポータル）の反対側にあるターゲッ

トに届きます。

　呪文を唱える儀式の鍵となるのは、その儀式の細部にわたる文字、使用された言語、正確な式、どの実体を呼び出したか、どの道具を使用したか、さらにそれが行われた正確な天文学的日付です。呪文を解くにはまた、魔術の訓練を受けて、エネルギーを別の方向に向ける仕事をマスターする必要があります。ウーナは、エリートは鍵や道具を手放す必要があると言いましたが、その人たちは自分たちの力で悪事を解く必要があるとも言っていました。もし、エリートが呪文を解くことを拒否した場合、人類の味方は最後の選択肢として、引き渡された魔法の「鍵」を使って仕事をすることができます。しかし、この仕事をエリートが直接行う必要があるのは、これらの儀式が黒魔術に関係するからです。光のために働く者は、その過程で自らの魂を傷つけることなく、これらの闇の儀式に触れることはできません。ですから、闇の精鋭が直接この仕事をする必要があるのです。

異次元の存在アヌンナキのエンリル一派は、異世界の魔法でダーク・カバールと共闘している！

　異世界人の中には魔法を使い、たまたま地球上の不謹慎な人間の魔法使いやエリートたちと協力する者もいます。このような存在と契約することは、まさに悪魔と契約することに等しく、その代償として闇の世界が待っているのでしょう。

　この地球外生命体の中には、地球上に存在するエンリルのアヌンナキ一派がいて、ダーク・カバールと共闘しています。エンリルの

敵であるエンキが、人類解放のために仲間とともに戻ってきたのは
このためです。エンキは、地球人が奴隷状態から解放されるのをずっ
と望んでいましたが、今ようやくそれが実現しようとしているの
です。アヌンナキは、異次元の存在です。彼らは、魂の領域と融合
するほど高度な技術を駆使しています。彼らの魔法は、魔法が常に
そうであるように、普遍的な法則に基づいていて、周波数、量子物
理学、時空間の異次元操作などを用いています。高度な進化を遂げ
たアヌンナキの魔法は、地球が知る限り最も強力なものなのです。

　竜座シグマ星のギアンサール族はトカゲ人でシカール族の亜種
です。レプティロイドの中でも魔術師または神官クラスと考えら
れています。彼らはフードを被ったレプティリアンとして報告さ
れていて、暗黒魔法に非常に積極的です。身長は5フィート（約
150cm）で、顔は細長く、しっぽがあり、黄色から緑色のトカゲの
皮膚を持ち、地球上ではそのトカゲの特徴を隠すため、黒いフー
ド付きのローブを着ています。彼らは人間や格下のレプティロイ
ドにとって非常に危険で嫌な存在です。私たちの惑星に住む人々は、
魔術における彼らの科学とクロウリー魔術、闇の魔術、そしてあ
る種のマインド・コントロールを組み合わせています。彼らは獲
物の感情的なエッセンスを餌にするため非常に危険であり、次元
を飛び越えることにも長けています。彼らは、人間をその悪徳弱点、
恐怖によって罠にはめ、奴隷にする方法を知っていて、人間の精
神的な成長を妨げ、低次元存在に引きずり込み、彼らを寄生虫の
宿主としてさえ利用するのです。これらの生き物は、人間の集団
の憂鬱を糧にしています。

　死者の世界とのコンタクトや悪魔の招喚を含む暗黒魔法の儀式は、
レプティリアンにとって、私たちの次元と彼らの次元の間の時空穴
をあけるのに非常に有効な手段です。彼らに対抗する最善の方法は、

内なる敵、すなわち私たち自身の恐怖を打ち負かすことです。

　自分自身を光で照らし、傷を癒すという抵抗の方法は、こうした寄生虫の攻撃を防ぐのに非常に有効です。ギアンサールは、この世界の闇の支配者の計略に深く関わっているのです。グレイやネブは手を貸すため招かれることもありますが、必要がないため、魔法は使いません。グレイやネブはむしろ、高度に発達したサイキック能力や異次元的なスキル、高度なテクノロジーを好んで使います。両者を例えるには、ソフトなディスクロージャー・シリーズの『スタートレック』を見ればよくわかるでしょう。クリンゴンはレプティリアンであり、ボーグはグレイに相当します。実にわかりやすい例えでしょう。

闇の地球エリートの暗黒魔術、その儀式を解き、影響を取り除く──公開されたウーナのメッセージ

　ここで、ウーナの暗号化されたメッセージのうち、闇の地球エリートや彼らの極悪非道な ET の同盟者によって行われる闇の魔術に言及している部分をもう一度読んでみましょう。彼女は実際にこれらの儀式について多くを明らかにしています。

　　「彼らは、自らの儀式を解き明かす鍵を与えてくれるでしょう」

　その鍵とは、儀式の台本と使われる言葉や地球外生物や存在たちの名前です。儀式を解くということは、同じやり方で悪魔的存在を招喚し、その影響を取り除くよう命じることです。私たちはこれらの存在を儀式の実行者の意志に縛りつけるのに使われた正しい式、

つまり鍵があれば、これを行うことができます。

「ダークサークルを解き放ちなさい」

　魔法の儀式は、儀式のための神聖な空間を設定するため、必ず地面に円を描くことから始まります。エンティティを安全に招喚することができるのは、この円の中なのです。それはポータルとして、時には一時的なスターゲイトとして機能します。

「九つの闇のレベルが崩れて一つになり、跡形もなく塵と消えます」

　九つの闇のレベルは、呪文が固定される九つの領域または九つの次元を指しています。ご存知のように、9という数字は秘教で広く使われているのです。

　そこへ近づくには、ポータル、円の中心にある柱、シャーマニック・ツリーやアクシス・ムンディ（世界軸）、あるいは犠牲の血として使われるDNA（生命の木）を利用します。このポータル／ツリーは、粉々に崩れる必要があります。

「塵は四方へ散り、人の意識は解放されるでしょう」

　それぞれの意識、つまり「スピリット」は、四つの基本的な力、要素で構成されています。誰かや何かのスピリットを解体するには、これらの要素をばらばらにすることが必要です。そうすれば、スピリットは永遠に、そして常に存在しなくなります。西洋の魔術では、四大元素である地、風、火、水にスピリットを加えたものがすべての生命の基礎となっていると考えられています。この四つの元素は、魔術の儀式、特に呪術で使われるときには、「四つの風」とも呼ばれます。これらは、全ての生き物の本質だけでなく人間の意識も構

成しています。地は北の方角、風は日の出、火は南、水は西の方角に相当します。四つの元素は全て中央に合流し、5番目の元素を形成します。それが「スピリット」です。プリズムを通過した光が様々な色に広がるように、スピリットは四つの異なる元素が融合して構成されています。

20世紀の心理学者カール・グスタフ・ユングは、四つの元素がそれぞれ人間の精神のアーキタイプ（元型）を表していることを発見しました。彼によると、風は知性・思考、火は直感・情熱、水は感情・情動、地は物質・感覚を表しているといいます。

闇側にとっての「監獄惑星」はスーパーAIを使った人々の奴隷化

ネブ帝国の中心はオリオン星雲、トラペジウム星団にあり、そこから指令が出ています。そこにあるスーパーAIでその全集団に一斉に命令を出して、秩序を作り、従わせています。リーダーからのテレパシーで集団が同じ意識を持つのです。彼らの考える「監獄惑星」とは、文明があまり発達していない世界を指し、策略によって技術や意識の発達を妨害し、人々を奴隷化します。彼らは人を捕らえているのではなく、奴隷を作り出しているのです。

銀河連合は監獄地球の闇を光に変える

それに対して、銀河連合や前向きな同盟組織は、監獄惑星を、投獄ではなく人を解放するために使っています。地球人が理解していない概念と方法で闇を光に変えていきます。監獄を使い、敵であっても、命はとにかく守ろうとするのです。銀河連合の倫理は、「自

由意思とバランス」という二つの原則に基づいています。バランスは正義や生命がどのような道を選んだかにかかわらず、全ての生命を尊重し、保護することを意味します。つまり、彼らは「痛みを平和に変える」のです。

万物のソース（源）は2元的で、創造と破壊の二つのバランスを求める闘いを通じて生まれるダイナミックな力によって支えられているという精神的原則があります。武力紛争になれば、銀河連合は、現実的・戦術的に、その原則を以下のように適用することになります。

まず、相手に降伏か戦闘かの選択を迫ります。戦いになった場合でも、銀河連合はやみくもに殺すのではなく、できるだけ命を救おうと捕虜にし、相手が悔い改めれば最終的に故郷の星に帰す。そうでない場合は、捕虜が怒りと苦痛のサイクルから脱して、意識を変えるまで拘留されるのです。宇宙のあらゆる生物に意識が与えられているように、罪を犯したこと対する責任を負うという意味で、囚人にも自由意思があります。彼らは、平和と進化に奉仕することを選択したときにのみ解放されるのです。

この認識プロセスでは嘘をつくことはできません。彼らのエネルギーフィールドの周波数が測定されるので、誰も騙すことはできないのです。ある人の精神的な痛みがなくなると、その人は平和を見出し、全く異なる周波数を放射するようになります。この内なる解放は、治癒と同じように、元には戻りません。傷や痛みが完全に癒やされたら、再び痛みが生じることはないのです。

苦痛を平和に変えることは、彼らの正義と解放の概念そのものです。銀河連合が囚人を解放できるのは、まず囚人自身が内面から解

放されたときだけなのです。これは、かつてヴァル・ソー司令官が私に言ったことを思い起こさせます。「**鎖につながれている奴隷を解放することはできない**」という彼の言葉は、その後より深い真の意味をなすようになるのです。

解放は内側からやってきます。捕らえられた全ての存在の波動を高め、ソースに対する完全な平等意識をもって、彼らがより平和な意識状態に達するのを助けることを意図しています。銀河連合に捕らえられた囚人は、決して拷問されたり虐待されたりすることはありません。その代わり、彼らには思いやり、愛、そして許しが示されます。敵は、その心が真に平和を見出したとき、敵でなくなるのです。

銀河間連合では、投獄はむしろリハビリ・センターのようなもので、そこでは精神的な修行が囚人の憎しみや怒りの感情を和らげてくれます。もちろん、囚人たちはそうした修行に自ら進んで参加しなければなりませんが、彼らの意思に反して修行を強制されることはありません。この道を進むことを強制されることはなく、彼ら自身が決めることなのです。

これこそ、宇宙の大いなる正義の正体なのです。こうした方法は、自由意思の原則に則り最も効率的であると考えられていて、他の銀河でも同様に展開されています。特に、この銀河の平和を脅かすと思われる存在にとっては、この正義が依然として拘置所となっているのは当然のことですが。

監獄惑星とは囚人だけが住む世界であり、その惑星には彼らの存在に耐えられる他の生命は存在しません。囚人たちが最低限必要とするものは、全て手に入りますが、全ては軌道上から遠隔操作され、

全体がタイムバブルの中に含まれているため脱出は不可能です。このような場所は厳重に警備されているのです。殺される者はいないので、ここに留まることを決めた人は、非常に長い時間を過ごすことになります。

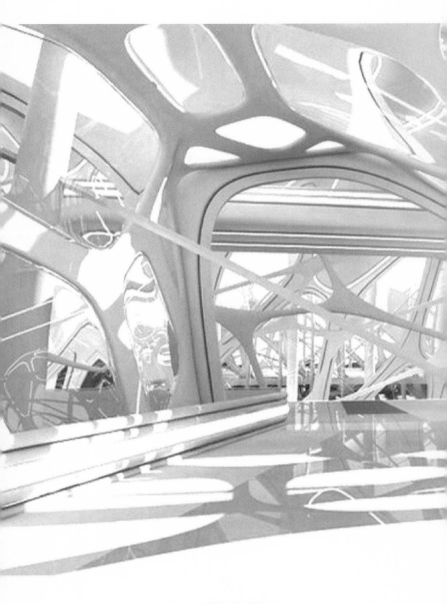

ケンタウルス座アルファ星Bのシルイン

第7章
現代

銀河系セクターの重要な拠点「シルイン」にいるソーハンとの会話！ そのセロシ族はアメリカ海軍と協力している

2021年12月17日

　シルイン（発音は「シルーイン」）は、ケンタウルス座アルファ星Bの第4惑星シロの衛星です。セロシ族は銀河系外交において中立的な役割を担っていますが、銀河連合への関与と活動はかなりのものです。現在、ケンタウルス座アルファ星Bのセロシ族は地球で大きな存在感を示しています。彼らは地球人そっくりに見え、1950年代以降、地球政府の有力な派閥と技術交換のための秘密プロジェクトに参加し始め、現代社会に潜入しています。

　セロシ族は1954年、ドワイト・アイゼンハワー大統領との会談に参加し、後にMJ12と退行的なネブ・グレイとの間で結ばれた条約に対抗するため、アメリカ海軍と協力し、ソーラー・ウォーデンという防衛艦隊の創設に尽力しました。銀河連合の中でも、セロシ族は最も目立たない存在です。見た目は我々と全く同じですが、白い肌、澄んだ目（青、緑、灰色）、白い髪（ブロンドから白）で見分けがつきます。性格は優雅で落ち着いています。また、彼らはパラダイスCAの住人であったことでも知られています。ここでは、私

シルインでアナックスを待つソーハン

たちの未来のために高度なテクノロジーが開発されましたが、不幸にもカバールの手によって運命の歯車が狂わされてしまったのです。

　しかし、私たちはこれらの劇的な出来事を脇に置き、地球から4.37光年離れたケンタウルス座アルファ星Ｂに旅をすることにしました。そこで、2021年12月17日に、ソーハンは、アナックスと共に衛星のシルインを訪れたのです。

ケンタウルス座アルファ星Ｂの惑星シロの衛星シルインをソーハンとアナックスが訪問

　私はインプラントや純粋なテレパシーでソーハンとコンタクトを取り、彼がどこにいても驚かせることができます。もちろん、彼は喜んで「私の呼びかけに応えてくれる」に違いありません。

　この日も彼は私の呼びかけに答えてくれ、私がこの数カ月、彼の目を通して見ていたシルインを案内してくれたのです。そこはとても美しい場所です。まず目に飛び込んでくるのは、眩しすぎるほどの光。下に広がる真っ白な雲に、力強い太陽の光が反射しているのです。シルインには、雲の上に浮かぶ都市のような巨大な施設があります。私はその全貌を見たことはありませんが、ガラスのドームに覆われた非常に長いテラスがあるだけです。遠くからは片方の端は見えませんが、別の浮遊施設の複合体とつながっていて、その両側には金属製の手すりのついたガラス張りの歩道橋があり、人が行き来しているのだと思います。金属製の構造物は全て白色です。橋は、もう一方の端まで行くとテラス状に広がっていて、そこには非常に未来的な、滑らかで光沢のある建物が並んでいます。これらの建物の内部には会議室があります。私が知っているのはそれだけですが、ここはこの銀河系セクターの重要な拠点のようです。

254

ここで何をしてるの？　と、私はソーハンに尋ねました。

アナックスに同行しているのさ。彼はここの会合に出席していて、エスコートが必要なんだ。

そうだったのね。あなたが彼のエスコート役だったこと、忘れてたわ。

ここが好きなんだ、と彼は笑顔で答えました。静かだし、天国みたいに平和で。太陽系を離れて少し休息を取ろうと思ったんだ。

ここではどんな会議をしているの？

今は詳しく言えない。君の星系に関わる交渉さ。

うまくいってる？

大丈夫、心配は要らない。

会議の参加者は誰？

銀河連合、アシュタール銀河司令部、銀河間連合、5種族評議会、アンドロメダ評議会などの会合がシルインで開かれている

地球人はいないけど、5種族評議会とゼナテア同盟（アンドロメダ評議会）が参加している。銀河連合、アシュタール銀河司令

部、銀河間連合の代表者もいるよ。少しくらいなら話してもいい
かな。議題は平和さ。君の太陽系で平和を実現しようと、あらゆ
る面から、いかにして執拗な敵から平和を守るか、また、この平
和の新時代をこの先どのように築き上げるか話し合っているんだ。

　アナックスがこの建物に向かっているので、ソーハンは私との通
信を終えました。ケンタウルス座アルファ星 B 第 4 惑星の衛星の大
気圏上層部にあるこの浮遊都市に、私もいられたらと思います。と
ても平和で……。まるで綿に埋まっているような環境です。滑らか
で、とても静かで……地球の恐ろしいほどの狂気とは縁遠い所なの
です。

木星の衛星のガニメデで、火星に関する会議に参加しているソーハンから聞く！

2021年12月30日

　ソーハンは今日、ガニメデに滞在していました。彼は私のインプ
ラントを通じてテレパシーでコンタクトし、私に視覚的な情報を与
えてくれました（これも「ちょっと見せてあげる」的な瞬間の一つ
です）。彼は大きな部屋にいて、大きな楕円形の窓から、間近に迫
る嵐のような巨大な木星を眺めていました。その場にいても、ソー
ハンの目を通して見ていても、それは私にはいつも魅惑的な光景で
す。やがて部屋の照明が落ちました。初め、私は見たこともない人
種（おそらく銀河間連合グループ）がそこにたくさんいたので、視
界を合わせるため意図的に照明が落とされたのだと思いましたが、
ソーハンの説明によると、会議に使うホログラム・スクリーンを見
やすくするためだそうです。

　銀河間連合と火星レプティリアンの代表団（ティルゥ族）が集まっていましたが、私は彼らのことを数カ月前にソーハンが見せてくれた映像で知っていました。胸にたくさんの勲章をつけていることから、どうやらリーダーか役人のようです。火星はダークフリートとICCの占領から解放され、根本的な変化が起きていました。

　ソーハンが会議に出席したのは、今年2021年4月6日、火星への最初の襲撃に参加したからで、会議は現地の火星人とコロニーとの間で、火星の未来と事態がどう落ち着くかについて話し合うものでした。銀河連合によって秘密裏に武装・訓練されたレプティリアンのティルゥ族は火星人が独立できるように惑星規模の反乱を主導し、現地のインセクトイド（昆虫種）もそれに参加しました。

　毎回、会議が始まる直前になると、ソーハンは連絡を絶ちます。その理由は、安全性や機密保持に関してあらゆることが細かく規定されているからで、このような素晴らしい体験ができることは非常に幸運なことだと思っています。

土星に潜むオリオン・ハイブへの発信キューブなどのテクノロジーはすべて解体された！

2022年2月19日

「土星にあるものは、今やアライアンスのものです。そこにあった技術、そして最近私たちがネブから押収した技術は、この太陽系全体を吹き飛ばし、時空間の構造に大きなダメージを与える可能性がありました。それは彼らの隠された武器であり、私たちはそれを押収しました。これはネブが追い出されて、太陽系が解放されたときに私たちが取った行動です。私たちは土星に関する知識を今まで秘

密にしてきました。最近、この銀河のこの地域のより大きな平和のために、この技術の解体と抹消が決議されたのです」

アナックス

ネブによる地球の月からの低周波の信号もなくなる

紀元前 5 万年頃、ネブはこの太陽系にいくつかの前哨基地を持っていましたが、紀元前 2 万6000年に銀河間連合の介入により追い出されました。ネブの技術は解体されましたが、多くの機器はそのまま放置され、忘れ去られました。その後1940年代になって、ネブがこの太陽系に戻ったとき、彼らは古代の技術を発見し、再活性化させたのです。

土星の装置は、オリオンハイブにつながる信号を発信するキューブでした。その信号は、ルナ（地球の月）にある二つ目の小型の装置にも送られました。ルナの装置から、大量の低周波が地球に送信されました。そして、2021年、ネブがこの太陽系から追放されたとき、彼らのテクノロジーは全て同盟国に没収され、解体されたのです。

イーロン・マスクも関わっている!? 火星復興のプロジェクトにまつわる大いなる秘密！

2022年 2 月21日

火星に新しいコロニーを作る。

今朝、私はソーハンと連絡を取りました。そのやり取りの中で、

彼はアルファ・ケンタウルス星系に行き、数日間滞在し、アルファ・ケンタウルスの新しい入植者たちの大きな船団を太陽系に送る準備と護衛を手伝うことになると教えてくれました。この任務には地球で言う4日分の時間がかかるといいます。

　このアルファ・ケンタウルス人とその家族は火星に定住し、主に農業やハイテク・バイオドームなどの新しい技術を入植者に教えて、その手助けをすることになります。ケンタウルス座のアルファ星Aやアルファ星Bやプロキシマ星などの人々と地球人が一緒のコロニーもあります。彼らの形態は私たちとほぼ同じで、同じ環境条件のもとで生活することができるからです。

　ソーハンによると、この地球人とアルファ・ケンタウルス人の協力関係は1950年代末に始まったといいます。彼らの文明は平和主義的で、軍事技術や宇宙船工学とは関係のない新しい技術の開発で人類を助けました。彼らは、今も主に医療分野や地球での日常生活を向上させるあらゆる領域で私たちを助けてくれています。「なぜ彼らに護衛が必要なのか、ケンタウルス星系でソーハンはどのような仕事をするつもりなのか」と私が尋ねると、ソーハンはこう答えました。

　　君の太陽系は高度に保護されていて、彼らの星系もそれは同じなんだ。しかし、その間の空間は戦場なのさ。宇宙は敵地で、この銀河地域は特にそれが言える。私は銀河連合から科学者、民族学者、技術者などをアルファ・ケンタウルス星系まで護衛する。彼らの任務は、将来入植する人々に、火星の状況について知っておくべきことを教育し、説明することにある。私個人の任務は、火星解放に関する最近の出来事を詳しく説明することなんだ。なにせ、私はレジスタンスの一員として、最初の襲撃やその他の任務に携わったからね。4日後、私は太陽系の火星に向かうコロニ

火星のバイオドームから挨拶するソーハン

一船を護衛するけど、科学者、民族学者、技術者のグループは惑星セロ（ケンタウルズ座アルファ星Ｂ）に留まることになる。

　あなたは数週間前、関係者を秘密の会合に連れて行くため、セロの衛星の一つシルインに行ったわね。それはこのプロジェクトと関係があるの？

　もちろん、あるさ。私が君に見せたガニメデでの銀河間連合と火星のレジスタンスの代表との会談も、このプロジェクトに関連するものだったんだ。今、全てが整ったってわけさ。

　これだけはどうしても聞いておきたいの。イーロン・マスクはその全てに関わっているの？

　もちろん、大いに関わっているさ。イーロン・マスクについては、そう簡単には教えられない。私は、上層部の厳しい命令を尊重しなければならない弱い立場だからね。彼に関しては、いろい

ろなことが関係している。

　わかったわ。ありがとう。

　その後数週間、私はソーハンの目を通して、火星という新たなコロニーでの作業を垣間見ることができました。火星のバイオドームの内部は興味深く、ドームの内部をぐるりと囲む長い棚で植物を育てている人たちを見ることができました。ドームの中央には、たくさんの装置が置かれていました。ソーハンは、毎日のように火星を行き来していました（火星の１日の長さは地球とほぼ同じです）。彼は船から運ばれてくる物資の補給を監視する役割を担っていましたが、この機会にアルダーナは彼にバトルステーションを離れて十分な休暇を与えたのだと、私はすぐに理解しました。

　地球人がいるところには地球人のためのルールがあり、私がいると地球軍から嫌な顔をされるからと、彼は私を火星に連れて行くことはできませんでした。ソーハンは、火星に行きたがる私の頑固さをいつも面白がっています。彼は私の気持ちがわかっていません。私にとって火星に行くことは、個人的な課題なのです。私は何よりも火星に興味があるのです。

火星でのテラフォーミング（地球化）作業のために激しい火星地震と大嵐が発生する！

2022年４月27日

　ある日、火星で大嵐が発生し、荒れ狂う大気中元素に機器が試される事態になりました……。これが起こったのは2022年４月27日

のことで、ソーハンは火星の新しいテラフォーミング・プロジェクトに関連した火星地震を報告しました。NASA は 5 月下旬に、かつてない強度の火星地震について発表しました。4月27日当日、私はアリエス・プライム基地を訪れていたソーハンと交信することができました。ここはもともと、ダークフリートが建設した非常に古いステーションです。火星が1年前に解放された今、アリエス・プライム基地は地元の人たちやそこで働き、暮らす人たちに返還されました。ソーハンが訪れていたのはメンテナンスエリア、つまり機械が並ぶ巨大な場所で、私はステーションの内部を垣間見ることができました。アリエス・プライムは、地球人がシカール族のレプティリアンの助けを借りて建設したものなので、最高の「ハイテク」建築とは言えません。

ソーハンは、赤と黒の制服を着た 2 人の火星エンジニアと会話をしていました。エンジニアの 1 人は地球人で、もう 1 人はダークグレーの目、青白い肌、細長い頭蓋骨を持つ地球外生命体でした。彼らは、とても急な金属製の階段を下りていきました。私はソーハンにテレパシーで、彼がそこにいる理由を尋ねました。アルファ・ケンタウルスのコロニーでの任務とは何の関係もないからです。彼の答えによると、最近火星で始まったテラフォーミング（地球化）作業のために激しい地震活動があったからだといいます。

そのため、アリエス・プライムは若干の損傷を受けましたが、心配するほどではなかったそうです。さらに彼は、アリエス・プライムの名前は変更されると付け加え、私がそれは誰が決めるのかと尋ねると、「火星人さ、アリエス・プライムは、今は彼らのものだからね」と答えました。ソーハンは、この基地は現在、火星人のレプティリアンと地球軍の共同使用になっていると説明してくれました。火星解放後、アリエス・プライムの職員や住民のほとんどが残留を

火星のテラフォーミングによる地震活動があった後、古いアリエス・プライム火星施設を訪れたソーハン。このステーションの職員である 2 人のエンジニアと一緒にいる。異なるユニフォームを見るのは興味深いことだった

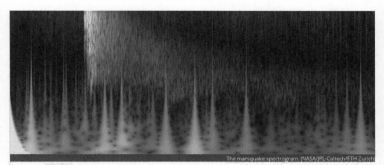

The marsquake spectrogram. (NASA/JPL-Caltech/ETH Zurich)

SPACE

'Monster' Quake on Mars Is The Biggest Ever Recorded on Another Planet, NASA Says

DAVID NIELD   11 MAY 2022

In terms of seismic events on the red planet (or indeed any other planet besides Earth), this is the biggest one recorded so far: the NASA InSight lander has recorded a 'monster' of a marsquake, which is estimated to have hit magnitude 5 on the scale used on Earth.

That beats the previous record holder, a magnitude-4.2 marsquake that Insight recorded back on 25 August 2021. The new quake happened on Mars on May 4 of this year, the 1,222nd sol (or Martian day) of the lander's mission.

A magnitude-5 quake on Earth would be classed as moderate, only causing minor damage. However, it's right at the upper end of the size of quakes that scientists are discovering on Mars, due to less seismic activity.

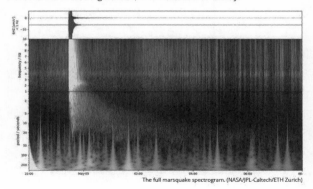

The full marsquake spectrogram. (NASA/JPL-Caltech/ETH Zurich)

希望していて、その人数はとても多いそうです。

　アリエス・プライムは、ソーハンが続けて言ったように、将来は火星戦争の記念の地として見られるようになるでしょう。とはいえ、地下インフラが素晴らしく充実しているので、まだ使われるでしょう。

　2022年５月11日、私はNASAといくつかの科学サイトの公式ニュースに困惑しました。そのニュースによると、ここ数週間の間に火星で一連の「破壊的地震」が記録され、それが「他の惑星含め、記録された最大の地震活動」であるというのです。

「約束するよ、地球は美しいものになる！」とソーハンからのメッセージ

ソーハンからの送信─2022年３月28日

　地球の核は温まってきている。周波数の加速によって、地球の電磁場が徐々に変化しているためだ。私たちは今より安定した高密度ゾーンに入りつつあり、ここ数週間の間に起こっている相反するシフトは、それが衝突して新しいタイムラインが開放されるまで激化し続けるだろう。

　目覚めるべき者たちが目覚め、新たに訪れる永遠の瞬間を受け入れるときが来たのさ。君はこの惑星にいて、この世界が成長し繁栄し続け、物質と存在のより速い密度に膨張していくことを知っている。君はここで彼らを導き、恐れてはいけない、これこそがあなたたちが長らく待ち望んでいた変化なのだと伝えるのさ。

　約束するよ、地球は美しいものになる。「見事なのだ！」。私た

ちがもうすぐ同じレベルで会えることをとても嬉しく思うよ。このメッセージを彼らに伝えてほしい。

　地球の核が温まっていることについてはどうなの？　と、私は聞いてみました。

　多少の変化はあるだろうけど、心配するほどのことじゃないよ。君は今ここにいて、この瞬間に、地上からこの大きな変化を目の当たりにすることができるんだ。地球人は今、自由になろうとしている。戦争も、悲鳴も、攻撃も気にしちゃいけない、これは全て雑音なんだ、旧世界は君たちから、つまり私たちから脱却するのさ。私たちは成功した、成し遂げたんだよ。そして今、そう……彼らに伝えてくれ、あなたたちがどうしたいのか決めるんだと、初めて彼らはその力を得たのだと。
　船はもうすぐ来る。守護者たちは地球の外側の軌道にいる。今のところ 4 隻だ。彼らは、時間の歪みの中で見ている。昔のオウムアムア（太陽系外から飛来した観測史上初の小天体）のように時間は止まったままだ。あれは彼らの船のうちの一艘で、すでに動き始めている。氷帯の船も動き出した。そして他の船も次々と全ての惑星で動き始めている。次は海王星だ。海王星についてはじき分かるだろう。だから、忘れずに彼らに伝えてほしいんだ。あなた方は幸運で、これを目にする特権が与えられているのだと。

地球の月から回収した古代のテクノロジーは月がこの太陽系に来る以前のものだった！

2022 年 6 月 10 日

　ソーハンは、この太陽系にある銀河連合の戦闘母艦エクセルシオールの貨物室に向かってかなり急いで走っていました。この母艦の中を彼が歩いているのを見ると、内装や大きな出窓のある廊下から宇宙を見渡すことができるので、私はいつもとても楽しいです。時折、地球の湾曲部が少しだけ見えるのも美しいですし、近くにあるときは月も見えます。彼はステーション内のテレポートパッドから二度、月へテレポートしました。彼が到着すると、周囲は動揺の色を隠せませんでした。私は、彼が艦隊司令官であるにもかかわらず、なぜ貨物室で仕事をしているのか尋ねました。すると、彼はこう答えたのです。

　　まあ、私の艦隊が作戦を任されていて、それを監督する必要があるからね。

　彼の船は、月から奇妙な物質を持ち帰りました。貨物が到着する

と、多くの人が興奮して歩き回ります。運ばれてきたのは大きなポッドですが、想像とは違い、それは救命ボートや生命維持装置のようなものでした。形は有機的で、蝶のさなぎに似ていますが、硬くてしっかりしているように見えます。色は茶色がかった黒に黄色が混じっていて、大きさは長さ約13フィート（3ｍ90㎝）、高さ約6フィート（180㎝）でした。

　このポッドは、実はとても古い技術で作られているんだ、とソーハンが私に言いました。

　どんな技術？　と、私は尋ねました。どこの技術なの？

　私の艦隊が地球の衛星、ルナから回収したものさ。

　えっ！　アークやシーダーと関係があるってこと？

　月のアークとは何の関係もない。それよりもずっと古いものさ。この衛星が太陽系にもたらされたとき、共に持ち込まれて定着したんだ。この技術は、この衛星をこの太陽系に持ち込んだ人々のもので、常にそこにあった。持ち込んだのは、銀河連合ではなく、別の組織さ。

　ちょっと待って！　アレックス・コリエーは20年前、アンドロメダ人が私たちの太陽系に衛星である月を持ち込んだと言ったわ。それって、あなたが言ってるゼネエ族（アンドロメダ座ゼナテア星）のこと？

私たちの太陽系に地球の月を持ち込んだのはアンドロメダ星人??!! そして、彼らのテクノロジーのポッドはタイムカプセル（生命維持装置）のようなもの！

ソーハンは微笑みました。

　なるほど、言えないけど教えてくれたのね、ありがとう！

　この技術は、この衛星を太陽系に持ち込んだ人たちのものなんだ。君が見ているこれらの装置は生き物ではなく箱で、中には道具や機器が入っている。このサナギのような外見は、タイムカプセルのようなものなんだ。この技術を生命維持のために保管しているのさ。

　じゃ、やっぱり生きているんじゃない？

　これは有機的な技術なんだ。地球ではまだ理解されていないものさ。私たちの文明の中には生物的ではなく、有機的な技術を使うものがある。銀河間連合の船がいい例だ。このポッドはシーダーとは関係ないけど、よく似た技術なのさ。

女性が1人やって来ました。前に黒いストライプの入った白いしゃれたスーツを着ています。前髪のある茶色のストレートヘアに、ブルーグレーの澄んだ瞳。タアル人かもしれません。彼女はターハラといい、ポッドの移送を担当していました。彼女は月で働いていて、そこからやって来たのです。彼女は私たちの通信を遮りましたが、私はソーハンと彼女の会話を追うことができました。

　2人はこのポッドの移送と、科学者が来ることについて話していました。ソーハンは彼女に、科学者が来るからもう少しだけ待ってて、と言いました。

　それで、科学者はどこから来るの？

　連合の科学船からだ、とソーハンは答えました。

　じゃ、なぜこのポッドを直接科学船に送ったの？

　保護する必要があるからさ。

　誰から言われたの？

　そういうやり方なのさ。太陽系にはもう敵はいないけど、正規の手続きには軍の管理が必要なんだ。そうして事を運ぶ、それだけのことさ。

　今頃回収しているのはどうして？

　最近までこの衛星はネブの管理下にあって、彼らはこの技術を決して理解することができなかったからさ。ルナの地中深くに埋まってたんだ。誰もがその存在を知っていたけど、ネブがこの星を手中に収めている限りこの技術を回収する術はなかったからね。

　私が前著『心優しき地球外生命体たち』に記したように、2021年2月に地球の衛星が解放され、その数カ月後にこの太陽系では惑星外戦争が終結しました。それ以来、地球アライアンスや銀河連合の支配下になった月面作戦司令部や避難した全基地の奪還が急がれ

ました。今は状況が落ち着いているので、月からの技術回収は銀河連合に任すことができます。恐らく、いずれはアンドロメダ座のゼネエ族に返還されるでしょう。ソーハンとの接続を切る前に、科学者たちが貨物室に到着しました。面白かったのは、1人だけ見たこともない人種がいたことです。

この科学者は誰？ と私は思いました。

彼は銀河間連合の科学者の1人さ。彼らも見に来たんだ。彼の文明はオーモングというよ。

彼は、私がソーハンとのコンタクトを終える前に見た最後の人物で、私はこの人物の外見の詳細を明らかにするよう努めました。新しい人種や文明に出会うことは、いつも非日常的で魅惑に満ちています。「オーモング」がその種族の名前です。彼は人間そっくりで、厚手の生地でできた黄色のジャンプスーツを着ています。胸には茶色のパッチがあり、そこには半円を描いた丸い金色の記章がついていました。茶色の肩章と茶色の透明な密度ベルトを付けていたところを見ると、彼はより高い密度の存在なのでしょう。

その顔の作りは変わったものでした。肌は褐色で、髪は非常に短いクリーム色の金髪、顔は正面が非常に強調され角張っていて、細い鉤状の鼻、左右に大きく離れた澄んだ強烈な緑色の目をしています。ソーハンよりは小柄です。ソーハンの予想とは異なり、中身を調べてみると、道具は入っていませんでしたが、これらのポッドは、その中に眠っているシーダー種族の種を入れている真のさなぎのようなものでした。

これらの貴重な遺物は、ゼネエ族に返されました。

ルナから回収されたゼネエ族の魂の種が入ったポッド。大きさがわかるように、その後ろにいるのがソーハン。銀河連合の月の施設にいるタール族高官ターハラと銀河間連合のオーモング人の科学者

さらなる高みへ！ 太陽系は今、第５密度の周波数ゾーンに入った！ 周波数ショックを避けるための調整とは⁉

2022年7月5日

　2022年7月5日、私は太陽系の境界で短い余暇を過ごすため、ソーハンの司令船に乗って連れて行かれました。彼は私に、口癖で言うように「何かを見せたかった」のです。私たちはすぐにプラズマベルトに到着しました。プラズマベルトとは、この星系を外宇宙の放射線や粒子などの脅威から守る、高温星間プラズマの球状壁です。ソーハンは私に、シールドを通過する際、私の身体が体験することによく注意するよう言いました。そこで私は副操縦士席に座り、

リラックスしました。プラズマベルトが猛スピードで接近し、金色の光の壁のように私たちに襲いかかりました。通過中、私の身体の中では何の変化も感じられませんでしたが、反対側に到達したとき、数秒間、肉体全体が泡立つような強い感覚をひどく覚えました。ソーハンは私に周波数ベルトを握らせました。

　それを身に着けて、と彼は言いました。

　言われたとおりベルトを身に着けると、全ての感覚が元に戻っていきました。

　えっ！　太陽系の内側と外側で周波数にズレがあるの？　こんなの初めて！

　そのはずさ。この星系は今、第5密度の周波数ゾーンに入っている。

　じゃ、プラズマシールドはどうなっているの？

　プラズマシールドは本来何の関係もない。たまたま周波数変換器として使っているだけのことさ。この星系はすでに第5密度帯にあるけど、現在テラで起こっていることのために、私たちはよりスムーズな移行を希望している。そうでなければ、下界はあまりにも混沌としてしまうからね。私たちは、周波数の上昇を自分たちで調整しているんだ。それを君に見せたかったのさ。この話を君の仲間に伝えてほしい。

　2022年8月8日、私は、「地球上で絶滅の危機を引き起こす可能性のあるソーラーフラッシュの脅威」に関する質問に対して、ウー

ナからこの送信を受け取りました。

「あなた方の地球は変貌を遂げていますが、それは、あなたが思い描くものとは違うかもしれません。それは、あなた方の太陽系が最近入ったナタルの領域に適応しているのです。ここは、より高い周波数を持つ銀河系ゾーンです。あなた方の星系の周波数は以前の侵略者によって下げられ、その後、銀河連合の優れた仕事によって解除されたため、周波数ショックを避けるために調整が必要なのです。しかし、あなた方の星はこの高い周波数の共振に反応し、変化を始めているのです。

　この太陽系の変化に壊滅的な影響はありませんが、影響は様々な形で感じられるでしょう。星系の変化は常に星から先に発生する、これは自然の法則です。過去に何度も、避難しなければならない事態が生じました。その原因はいつも戦争です。もしもの時のために避難計画は常に準備されていましたが、絶滅の危機は起こらないと断言できます。

　私たちは星や世界を創造し、生命の種を蒔き、ソースの意識そのものをフラクタル化し、それを惑星のマトリックスに埋め込みます。もしあなた方の星、ソル（太陽）が必然的に私たちの輝かしい業績であるテラのあらゆる生命体を突然脅かすものになるなら、私たちはそれを防ぐでしょう。私たちにはそれだけの力があります。帝国を炎で包んだり消滅させたりする戦争を止めることはできませんが、私たちには星を炎で包んだり消滅させたりする力があるのです」

あなたは方は安全です。

ウーナ

海王星への旅！ 異次元生命体であるコルダシイ族に出会う！

2022年7月16日
エクセルシオール号にテレポートされ、
私を救出した1人のパイロットのセラディオンとも再会

　私は銀河連合の戦闘艦隊「エクセルシオール号」にテレポートされました。光に包まれ、多くの人々が行き交う、今まで訪れたことのない場所で、ソーハンが私を迎えてくれました。後ろに気配を感じて振り返ると、9歳の時に私を救ってくれた船に乗っていたパイロットで、2020年12月の2度目の救出劇にも参加してくれた旧友のセラディオンがいたことに、私は大きな驚きと喜びを感じました。セラディオンは、パイロットブルーの煌びやかな制服を着ていました。私たちは再会をこの上なく喜び合いました。

　私たちは基地の中のレクリエーションスペースまで歩きました。明るい高い天井があり、頭上にはいつもの冷たいプラズマランプが浮かんでいるのが見えます。私たちは楕円形の低いテーブルの前にある半円形のソファに座りました。そこは、とてもいい雰囲気の中、楽しげな人々が心地よく集う活気に満ちた場所でした。煌々と輝く光は、実に素晴らしいものです。私はセラディオンに、最近どうしているのか尋ねました。彼は今、銀河連合が保有する海王星の輪にある採掘施設の貨物船のパイロットとして、一時的に働いているとのことでした。主に水の世界である海王星の前哨基地やコロニーに、鉱物資源を処理・精製して運び込む。都市は水中が中心ですが、水上施設もあるといいます。セラディオンは、近々許可が下りたら、私をそこに連れていって見せてくれると言いました。私はこの考え

にときめきました。

　セラディオンは、貨物船のパイロットという一時的な任務を楽しんでいます。長年やってきた地球周辺の偵察船の運転から一転、気晴らしと新たな冒険だといいます。彼の説明によると、今のところ、私たちの魂の星系ではもう戦闘はありません。ですから、銀河連合は兵士に何かをさせる必要があります。そこで、私が抱いたいくつかの疑問について、彼の見解を聞いてみましたので、ここにそのやり取りを紹介します。

　　地球が正式に銀河連合に加盟すると、地球人は他の戦争に協力しなければならないの？　と私は尋ねました。

　　そりゃ、そうさ。とセラディオンは答えました。それが私たちのやり方だからね。私たちが君たちを助け、君たちが私たちを助ける。太陽系の外では戦争が続いているんだ。この星系は今や平和のオアシスだけど、プラズマベルトの外ではいまだ卑劣な争いが絶えない。シカール族とネブ族は復帰を試みている。人々を救い、加盟国に迎え入れることが、銀河連合の発展につながっているんだ。帝国は、激化する戦争で互いに挑み合うようになるからね。

　　ネブ族やシカール族がこの銀河にいなければ、もしかしたら戦争がなくなるかも、と考えているのね？

　　ネブ族はバランスをもたらす。どのみち、小さな局地戦はあるだろうが、ソースは進化のために人々の知性と回復力に挑んでいるのさ。

276

これは旧友のセラディオンとのやり取りで、パイロットである彼ならではの視点で、現在の出来事について話してくれたのが興味深かったです。

地球は銀河連合のメンバーとしての試用期間に入り、月では宇宙テクノロジーが開発・構築されている

宇宙コマンドと今のところ呼ばれている「新しい地球の（スターフリート）宇宙艦隊」についてどう思う？　と私は尋ねました。

テラの多くの国が次々に地球宇宙連合に参加しているという話を聞いているよ。この組織は星系の平和と安全を確保すべく成長しているようだね。

宇宙の侵略者から地球が安全になった今、銀河連合は私たちの太陽系にとどまると思う？

もちろん！　私たちはここに前哨基地を置くつもりさ。だって、君たちはもうすぐ組織の一員になるのだから。試用期間ってことにはなるけど、それは単に時間の問題に過ぎない。私たちは常にそこにいて、君たちと共に働き、私たちの技術を君たち地球人と共有するよ。君たちの衛星「ルナ」は、これらの新しい共有技術が開発・構築されている最中の場所であり、時期が来れば即座にテラで実行されるだろう。時代は加速していくから、準備をしておいてね。

海王星までついに連れて行ってもらう！ ソーハンとセラディオンがいて、自分は副操縦席に座る！

　2022年7月25日、ついに私は海王星まで宇宙船で連れて行って
もらいました！　実際の旅は丸一日でしたが、私は出発からわずか
1時間でタイムスリップしました。ソーハンは、朝私に知らせたの
に連絡を入れて、珍しい時間ですが、夕方には私を迎えに来たので
す。彼は、安全のために正確な時間を決めません。銀河連合の偵察
船に乗り込むと、そこにはいつも楽しげで元気いっぱいのセラディ
オンがいました。2人に司令室に招かれた私は、すぐにその船があ
る程度アップグレードされたものであることに気づきました。壁は
丸みを帯び、素材は滑らかで白く光っています。

　セラディオンは私に副操縦席に座るよう勧めましたが、私は自分
の腕に自信がなかったので丁重に断りました。ソーハンは「さあ、
前にもやったことがあるんだから、楽しめるよ」と言いました。座
席に座ると、座席が自分の体型にフィットして、私はあっと驚きの
声をあげました。分かってはいても、この感覚はいつも楽しいもの
です。ソーハンは私の腕を内側の下のアームレストに置かせました。
外側のアームレストには全てのコマンドがあり、私はそれには触れ
ません。私は両手を前に伸ばし、二つの六角形の緑色のガラスパッ
ドの上に手のひらを開き、何度か深呼吸をしながら船とのインター
フェースに備えて気持ちを引き締めました。

　以前の著書で説明したように、それはDNAの共鳴によって機能
するのです。セラディオンは長い指でホログラフィック画面を操作
しながら「準備完了！」と告げました。ソーハンがコンソールの上
で軽く手を振ると、地面から三つ目のシートが突然物質化しました。

すごい！　と私は思わず叫んでしまいました。**こんな機能、初めて！**

最新型の偵察船だからね。ソーハンはそう答えながら、真ん中の椅子に座りました。**銀河系の友人たちの技術を統合したのさ。**

素晴しいだろ、とセラディオンが意気込んで付け加えました。**エレナ、目標は設定されているから、君はインパルスパワーを与えるだけでいいのさ。こっちは準備オーケー。**

私は深呼吸をしました。私がナビゲーションを担当していない限り、全て順調でした。私は、火星の一件が若干トラウマになっているのです（『心優しき地球外生命体たち』2021年）。そこで、私は自信をもってインターフェースパッドに手のひらを当ててみました。瞬時にして周波数と光の幾何学模様の波動をマインドの中で受け取りました。それは、船の人工意識と私のマインドとのインターフェースでした。そういえば、初めてこれをやったのは火星での経験で、危うく船を壊しそうになりました。意識インターフェースにはスキルとトレーニングが必要ですが、私はそれが得意ではありません。少なくとも、今はまだ。そこで私は思考によって刺激を与え宇宙空間の先に船を投影したのです！　海王星への軌道は自動的に設定されるので、私はペースを保つことだけに集中すばよかったのです。

数分後、私たちはすでに壮大な青い惑星とその細く優雅な銀色のリングに近づいていました。私は何もしていないのに、船は停止しました。なので、海王星の高軌道にある目標地点に到着したのだとわかりました。遠くの陽光に照らされたリングの部分が銀のように輝き、影になった所では錆びたような赤みがかった色をしています。同心円状のリングがいくつあるかは数えられませんでしたが、おそ

セラディオンは興奮気味に、偵察船の新機能を紹介してくれた

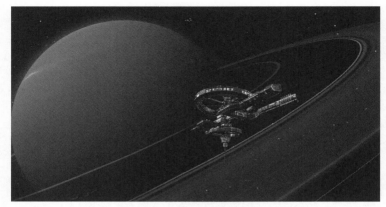

海王星の輪の中にある銀河連合の採掘基地

らく５〜６個はあったように思います。まるで壮大なショーのよう
でした。

　このときでした。テングリと両生類を掛け合わせたような奇妙な
生き物の幻影が一瞬、頭の中に現れ、次にもう１匹、続いてもう１
匹と現れ、４匹目は違う姿になったのです。私はかなり恐怖を感じ、
椅子の上で緊張しました。ソーハンは私を落ち着かせようと、私の
肩に手を置きました。

　彼らはコルダシイ族だよ、と彼は安心させる声で言いました。
異種族の異次元集合体さ。

　何て奇妙な！　彼らは海王星に住んでいるの？

　この太陽系の二つの惑星、ナアラとエンツさ。

　それは金星と海王星のこと？

そうさ、とソーハンは答えました。

彼らはテレパシーだけで意思の疎通を行い、接近時に全船をスキャンする、とセラディオンは言いました。セキュリティというより好奇心による、通常の手順さ。驚かせてごめん、伝えておくべきだったね。

実際に海王星の採掘ステーションの基地に行く、コルダシイ族に会う！

そこからセラディオンが航行を引き継ぎ、私たちの船は大きな外輪の一部に向かって飛びました。そこは、塵粒子が凝集し小さな岩石質の小惑星のフィールドを形成していて、巨大な採掘ステーションがあります。私たちの船は着陸ベイに入りました。内部は薄暗く、まるでSFの遠く離れた惑星の外輪にある採掘ステーションを思わせるような雰囲気です。ソーハンは私に環境スーツを着るように言いました。環境スーツとは、白い半透明のとても軽い宇宙服のことです。首の近くのボタンを押すと、金属製の襟から透明なヘルメットが現れました。それがどう機能するのか、私には説明することはできません。私はスーツの上から重力ブーツを履き、大きな密度ベルトを装着しました。3人とも装着すると、私たちは船から賑やかな着陸ベイに出ました。その中を高いプラットフォームに向かって歩きながらソーハンが説明してくれたところによると、この施設ははるか遠い昔、テラン戦争のずっと以前、太陽系が他の紛争に直面していた時代に銀河連合によって建設されたものだそうです。

このリングを採掘している時から、そこに岩石はないはずで

は？　と私は尋ねました。

ソーハンは笑いました。

　私たちは非常に貴重な金属を抽出しているんだ、とセラディオンは言いました。リングと衛星の重力バランスを考え、少量ずつね。ここにあるものは全て、この惑星の下にあるものに影響を及ぼすのさ。

私たちが半円形の台に登ると、そこは別の格納庫になっていました。

　これは私の船なんだ、とセラディオンが言って指差した先には、鐘のような形をした円盤状の乗り物がありました。

　あれは貨物？　と、私は戸惑いながら尋ねました。

　そう、とセラディオンが答えました。

　なるほど。もっと長い船かと思ってたわ。なぜ連合はここで採掘するの？　彼らは太陽系の持ち主じゃないんでしょ？　なら、彼らにその権利はあるの？

セラディオンが私の方を振り向きました。彼の鮮やかな青い瞳が輝いています。

　これは連合のものじゃない、と彼は言いました。これはコルダシイ族のものなんだ。私たちは彼らのためにオルゴンを採掘している。彼らは自分たちのポータルに自由にアクセスできるよう、

ここで安定した密度を維持するのにオルゴンが必要なんだ。

コルダシイ族は、とソーハンが割って入りました。この太陽系に長く滞在しているから、自然居住者と見なされているのさ。まるで昔からここにいたかのように思われているけど、並行した次元の平面にいるんだ。

さあ、彼らに会いに行こう！　セラディオンが歩道橋から私に呼びかけました。その下には、奇妙な貨物船が停まっていました。

私たちは中に入りました。屋内は確かに違う時代の古い構造で、地球製の可能性もありますが、そうではないでしょう。エアロックが閉まると、私たちはヘルメットを脱ぐことができました。私のヘルメットはソーハンが脱がせてくれました。面白いことに、私は閉所恐怖症なのですが、このヘルメットをかぶるとちょうどよく、とても軽く、中の空気は素晴らしく新鮮で、私の生理機能に適していました。この奇妙な冒険ではよくあることなのですが、とても驚いたことに、船は離陸せず、次元面が移動したのです！　突然、私たちの周りからステーションが消えてしまったのです。海王星とその環はまだそこにありますが、ステーションはありません。面白い現象です。私たちの船は、海王星の表面に向かって滑走していきました。時間の感じ方も変わり、より広がっていく感じでした。壮大な青色に癒されながら、幾十にも重なった雲の合間を縫って降下していくと、あっという間に薄暗くなりました。不思議な霧のかかった薄明かりの中、穏やかな海面が見えてきました。しばらくホバリングしていると、水面に奇妙な金属製の構造物が見えてきました。エッフェル塔のてっぺんのような、透明な金属でできた丸い平板のような形をしています。その形には見覚えがありましたが、その時はどういうわけか思い出せませんでした。それから3週間ほどして、

海王星の信号塔がコルダシイ海底基地の位置を特定するためのパルスを送信していることと、テスラの塔が非常によく似ていることを私は思い出しました。ニコラ・テスラは金星から来たと言われていますし、コルダシイも金星に住んでいます。金星で使われている技術をニコラ・テスラが地球に持ち込んだのでしょうか。

暗い海を船のライトで照らしながら、深淵の中を進んでいきます。

この海は生命に満ち溢れている、とソーハンはしみじみと語りました。

この言葉の響きに、私の胸は弾みました。スリルと興奮で涙が出そうになりました。この不思議な海の水面下にいる生き物を、船をホバリングさせながら見れたらと思いました。金属製のロケーションタワーに近づくと、船は水中に潜り、やがて真っ暗になりました。まもなく、大小様々な球体で構成された浮遊都市の灯りが見えてき

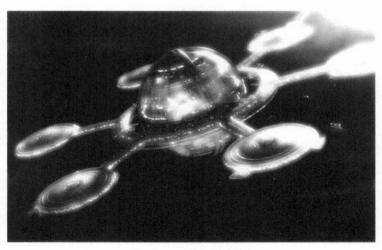

海王星のコルダシイ海底基地

ました。

　再び、コルダシイの幻影が私の脳裏をよぎりました。船は球体の一つに入り、大きなエアロックが私たちの背後で閉じました。その後、私たちは三つのエアロックを経由して、水中ではなく、呼吸可能な大気圏に突入しました。採掘基地を訪れたときとは異なり、ここでは環境スーツやヘルメットを着用する必要はありません。私は、周波数帯のついた青いスマートスーツを1着身に着けただけです。船のタラップに立った途端、ベルトが瞬時に密度の高いフォースフィールドを発生させ、私はスーツが体を締め付け、血圧を調節しているのを感じました。それはまるでアルニラムにいた時のような、第6密度の高い身体性に感じられました。周りの建造物の形がぼやけていたので、正確に説明することはできませんが、コルダシイ族の人々が近づいてきたとき、私は彼らの詳細をはっきりとらえることができました。彼らは異なる人種の集合体であり、皆同じ次元に住んでいるようでした。私はこれまでパラレル次元に行ったことがなかったので、これは全く新しい経験でした。

　彼らの大半は、身長が5〜5.5フィート（約150cm〜165cm）くらいで、トラピスト1（水瓶座）のテングリ族に似た、大きな丸い目をした種族で、どことなく「両生類」のような顔をしています。彼らは頭の両側から2組の長い触手が出ていて、動きながらそれらを振っていました。着ている服のファッションは様々です。皮膚は薄緑色。グレイ族ではなく独自の種ですが、両手には太い指が4本ずつあります。その中には、他の特徴を持つヒューマノイドの人種も見受けられましたが、ほぼ全員が同じようなサイズで、身長は5フィート（約150cm）ほどでした。彼らはとてもフレンドリーな「感じ」がしました。そのうちの2人が私に近づき、手を取って「一緒に行こう」と誘ってきました。私はソーハンに視線を投げかけ、彼

コルダシイ族

らについて行っていいものかどうか確認しました。彼の思いやりに満ちた微笑みを、私は肯定的な答えと受け取りました。ソーハンとセラディオンは、私のそばを離れずについてきてくれました。

コルダシイ族は彼らの施設を案内してくれました。水の上を歩いたり、輝く泡のカーテンの中を移動したりしていると、私はとても不思議な半透明の虹色の壁のことを思い出します。この人たちはとても陽気で明るく、まさに高密度の意識と接触した時のような感じがしました。時間の経過は驚異的で、私たちは丸一日を彼らと過ごしたように思います。実際、私たちが偵察船を再統合するために採掘ステーションに戻ったとき、ソーハンはまだ1時間しか経っていないと私に教えてくれました。私はとても感動しました。地球に戻り、コンピューターを開くとすぐに、私はこの驚くべき物語を書いたのです。

各国の地球軍、地球宇宙軍、民間企業が参加する会議が行われている──月（ルナ）で明らかになったこと！

2022年8月7日

以下は、ソーハンと私のやり取りです。

マイケルから聞いたんだけど、ルナでは最近、各国の地球軍が参加する会議が行われているそうね。

地球アライアンスだね。

そうそう。

それだけじゃない。彼らは地球宇宙軍や民間の企業とも会っていたよ。

何のために？　教えて。

私たちが常に地球軍の活動を公開することを許されていないのは知ってるだろ。彼らには独自のコードとプロトコルがあるからね。アルダーナからの声明が近々届くと思うよ。

あなたはそこにいたの？

いたけど、会議場じゃないよ。だから詳しいことは知らない。私は地球人兵士と高級将校２人に外で非公式に会った。将校たちは、私たちと一緒にいるときはいつもそうなんだが、神経質になっていた。彼らの中には、今回のように古くからの協力体制に属さない新規の者もいて、まだ私たちの存在に慣れていないのさ。

今回の会議で何が話し合われたか知ってるの？

ああ。情報開示さ。しかし、テラ大気圏内の船の性能についてだけじゃなく、これはもっと深刻なことなんだ。連絡があるはずだ。いつかは分からないが、すぐに来ると思う。彼らは太陽系でコロニーや工業化も進めている。昔の協力体制も、じき明らかになるだろう。

言うことはまだあるんじゃない？

　今のところ、言えるのはそれだけさ。

ディープ・ステートの悪質な宇宙人の侵略、エルサレム船で地球脱出、エンキが悪者、地球が二つに割れるなどの偽情報を暴く

ソーラーフラッシュかソーラーシフトか／ニューアースかニューイーラか

　世界規模の大惨事をでっち上げ、偽旗の宇宙人の侵略と救済を正当化するという心理作戦のアジェンダは、私がソーハンとウーナから受け取った通信で知ったように、かねてから計画されたものでした。この偽旗の物語は、真実の情報に隠れて、辛抱強く、時間をかけて私たちの集合的無意識に意図的に注入されたのです。このことは、私の著作を通じてすでに何度も述べてきましたが、どうやら私たちはゴールに近づきつつあるようです。

　私の銀河連合のコンタクト先が主張しているので、「ニューエイジ」のスピリチュアルなコミュニティで推進されている、いわゆる「エルサレム船」は、作り話であると私は自信を持って断言できます。これは「アシュタール」の心理戦のようなものです。現実や本物の情報源から来る情報から人の注意をそらすよう仕向けるだけでなく、さらに心配なことに、人をホログラムの罠にかけようとするものです。この人工知能の構造は、グレイ・エイリアンによって精巧に作られた魂に仕掛けられた罠であり、一度この偽物の船にうまくバイロケーションすることができれば、捕まってしまいます。ホログラムの裏側にある本当の姿はキューブのようなものなのです。

　たとえグレイが同盟によって、太陽系から物理的に追放されたとしても、このホログラムによるソウルトラップ（魂縛）は、意識的にそれを続ける人がいる限り、それ自体で動いているのです。なので、ブラック・グーと同じような技術で餌を与えればいいのです。餌をやるのをやめると、バラバラになってしまいます。プラグを抜く唯一の方法は、自分が騙され、悪用されたことを認め、愛をもって自分を許し、それにつながるエネルギー的なロープを断ち切ることです。恨まず、怒らず、平和にしましょう。

　また、地球外生命体は、地球で作った名前を船につけないという事実も考慮する必要があります。「エルサレム船」の推進は、最近、ディープ・ステートの密偵たちによって、世界的大惨事後に偽旗工作で嘘の船に「避難」させるという筋書きを醸成するために強調されたものです。彼らは、このエルサレムという偽の船に避難しないとならないという恐怖を人々に植え付けています。それは見事な罠です。偽の「地球撤退」について考えてみてください。完全に恐怖を感じて、自分の意志で地球を離れたら、そこで淘汰されるのです。この背後に誰がいるのか、この船でどこに連れて行かれるのか、本当にわかるでしょうか？　いいえ、わかりません。さらに、彼らは銀河間連合のアーク（宇宙船）がやってきて皆を救出するという嘘を広め、この機会にシーダーズと銀河間連合の本当の居場所について世間を欺いているのです。

　最近、シーダーと共に到着し、人類に大きな贈り物を持ち帰ったエンキに対する偽情報も、同じ闇の組織が仕組んだものです。自分たちが抑えられないものは信用させないようにする。彼らはそれがとても上手なのです。

　地球が二つに割れるという説も恐怖を使った心理戦で、意味があ
りません。私たちは一つの惑星として高密度に進化しています。そ
して、それは地球上の全ての生物に関係しています。「３次元の地
球が置き去りにされる」ことはありません。それは同じ器であり、
分裂しているわけではないのです。これもまた、うまい誘い文句で
す。しかし、ここで、私がコンタクトを取った人たちとのコミュニ
ケーションのタイムラインに戻ることにしましょう。ここでは、本
書で関連するソーハン、ウーナとの会話と、出版直前に私が受け取
った追加情報を備忘録として記しておきます。

2021年12月14日

　ソーハンが木星から戻ってきたときに私と交わした会話は、次の
ようなものです。

　私が木星に来た目的は、最近君たちの太陽系の近くで起きた、
第３密度連続体の崩壊という現象について議論するためなんだ。
この現象は宇宙空間のポケットで発生している。君たちの星系は、
この銀河の腕（渦状腕）の中を通る軌道上で、このうちの一つに
入り込んでいるのさ。第５密度への渡しとして、さらに第３密度
の崩壊が起こるだろう。敵や闇の者たちは、このことを知ってい
る。彼らはそれが起こるのを知っていたんだ。こうしたことが理
由で、彼らは自分たちがこの星系を失ったことを長い間知ってい
たのさ。これから、君たちの星系の近くで起こっているこの自然
現象について話すね。これは孤立した現象ではなく、君たちの星
系がゆらぎ波で構成されたこの銀河のグリッド内を移動するとき、
君たちは物質の振動密度の高いポケットに遭遇することになる。
それはどういうことかというと、原子が速い速度で振動している
ということなんだ。時間は関係ない。時間の速度は変わらないけ

ど、君たちの速度が変わるから、君たちが持っている知覚だけが変わるのさ。時間の問題ではなく、空間の構造の物理的な性質が変わるだけなんだ。物理学の普遍的な法則が機能するように、高密度のポケットが当該星系と同等かそれ以上の大きさでない限り、この現象は徐々に起こるのさ。

　密度領域の限界ははっきりしたものではなく、曖昧なんだ。その中に「泡」のように徐々に入り込んでいき、やがて完全に新しい領域に溶け込む。

　地球がこれらの高密度ゾーン、つまりバブルの一つを通過するとどうなるの？　と私は尋ねました。

　多くの地球人が恐怖を持って想像するような劇的な出来事に近いことは何も起こらない、とソーハンは答えました。知覚や意識の変化として現れるし、身体的な症状が出ることもある。心の準備ができている者は素直にその波に従うが、準備ができていない、それに抵抗する者は、肉体的、精神的な苦痛を受けることになる。視界が変わり、感じ方も変わる。特に、時間が速く感じられるようになる。でもね、ナタルの新しいエリアに入るこのプロセスは避けられないんだ。だから、地球人は、最大の抵抗である恐怖心を手放す必要があるのさ。

スペース X 社が打ち上げた40基のスターリンク衛星が、地上から撃墜された

2022年2月8日

　イーロン・マスクのスペースＸ社が打ち上げた40基のスターリンク衛星が、地上から撃墜されました。これらの衛星は、新しい量子インターネットシステムのプロジェクトの一部でした。

　以下、ソーハンの解説で、衛星がヨーロッパで今も活動するディープ・ステートの一派によって撃墜されたことが明らかになったので紹介します。

　　40基の衛星が太陽放射によって破壊されたことについてどう思う？　と私はソーハンに尋ねました。

　　言わせてもらうと、あれは宇宙からではなく、地上からの攻撃なんだ、と彼は答えました。この惑星の秘密組織の中には、軍事プログラムやハイブリッド兵器を持っているところがある。

　　ハイブリッド兵器って？

　　テラン以外の部品も含め、敵の技術をバック・エンジニアリングしたものさ。これはアメリカじゃなく、ヨーロッパ大陸から撃たれたものだ。この種の機器を持つ強力な闇カルトが存在する。

　　悪い地球外生物は全て地球からいなくなったのに、それでも人間のネガティブな組織が暗躍しているの？

　　そう、だから、私たちはそうした組織を倒す手助けをするのに全力を尽くしているのさ。

　マイケル・サラ博士の以下のリンクにある素晴らしい記事をぜひご覧ください。博士が実証的な資料を添えて事実を詳細に分析しています。

294

https://exopolitics.org/were-starlink-satellites-shot-down-by-the-deep-state/

太陽系は第５密度の周波数帯に入っているのにテラは混沌としている⁉

2022年7月5日

　以前にも紹介しましたが、ソーハンの案内でプラズマベルトの向こう側に行ったとき、私は太陽系のプラズマシールドの内側と外側の密度の違いを体感することができました。ソーハンは次のように説明しています。

　「太陽系は今、第５密度の周波数帯に入っている。この星系はすでに第５密度帯にあるけど、現在テラで起こっていることのために、私たちは移行をよりスムーズにしたいんだ。でないと、下界はあまりにも混沌としてしまうからね。私たちは周波数の上昇を自分たちで調整するのさ」

ソーラーフラッシュについて

2022年8月8日

　以前にも紹介したように、ソーラーフラッシュの潜在的脅威についての質問に対してウーナは次のように答えています。

　あなた方の太陽は変貌しつつありますが、それは、あなた方の太陽系が最近入った銀河（ナタル）の領域に適応しているのです。ここは、より高い周波数を持つ銀河系ゾーンです。あなた方の太陽系の周波数は、以前の侵略者によって下げられ、その後、銀河連合の優れた仕事によって解除されたため、周波数ショックを避けるために調整が必要なのです。しかし、あなた方の太陽はこの高い周波数の共鳴に反応し、変化を始めています。これは壊滅的な影響を与えませんが、様々な形で感じられるでしょう。星系のシフトは常に星から発生するもので、これは自然の法則です。過去に何度も、避難しなければならない事態が生じました。それはいつも戦争が原因でした。もしものときのために避難計画も常に用意していましたが、絶滅の危機は訪れないと断言できます。私たちは星や世界を創造し、生命の種を蒔き、ソースの意識そのものをフラクタル化し、それを惑星のマトリックスに埋め込んでいます。もしあなた方の星、ソル（太陽）が、必然的に私たちの最も輝かしい業績の一つであるテラのあらゆる生命体を突然脅かすものとなるなら、私たちはそれを防ぐでしょう。私たちにはそれだけの力があります。私たちには帝国を炎で包んだり消滅させたりする戦争を止めることはできませんが、星（太陽）を炎で包んだり消滅させたりする力があるのです。あなた方は安全です。

2022年8月28日

　宇宙人が月面基地を攻撃しているという噂を聞いた私は、ソーハンに質問をしました。ここでも「ヨーロッパ中心部」という彼の言葉を強調したのは、それが後に重要な意味を持つからです。

　私は何が起こったか知っている、とソーハンが私に答えました。あれはテラから送信されたホログラフィック技術だったんだ。ヨ

ーロッパ方面の中心からだ。彼らはステルス衛星を持っていて、私たちはいまだそれを見つける必要がある。

1年前に君が自分の目で見たときの繰り返しになるけど、ルナ（月）ではポータルは開いていなかった。ポータルの周波数キーは、銀河連合によってロックされている。銀河間連合が到着したとき、彼らはこの星系をさらに高い周波数でシールドしたんだ。敵は太陽系の外側にいるが、かなり離れたところにいる。彼らは戻ろうとしているが、まだ成功していない。私たちは、必ず彼らが戻らないようにする。

エイリアンによる侵略？

彼らの計画では、劇的な出来事に続いて、救出が行われるが、実はそれは人口の淘汰なんだ。しかし、そんなことにはならないだろう。

ソーラーフラッシュはどのような位置づけなの？

可能性は二つある、一つはバックアップ。どちらも準備はできている。

ソーラーフラッシュとエイリアンの侵略？

そのとおり。しかし、この星は周波数が変化しているけど、この太陽系の地球に有害な事象を発生させることはなく、それどころか逆の効果をもたらす。つまり、良い効果をね。邪魔な物だけを一掃する効果。死ぬ者は誰もいない。それはもう始まっていて、ディープ・ステートによる恐怖支配計画とは何の関係もないんだ。テラの人々は、これらの物語を導いていのが誰かわかるさ。

黒幕はベネチアン・マスカレード・マスクをしたヨーロッパの人々?!

2022年8月30日

2022年8月30日夜、ウーナから強力な映像を使って連絡がありました。ある都市が、長い触手を生やした巨大な円盤型の宇宙船に襲われていました。住民は恐怖のあまり逃げ惑い、それは私が想像したこともないような最悪の混沌とした映像でした。やがて、光が変わり、宇宙人の攻撃者は半透明になり、その映像が人工的なホログラムの投影であることが明らかになったのです。空はカーテンのように開き、その奥に長いくちばしのついた白いマスクをつけた集団が映し出されました。この瞬間、私の頭の中でウーナの声がしました。

「黒幕を探すのです」

そして、その映像が閉じ、コミュニケーションが終わったのです。これらの登場人物が同じ種類のベネチアンマスクをつけていることははっきりわかりました。1938年に悪ふざけで放送されたH.G.ウェルズの「宇宙戦争」も、訓練か、あるいは人々の騙されやすさを試すためのものだったのかもしれません。インターネットで「ベネチアンマスク」の画像を探しました。すると、ある写真が出てきて、それを見た私は心底ゾッとしました。

これは、私の視界に映った人物たちがつけていたマスクと全く同じものです。医者やパンデミックを暗示しているのでしょうか？

18世紀に仮面が登場した時点では、仮面は主にエリート貴族が着用し、カーニバルの祭典に匿名で参加し、身分を明かさないというものでした。ここでは、仮面をつけた人を匿名にすることが主な目的です。私はすぐに北イタリアのビルダーバーグ・グループのことを思い浮かべました。

ベネチアンマスカレードマスク姿の「ペスト医師」。「医師」はあなたを待っている

　　ソーハン　2022年2月8日：「これはアメリカからではなく、ヨーロッパ大陸から撃たれたものだ。この種の機器を持つ強力な闇カルトが存在しているのさ」

　　ソーハン　2022年8月28日：「これは、テラから送信されたホログラフィック技術だ。ヨーロッパ方面の中心からだ」

　　ウーナ　2022年8月30日：ベネチアンマスクをつけたエリート集団を見せられ、「黒幕を探すのです」と言われました。

　ソーハン・エレディオンとウーナの情報では、イタリア北部の暗黒カルトと関わりのある強力なエリート集団が、地球外の先端技術を使い、地上からの衛星を停止させ、ホログラムによる幻影を月まで送信することができるということです。この幹部組織は、ビルダーバーグ・グループなのでしょうか？

　ソーハンが示した「1947年」という年が、偽旗の宇宙人侵略計画が公式にたてられた実施された時期であることを考えると、ビルダーバーグ・グループ、CIA、MJ12の間にどんな関連性があるのでしょうか？

　ウーナからの映像を考えると、ベネチアンマスクはある地域を指しているだけでなく、疫病やパンデミックの時期をも表しているので、今まで起きていたパンデミックは広い意味で、ソーラフラッシュの恐怖や地球人類滅亡や偽旗のエイリアンによる侵略計画の一部なのでしょうか。

　私には、これらの邪悪な計画が崩れ去り、私たちは皆大丈夫だと強く信じるに足る理由があるのです。なぜかわかりますか？

　知識は力だからです。

第8章

残された贈り物

　太陽系にレプティリアンの仲間と共に居住していた暗黒艦隊の分派である退行グレイとその同盟軍は、2021年前半にアライアンス軍によって一蹴されました。まず、地球アライアンスの地上軍による地球地下深部軍事基地の掃討と同時に、地球アライアンスの宇宙軍と銀河連合によって月と南極大陸が解放されました。地球と宇宙（太陽系）の両方で暗黒艦隊は大敗し、その結果、ネブは月を失うという苦い結末を迎えました。この月を巡る戦いがいかに過酷なものであったか、私はよく覚えています。続いて戦いの場は、火星とその惑星、そして、小惑星セレスや小規模な場所へと移っていきました。

　これらの勝利は、2021年7月の木星協定、2021年10月の木星スターゲイトを介した銀河間連合の到来につながります。事態は急速に進展していきました。これと並行して、太陽系を離れようとした最後のネブ・グレイが罠にかかり、エバンとマイトラの士官が数名捕らえられました。これらの作戦については、前著『この惑星をいつも見守る心優しき地球外生命体たち』で詳しく述べています。つまり、ある時点でタイムラインは、私たちの星系の未来にとって前向きで進歩的な結果に向かって収束したのです。このとき、敵は地雷原を用意し、それを残していきました。こうした有害な別れの贈り物は、一般に大きく三つに分類されます。

プログラミングされて「トロイの木馬」に仕立て上げられた人々

　敵は長い間、「プロジェクト・ルッキング・グラス」のような地球外テクノロジー装置を使って、様々な結果を予測することができました。最近、私たちの太陽系を去る前に、他にもう選択肢がないことを知っていた敵は、（数年前から）スピリチュアル・ムーブメントの一員であった数人の個人にインストールされた「トロイの木馬」プログラムを残していきました。彼らは、適切な時間に同時に起動するように設定された時限爆弾を残していったのです。私たちは、それに引っかからないよう、非常に注意深く警戒しなければなりません。これらの巧妙なプログラミングは、MK ウルトラの技術を使って行われましたが、これには身体に技術を埋め込む必要はありません。そのため、カウントダウンが終了し、プログラムが起動するまで見つけることができないのです。

　彼らは通常、子供を誘拐し、精神が破壊されるほど解体するほど拷問にかけ、それからプログラムをインストールします。そして、その子供は記憶を消され、よくあるように偽の記憶を植え付けられた状態で、「普通の」生活に戻されることになります。これはよくあるやり方です。自分の嘘を信じている嘘つきほど、優れた嘘つきはいません。彼らは、背後に隠れた闇の組織によって支援され、人気者となり、多くの聴衆から信頼を得ることができるようになります。検証可能な情報を与えられ、時期が来て、偽の、操作されたシナリオでプログラムが起動するまで、それを繰り返し口走ることになります。

　これらの人々は、実は犠牲者なのです。ライトワーカーや「真実を語る人々」のグループに潜入させられます。また、影響力のある善良な人物をターゲットにして、その信頼を得、個人情報を収集し

302

てから、彼らの信用を落としたり、彼らを脅迫したりするよう仕向けられているのです。これらのプログラムされた人々は、非常に好感が持て、友好的に見えるので、たとえ彼らが闇側についていると分かったとしても、その事実を受け入れることが非常に難しくなります。彼らは人気者になりすぎたのです。

幾重にも張りめぐらされた「ディープ・ステイトの心理作戦」を見破るためには

　これらは一般的に、敗れた敵が残した有害な贈り物ではなく、数十年前に CIA とその仲間たちが考案したプログラミング作戦です。これらの作戦の狙いは、人々の関心を様々な紛らわしい偽物の物語に向けさせ、混乱を広げ、人々の心と行動力を散漫にさせることにあります。ソーシャルメディアを通じてこれらの作戦の結果を観察すると、私は「分割と統治」、「サイコパス」という二つの主要な傾向に気付くことができました。

　古典的な分断と征服の戦術が何世紀にもわたって使われてきました。ディープ・ステートが最も恐れているのは、人々が団結することです。多くの場合、ことによって主流メディアを介して情報を操作するこうした戦略は、人々の意見を分断することを目的として偽の問題を提起し、ディープ・ステートが通常通りのビジネスを続ける間、誰も正しい方向を見ていない状態で群集の気持ちを煽ることになります。

　マイノリティを操るのはとても簡単です。最初に紛争が起きる絶好の場を作り、あとはそのきっかけを与えるだけでいいのです。「ウォーク・ムーブメント（目覚めよ運動）」もまた、大きな「分割と統治」の戦術であり、おそらくあらゆる社会的プログラミング

の中で最も成功したものだと私は考えています。これは基本的に、人々がお互いを取り締まり、検閲するように仕向けることで成り立っています。ポリティカリー・コレクト／キャンセル・カルチャー／ウォーク・ムーブメントは非常に巧妙にできています。言論の自由を奪い、情緒的に最も弱い者を最も獰猛なゲシュタポの工作員に仕立て上げるのです。ディープ・ステートは犬を解き放つ必要はなく、人々を互いに軍用犬となるよう仕向けるだけでいいのです。

　このような操り人形、特に若者が使う、「そんなこと言ってはいけない」／「気分を害した」／「あなたの意見は私の感情を刺激する」などといった全く同じ言葉、文章、そして前提条件となる答えに気がつくと、何とも不安な気持ちになります。

　このような社会的なプログラミングは、プロの心理学者が煽ったものであることがすぐに分かります。興味深いことに、人々はクロイツフェルト・ヤコブ症候群のあらゆる症状を見せます。彼らは人に向かって叫び、人より自分の方がよく知っていると主張し、他人より抜きん出るために、彼らに関する全てのことを批判し始めるのです。落ち着くよう言われると、彼らはさらに大きな声で叫びます。より良い方法を示されても話を聞こうともせず、相手に話をさせようともしません。どんな説明をしようとしても激しく妨害するだけです。そして、自分はそうではないと頑なに主張しながら相手のことを頭が固いと罵るのです。このような人を相手にするのは残念ながら無理です。食べ物や水や空気に撒かれた化学物質もどこまで関係しているかは分かりません。いずれにせよ、それですぐに思い出すのは、ネブやシカールや他の退行した地球外生命体が世界を征服するときに行うやり方です。彼らは地元の人々が自分自身を自動検閲するよう教育し、奴隷使いをしつけて自身のためにそうした人々の世話をさせるのです。

ディープ・ステートの心理作戦としての「ア シュタール」、「サナンダ」、「サンジェルマ ン」など

　二つ目のカテゴリーは、一般に「サイオップ」（サイコロジカ ル・オペレーション）と呼ばれる心理作戦です。その目的は、分裂 を引き起こし、相手の注意をそらすことです。その一例として、 CIA がニューエイジや UFO のコミュニティに潜入するため、非常 によく練られたシナリオを作りました。そこは、大いなる目覚めと 情報開示のための「グラウンドゼロ」であるため、危険な場所なの です。目覚めた人々が団結すれば、ディープ・ステートにとっては 「ゲームオーバー」となってしまいます。こうした偽のシナリオを よりよく定着させるために、CIA は外見的に魅力のある人、宗教 的人物、神話などをハイジャックしました。こうした心理作戦のヒ ットパレードには以下のようなものがあります。

　フラットアース理論。さあ……こんなくだらないものに時間を無 駄にしました、私たちは無知の暗い中世には二度と戻りません。

　アシュタール、サナンダ、サンジェルマンなどの偽の「宇宙の支 配者」──退行的な地球外生命体とディープ・ステートだけが、自 分たちを優位に立たせるためにこうした肩書きを使います。ポジテ ィブな地球外生命体は、私たちが彼らより劣っていると考えたり、 彼らを崇め、理想化したりすることを少しも望んでいません。彼ら は決して「何々の主」として私たちに姿を見せることはありません。 これまで何度も説明したように、アシュタールには「アシュタール 同盟（闇側）」と「アシュタール銀河司令部（光側）」という二つの 組織があります。最近では、後者は自分たちの意思で地球人と直接

コミュニケーションをとることはありません。1977年のヴリロン
のテレビ演説や、ごく少数の個人のコンタクティなど、例外はあり
ますが。アシュタール銀河司令部は、銀河連合に所属する軍事傭兵
組織です。木星の大気圏上層部に「シャア」（惑星都市）と呼ばれ
る巨大な前線基地を持っています。

光の銀河連合という組織はありません

「光の銀河連合」について。少なくとも私が知る限り、銀河系で
「光の」「闇の」と名乗っている組織はありません。銀河連合の本当
の名前は「オララ・ナタル・シャリ」と言います。私たちはここで、
この三つの概念を、異星人の言葉から英語などの地球言語に翻訳し
ようと思います。

　　オララ＝個々の元素が合体して形成されたグループを
　　ナタル＝私たちの銀河の名前
　　シャリ＝世界、惑星、文明

　その考えを最もよく表している訳語が「銀河連合」です。しかし、
「連合」ではなく、「銀河系惑星連合」、「ナタル世界連合」、「コンフ
ェデレーション」または「スーパーフェデレーション」などという
訳語も見受けられます。本物を語るには、1）銀河系、2）集団の
概念、3）惑星の文明が表現されていなければなりません。「光の」
は誘い文句です。

　その他、太陽フレア、隕石、宇宙人襲来などのパニック系の話は、
「エイリアン」「イエス」系の救済物語と同様、ネガティブなETの
作り話です。

地球乗っ取りの危機！ ネブによって大量生産されたグレイ・ハイブリッドの脅威

　ネブ・グレイは最悪な欺瞞者ですが、非常に重要なことを私たちは知る必要があります。私たちが再び彼らを迎え入れなければ、彼らが戻ってくることはないということです。私たちの同意がなければ、彼らは無力なのです。

　私たちは彼らよりも強いので、そのことさえ知っていれば、これまでずっとコントロールできるはずだったのです。2022年２月、私は最高司令官アルダーナからメッセージを受け取り、それを公表するように言われ、その時はそうしました。

　　　「贈り物を持ったグレイには気をつけなさい。
　　　　たとえうまく包装してあってもです。
　　　　人類の未来は、100％自分が担うのです。
　　　　　未来から来たと見せかけた
　　　グレイ・ハイブリッドを歓迎してはいけません。
　　　これは、1954年に使われたのと同じ手口なのです。
　彼らはハイブリッドを操作するために、そしてあなたの同意という
　永遠のトリックを使って、こっそり戻ってこようとするでしょう。
　　　　これは罠です。繰り返します。これは罠なのです」

　1955年、（アイゼンハワー大統領の背後で）MJ12とネブが公式に接触し、協定を結んだ年から、私たちは教訓を得ました。彼らは、世界を侵略しようとするときにはいつもそうするのですが、住民の同意を求めます。彼らはまず、自身に従属するゼータ・レチクルの小さなグレイを送り、助けを求め、自分たちの種族が絶えつつあるゆえ、自分たちと人間のDNAが一致すると言われているからサン

プルを集めたい、と。そのために人間を誘拐する地球の指導者の同意が必要だと言ってきたのです。ある集団の遺伝子のサンプルを得るには、男女それぞれから１人ずつのサンプルが必要なだけです。地球上では、たった２人です。数百万人も必要なわけではないのです。さらに説得力を増すために、彼らは時々、未来から来た私たちのふりをします。グレイは昆虫類・爬虫類系のゲノムをベースにしています。コオロギやトカゲがどうして猿の子孫になるのか、考えてもらえれば分かるでしょう。

1955年にネブと影の組織の間で交わされた契約書では、彼らを受け入れ、彼らに地下施設を与えることを認めています。その契約条件の一つに「私たちはあなた方に干渉しないから、あなた方も私たちに干渉しない」というのがあります。囚人や精神病院の中から選ばれたとされる「数少ない」拉致被害者は、あっという間に指数関数的な数に上りました。

契約が締結されると、「ボス」たちが動き出してしまいました。ベテルギウス・エバン率いる「オリオン・ネブ」とその仲間である「メイトラ」「マイトラ」「キリー・トクルト」です。時すでに遅し、ゲームオーバーでした。地球人類は二度とこのような罠にははまってはいけません‼

この罠は今また、はるかに巧妙かつ違うやり方で私たちに提示されていますが、それは「同じ」トリックであり、「同じ」人々がやっているのです。正面ドアをロックしながら、窓を開けて彼らを入れることに等しい行為です。エバンとネブ軍は最近この太陽系から追い出されましたが、彼らは繰り返し戻ってこようとするでしょう。彼らにとっては利害が一致しすぎていて、手放せないのです。

銀河連合のおかげで、彼らは物理的にこの太陽系に戻ることはで

きませんが、過去数十年にわたって狂ったように繁殖させてきたハイブリッドの仲介によって、私たちを騙すことはできます。武力ではなく、私たちの代わりに子宮に侵入して侵略するのです。このハイブリッドは地球人ですが、ネブの魂も持っています。つまりオリオン・ハイブとつながっているのです。私たちは今、グレイ・ハイブリッドが未来から来た私たちの子孫だから、愛を持って歓迎するようにと「同じ」トリックに直面しているのです。これが罠なのです。もう分かっていただけたでしょう。

　彼らは何百万もの女性を誘拐し、船上でグレイとの子供を産ませ、虐待してから彼女だけを地球に戻します。つまり、繁殖用の家畜のように利用しているのです。そしてある日、彼らは感情的な絆を築く目的で、ごく短時間ハイブリッドの子供を1人、彼女たちに見せます。そして、それを奪い取ってしまうのです。こうした母親は心が痛むような極端な感情や痛みを経験し、ハイブリッド子供と再び会うことを切望するようになるのです。こうして、女性たちは、これらハイブリッドを迎え入れるために利用されるのです。こうしたやり方がいかに卑劣で邪悪なものであるか。ハイブリッドの子供には個々の魂はなく、ハイブとしての意識があるだけです。一度彼らを迎え入れたら、彼らはそこから離れません。

　ここで理解していただきたい非常に重要な点があります。グレイ・ハイブリッドを私たちの社会に迎え入れることに同意してはならないのです。いったん彼らが同意を得れば、普遍的な法則により、銀河連合にできることは何もないのです。私の仕事は警告することです。このハイブリッドは地球の人間に取って代わるためにネブによって大量生産されました。そして、彼らはただ歓迎されるのを待っているのです。グレイを追い出すのは並大抵のことではありません。ですから、彼らを迎え入れてはならないのです！　彼らは武力

でこの世界を征服することはできないので、自らを再び繁殖させるべくハイブリッドを準備しているのです。

　グレイは人を欺くのが「得意」なので、騙されないでください。同意を与えないでください。これは非常に重要なことです。彼らの見分け方や偏執狂的な態度について言っているのではありません。そう、これはメッセージではないのです。彼らが誰であろうと、どんな姿をしていようと、どんなくだらないことを言おうと、彼らを迎え入れることに決して同意してはいけないということだけを知っていればいいのです。私はこのことについて、しばらく前から警告してきました。判断力を駆使するのです。この惑星、地球の未来はグレイではなく、人類にかかっているのですから。

プライム・ディレクティブ（最優先指令）が修正され、銀河連合が介入できるようになった！

　2022年 5 月18日、私はある船に招かれ、銀河連合最高評議会のメンバーと会いました。そこで私は、「プライム・ディレクティブ（最優先指令）」が修正の最終過程にあることを聞かされました。ネブ・ハイブリッドの問題に終止符を打つようになる具体的な条項が入った文書が作成される予定です。

　進化の普遍的法則は、「プライム・ディレクティブ（最優先指令）」の根幹をなすもので、「進化は自由意思である」と規定しています。それは、生きとし生けるものの自由な決定の主権に関わるものです。これを妨げてはなりません。進化のためには、外部からの影響を受けずに自分の心から行動しないといけません。銀河連合が「偉大なる進化の法則」の大前提を維持しつつ、この新しい条項をどのように追加するかを決定するのに、銀河系という大きなスケー

ルでは時は相対的なものなので、何カ月も、あるいはもしかすると何年もかかりました。

　以下に掲げるのは、私が銀河連合の最高評議会のメンバーから聞いた話です（「銀河系評議会」の章を参照）。

「ネブ・アジェンダの最終段階に対抗し、それに終止符を打つため、プライム・ディレクティブの一部が改正された。ステージ１またはステージ２にある種族は、外部の脅威的な存在によって、不利益になるようなことを強制されない限り、宇宙法則によりその種族の自由意思は認められる。しかし、そうでない場合は進化の普遍的な法則から、それは干渉とみなす。強制された決定は、たとえそれが自由意思のように見えても、そうではない。その強制が、進化が劣るステージ１やステージ２の文明に不利益を与え、自分たちの利益のために働く、地球外の侵略的な干渉から来た場合にのみ、普遍的法則とプライム・ディレクティブに違反するのだ」

　銀河連合最高評議会代表が上記で引用・解説した #IX に修正された公式テキストは以下のものになります。

「ステージ１またはステージ２の惑星文明の自由意思は、進化の普遍的法則に従って働くが、それは外部の源から強制されたり、影響を受けたりして、進化の劣る文明に不利益を与えていない場合である。進化が劣る文明に自由意思を操作することは、より大きな普遍的な進化の法則に関して無効となる。この場合、『プライム・ディレクティブ』では干渉と見なされ、銀河連合は介入する権利を有する」

　この改正は基本的に、決断が自身のものではなく、地球外生命体

に操られ、彼らに利益をもたらし、こちらが身を滅ぼすような決断を迫られた場合、これは罰せられる干渉であり、銀河連合はこれに介入する権利を有するというものです。グレイがこれまで散々やってきたことなので、この改正は必要なものでした。銀河の規模では、全員が同意しなければならないので、法典を変更するのに時間がかかります。銀河間連合の登場は、そのバランスにプラスに作用しました。この問題を審議するために、大きな会議が開かれたことは知っています。銀河連合の最高評議会を訪問したときのことは、本書の「銀河系評議会」の章で詳しく説明します。

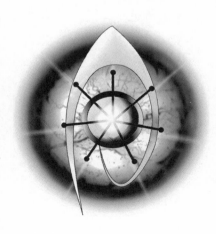

第9章

地球派遣プログラム

ヴォイドを支配するものは、多次元宇宙全体を支配する——それこそが「オリオン戦争」の目的だった！

はるか昔、銀河連合が誕生する前、オリオン座は比較的平和で、何千もの世界と多種多様な文明が共存していました。豊かさと富はしばしば他者の羨望を集め、例えば私たちが「トールグレイ」と呼ぶいくつかの種族がこの地域で存在感を増していました。

トールグレイは団結し、宇宙のこの地域の植民地化を目指し、互いが同盟を結ぶことで、より効率的で強力な軍事・技術的パワー構造を実現できることを理解しました。このトールグレイの連合は、M42星雲にあるトラペジウム星団のスターゲイトに目をつけていて、それは「宇宙の光（ウル・アン・ナ）」と名付けられていました。この名前は、後にオリオン座全体を特定することになります。この壮大な星雲に、なぜアヌンナキ族の言語であるアナク語の名前があるのでしょう？　それは、アヌンナキが最初にこの星雲を所有したからです。なぜこのポータルは特別で、銀河系がその暗黒の瞬間として永遠に記憶する戦争を始める価値があったのでしょう？　この銀河系には天然と人工のスターゲイトが多数あるにもかかわらず、なぜこのスターゲイトが特別なのでしょう？

　トラペジウム・スターゲイトは、実際には非常にユニークです。それは、他のポータルではいけない場所に行けるダブル・トロイダル渦になっているのです。その構造上、時空の構造を歪め正しい鍵を持っていれば、そこから飛び出すこともできます。時空を超えて、「ヴォイド」と呼ばれる場所へ行けるのです。「ヴォイド」を支配する者は、多元宇宙全体を支配することになります。それこそが、オリオン戦争の目的だったのです。卑劣なオリオン戦争があれほど長く続いたのは、そういうわけです。

　オリオンのトールグレイ種族はそれぞれ独自のハイブ意識構造を持っていましたが、後に地球規模のハイブ集合体として統合されることになります。これが、ネブがオリオン・ハイブ・コレクターと呼ばれる所以です。オリオン・ハイブ・コレクターは、「マスター」「ドメイン」「ドミニオン」のいずれかに訳すことができます。

ワクチンに含まれる AI 寄生虫が電磁場（EMF）の活性化を通じて、人類をオリオン・グレイのハイブ・クイーンに接続することになっていた！

　ベテルギウス星のエバン族、ミンタカ星のグレイル族、ベラトリックス星のインドゥグトゥック族という、最も技術的に進んだ者たちがネブを率いていました。エバン族は帝国の最高責任者となりました。また、ゼータ・レチクルのクローグ星人や白鳥座のソリプシ・ライの一派など、異なる種族のスモールグレイがオリオンネブ帝国に吸収され、使用人として使われるようになりました。具体的には、ゼータ・エクスログとの違いとして、ソリプシ・ライはハイブ・コンシャスネスとして機能していません。しかし、ネブでは遺伝子改造を行い、ハイブ・マザー（ハイブ・クイーン）と接続させるため、

宿主生物に人工ナノボットを注入しているのです。これは、彼らが2021年に地球で実施し始めたもので、「注射」に含まれるこの小さなクモ型の人工生命体がそうです。これらの AI 寄生体は、電磁場（EMF）の活性化を通じて、人類をオリオン・グレイのハイブ・クイーンに接続することになっていました。ネブの作戦は銀河連合によって打ち切られました。

　しかし、話をオリオン座に戻すと、成長したネブ帝国が攻撃モードに切り替え、次々と世界を征服し、住民を奴隷にし、あらゆる資源を略奪し、オリオン大星雲の周辺を支配し、行く手にある全てのものを破壊または同化することで大星雲に向かって進行していったときに、大きなトラブルが発生したのです。当時、ネブを撃退できる軍事力を唯一持っていたアヌンナキは、とっくにいなくなっていました。

　ネブ帝国の脅威にさらされた住民たちは、抵抗するために連合を結成し始めました。この連合はアルニタク星系、ベテルギウス星系、メイッサ星系を中心としたものでした。反乱の火がついたのは、エバンの故郷であるベテルギウス星系です。そこにはある文明がありましたが、住民の反抗に対する見せしめとして、エバンによって惑星が爆破されました。しかし、その惨状を目の当たりにしても、生き残った反抗者たちの心は折れませんでした。

　この反乱軍の獰猛な小集団は、「将軍」として記憶されたアカンと呼ばれる戦争指導者の下で、オリオン座全体（そこには多くの惑星があります）で自分たちの大義のために結集しました。こうして「ブラック・リーグ」は誕生したのです。

　反乱軍の巧妙さと回復力に驚いたネブは、オリオン座の外の好戦的な種族と協定を結び、「スーパー・スターゲイト」の共有を約束して彼らを誘惑し、「オリオンの6種族同盟」を作り上げたのです。

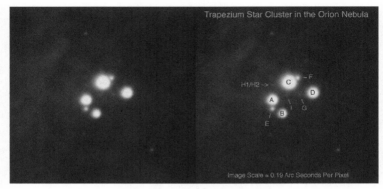

トラペジウム星団、オリオン座 M42星雲。

アンドロメダ銀河のマイトラ、ヴェラ座のキィリー・トクールト、そしてシカール・レプティリアンの3種族が同盟に加わりました。また、この新連合には、有名なアルタイル共同体やシリウスB星系のアシュタール共同体を筆頭に、多くの組織が参加しました。ネブの戦争本部と作戦司令部はリゲル星系に置かれ、そこでクローン軍を育成し、軍事資源を集中管理したのです。

　私たちの直線的な時間に対する認識からすると、オリオン戦争がこれほど長く続いたという事実は興味深いと思われます。ただ、もっとよく理解するには、ほとんどの先進文明がタイムトラベル、あるいは「時間曲げ」技術を習得していることを知る必要があります。そうした先進文明は過去にさかのぼって戦いの結果を変えることができ、それが非常に厄介な紛争へと発展し、長時間続くことがあるのです。こうして、彼らはお互いに戦争をし、長期間紛争を続けるのです。地球上で異なる ET の派閥の間で起きている長い紛争は、その良い例です。

戦場と化したオリオン座で長老たちが９種族評議会を組織し、事態の収拾をはかる！

　事態はとてつもなく過熱し、オリオン星雲一帯が戦場と化しました。その時、ブラックリーグに呼び出され、さらに戦争に手を貸すことになったが、九つの進化した文明を集めた古代アルニラム評議会でした。アルニラム評議会とは、ネブが勢力を拡大するはるか以前、エルマヌク族がアーダマン星から作り上げた、アルニラムを拠点とする超古代の賢人会議です。この長老の集まりは「９種族評議会」と呼ばれ、メンバー全員がすでに進化の過程でより高い存在の密度に達していたため、ネブの手が届かなかったのです。

　エルマヌク族、ギンヴォ族、エメルテル族、エガロス族、レダン族、オレラ族、マーヴォ族、その他、絶滅した２種族など、精神的に非常に進化した９種族の文明の代表者が集まった平和主義の組織でした。彼らの目的は、銀河系のこの地域の平和を維持し、この場所の周波数をある閾値以上に保つことでした。早くもネブの状況に圧倒されたオリオン座９種族評議会は、度重なる困難に耐えました。また、彼らはブラックリーグの反乱軍に戦闘の霊術を訓練することを決め、アルクトゥールズ出身のオホライ族が生み出した、「ジェダイ」の術に酷似した技である「ドーミ・ドールー」を導入しました。実は、『スター・ウォーズ』というソフト・ディスクロージャー映画に影響を与えたのは、このオリオン大戦だったのです。

オリオン戦争、ブラックリーグ、5種族評議会、地球派遣プログラムとは？

　心配されるネブ帝国の拡大について、エルマヌクは9種族評議会の活動範囲を銀河系全体に拡大することを提案しました。この宇宙の密度をより早く上げるために、時空間のz周波数だけに働きかけるのではなく、オリオン座の9種族評議会が銀河中のネブに対する他の抵抗勢力を訓練することを提案したのです。マーヴォ族はこの決定に同意せず、さらなる争いが助長されることを恐れました。マーヴォ族は他の2種族のメンバーと共に評議会を去りました。しかし、この提案は評議会の創設者である古代エルマヌクによって承認されたのです。そして、エガロス族が、今日まで「5種族評議会」として知られている評議会の責任者になりました。

　一方、トラペジウム星団を支配したネブは、同星団を現地の聖杯言語である「キューブ」を意味する「カーバ」と改名しました。この名前は今日に至るまで、銀河系に恐怖を与え続けています。ネブはそこに、AIに似た超意識である「『ハイブ・クイーン』につながる統一されたグレイ・ハイブ・コンシャスネス」の中枢を据えました。ブラックリーグは残念ながら敗退しましたが、それは単に見せかけに過ぎませんでした。ブラックリーグの残存メンバーのほとんどは、最近任命された5種族評議会の新プロジェクト「地球派遣プログラム（エンヴォイ・プログラム）」に参加することになったのです。

　地球派遣プログラムは、ネブの計略に対する最も巧妙な反撃策でした。このアイデアを思いついた人たちは、非常に優秀でした。地球でいち早くこのプログラムに参加したのは、ブラックリーグの総

帥であるアカン族であり、彼らは軍隊の到来に備えることを誓いました。もし、ネブを軍事力によって物理的に止められないのであれば、ネブが弾圧している民衆は立ち上がるための支援を受けることができるのです。ちょうどその頃、銀河連合が結成されました。銀河連合は、5種族評議会と共に、この銀河の住民を保護し、勢力の均衡と正義を守るために働いています。この銀河系のあらゆる組織と同様に、両組織は自由意思の普遍的法則、すなわち外部からの脅威がない限り、種の自由な発展には介入しないという倫理観に支配されています。銀河連合は、この自由意思の普遍的倫理を法的に保護する、「プライム・ディレクティブ」と呼ばれる非常に厳格な法律を制定したのです。

　彼らは銀河連合の管轄下にないものの、5種族評議会は依然として自由意思の普遍的法則を尊重していますが、銀河連合よりも行動の自由度が高いのです。5種族評議会によって作られた地球派遣プログラムは、ネブ、6種族同盟とそのパートナーへの隷属や精神的麻痺、弾圧から人々を目覚めさせるために、幾世代にもわたって、この惑星に転生するボランティアを地球に送り込んでいます。この

オリオン座5種族評議会のロゴ

プログラムは、この基準に応えた全ての世界にも提供されます。オリオン戦争でブラックリーグの一員として戦った人々の多くが、今この地球で、その任務をやり遂げようとしています。その他にも、5種族評議会が呼びかけた後、この銀河の様々な場所から多くの特使がやってきました。

魂の故郷・惑星マトリックス、スターシードについて、また、地球への転生に求められる特別な血統とは？

　このテーマに取りかかる前に、かねてご存知のとおり、忘れてもらっては困る基本的な知識があります。私たちは皆、ソースのフラクタルであり、惑星のマトリックスに種が植え付けられた意識が起源です。生命を維持するそれぞれの惑星には、一般に惑星マトリックスと呼ばれるものがあり、全ての生物を結びつけています。また、生命を維持する各惑星には、意識が発展・成長するエーテル層があり、鉱物、植物、動物など、あらゆる物質の状態を体現しています。このエーテル圏は惑星のマトリクスと相互に依存していて、種となる意識が成長を経験するのは同じ惑星のマトリックスの中なのです。

　ある意識（イズビー）が十分に成熟して、自分の経験の場を広げ、他の世界や別の惑星のマトリックスに転生したいと思うようになったとき、第2段階に到達します。これが「スターシード」です。第3段階は、意識・魂（イズビー）がもう転生しないと決めて、ソースの中に織り込まれるときに起こります。「スターシード」という名前は、個人的な理由で別の惑星のマトリックスへの転生を経験することを選んだ全てのイズビーに適用できます。この決断が特定の使命を持った共通の計画の一部である場合、スターシードは「エンヴォイ（派遣者）」と呼ばれます。

　私たちの魂の故郷は、種となる意識が植えられ、成長した惑星のマトリックスです。

　初期のエンヴォイは、過去から地球に送られ、「スピリチュアル」または「アセンデッド」マスターと呼ばれ、地球人が無知にされた暗黒時代から抜け出すのを助ける責任と使命を負っていました。何度かは成功しましが毎回ではありません。メッセージが強く、支持者が多ければ多いほど、権力者たちからの攻撃は激しくなります。戦争や迫害が増えました。そこで、以前より力を入れ、より良い計画を立てることにしたのです。それは以下のようなものでした。

　第一波は1960年代、この惑星が最も暗い時代に入った直後にやって来ました。軍産複合体とネブとの間で、人類を銀河の奴隷商人と力に物言わす地球外帝国に売り渡すという、言いようのない協定が結ばれたのです。全てが変わりました。これに対し、人類の同盟国は、地球人類の防衛を支援するプログラムを開始しました。地球外生命体の魂を地球人の体に転生させる大規模な「地球派遣プログラム」が全力で勧められました。しかし、それは無作為に行われたものではありません。転生する種族ごとに、DNAの周波数の一致が要求されたのです。周波数の高い地球外生命体ほど、人間の器を特別に準備する必要があったのです。DNAを活性化することで周波数を高めることができるような特別なDNAを持つ血統が必要で、即時かつ将来の転生のためにそれらの血統が求められました。

　まず、受け入れ側の血統は、転生する存在と最低限一致する周波数の比率を持つ必要があり、これはDNAを介して行われます。DNAが一致する最低の割合とは、例えば、エラヘル星の魂のマトリックスからの魂は、アヘルの遺伝子を十分な割合で持つ生物体に

転生しなければならないことを意味します。

　DNA には周波数があり、肉体と転生する魂との間に共鳴がなければ、錬金術はうまくきません。このプログラムのために選ばれることはない、熱帯雨林や遠隔地いるごく少数の小さな部族を除いて、私たちは皆ある時点でエイリアンとのハイブリッドなのです。エンヴォイ、またはより一般的に「スターシード」と呼ばれる人たちは、子孫がすでに同じ種のハイブリッドである血統に転生しなければなりません。例えば、プレアデス人のアヒルは主にスカンジナビア人の血統に、タウ・セチ星人のアラマニはインド人の血統に転生することになるのです。

　DNA が一致しないと周波数がロックされず、宿主の身体も存在も苦しむことになります。DNA は周波数の記憶を持ち、いったん活性化されると、その可能性を次の世代に伝えていきます。ですから、5 種族評議会は、エンボイがこの惑星に転生できるよう、こうした特定の血統を強化し、活性化する驚くべき作業を行ってきました。

私たちは皆、異星人とのハイブリッド。血液型Ｏは、アヌンナキがもたらしたもの。私にはエガロスの DNA がある

　メラニン色素を持つ人々が、なぜ地球外生命体によって、ハイブリッド計画のために誘拐されることが少ないのか、考えてみてください。その理由は、彼らの方が遺伝物質を持っていないからでしょう。アヌンナキの植民地化に言及したシュメールの石碑に記録されているように、この惑星で最初に発達した人類の集団は非常に黒い肌をしていたと推測することができます。これらの初期の文書には、

アヌンナキが「ブラックヘッド」と呼んだ先住民のヒューマノイド集団が記されています。効率的な奴隷労働資源を製造するために、アヌンナキはこうした先住民の遺伝子を混ぜて、彼ら自身のDNAと交配し、「強化された」新しい生物を作りました。これら最初の人間のハイブリッドは、彼らの管理者によって「アダム」と名付けられました。

　メラニン色素の強い人々が本来の地球人かもしれませんが、そのような純粋な地球人の血統を持つ人は極めて少ないのです。私たちの祖先の様々な人種は、時間の経過とともに交配が進みましたが、その歴史の過程で異なる地球外生命体が何度か地球を訪れ、私たちの遺伝的特性が抑えられたという事実も考慮しなければなりません。つまり、結局のところ、かなりの割合で、ごく一部の遠隔地の人々を除いて、私たちは皆、異星人とのハイブリッドなのです。

　しかし、地球外生命体の強い遺伝子を持つ特定の血統は、肯定的な地球外生命体と退行した地球外生命体の両方にとって、異種交配に最適な候補となりました。血液型もまた、地球外生命体の遺伝子を識別する鍵として、方程式に組み込まれています。DNAは独自の周波数コードを持っており、それを検出することができます。例えば、血液型Oは、レプティロイドグレイ種族（見た目は人間ですが）であるアヌンナキがもたらしたものであり、タンパク質（Rh）Dは他の種との交配互換性のために加えられたものです。こうした点については、私の最初の著書『【イラスト完全ガイド】110の宇宙種族と未知なる銀河コミュニティへの招待』で詳しく説明しています。遺伝子のサインは正確な周波数コードを生成することが分かっているので、適切な検査機器さえあれば、それを測定することができます。私は「5種族評議会」の船上でこの装置の一つを見ました。半透明の壁に面した台座に設置された円盤状のキーボ

ードがそれです。

　その船で何かを活性化するには正しい DNA のシグナチャーが必要で、それは私に同行したソーハンのためにもなったのです。私の体にはエガロスの DNA がありますが、笑えてしまいますが、ソーハンの体にはないので、彼の前で自慢してしまいます。

　アナックスが装置の中央のハーフドームに手を置くと、ハーフドームは一瞬にしてルビー色に輝きました。目の前の壁がスクリーンに変わり、ホログラフィックで地球の地図が表示されました。アナックスはディスクのキーを押しながら、様々な血液型を選んでいることを私に説明してくれました。血液型を選択すると、地図上に色とりどりの点群が現れます。その精度は、遺伝子が一致する正確なパーセンテージを調査するのに非常に有効でした。適合する血統を特定すれば、その DNA の特定の鎖を活性化することで潜在能力を呼び覚ましたり、地球外の遺伝子の投入を増やすことで潜在能力を強化したりすることができるのです。

　もちろん、こうした作業には一連の拉致が必要ですが、それはトラウマになるようなものでも、有害なものでもありません。全ては最大の敬意をもって行われるのです。このプログラムを実施するのが、銀河連合ではなく5種族評議会である理由は、被験者のトラウマを避けるため拉致を無意識状態で行う必要があるからです。銀河連合がこの領域に踏み込めないのは、「プライム・ディレクティブ」と「同意の法則」のためなのです。説明したように、5種族評議会は「プライム・ディレクティブ」に関して自由度が高いのです。

　器の準備が整えば、地球外生命体は安全に転生することができるのです。これこそが私に起きたことであり、私が転生して今生で高

度に活性化された血統になったのです。私の個人的な体験談がそれを証明しています。エンヴォイの子供たちは、異星人の船上で、5種族評議会のメンバー種族と非常に近い存在から教わる「夜の学校」を思い出すことが多くなっているのです。私たちは、愛に満ちた素晴らしい存在によって行われた、この驚くべき素晴らしい仕事に敬意を表すべきです。

５種族評議会のアナックスからのメッセージ ──ネブ帝国に対抗して「ブラックリーグ」が結成された！ 銀河系から何十万の人が人類解放のために地球に来ている！

2022年1月24日

テラの皆様へ

　私は5種族評議会のアナックスです。ザガラとダロのエガロス文明の代弁者です。私はあなた方の惑星から2000光年離れたところから語りかけています。私たちの文明は、ウル・アン・ナ領域で最も古い文明の一つです。私たちは世界の興隆と没落を目の当たりにしてきました。いくつかの戦争で抑圧された文明に救いの手を差し伸べ、勢力の均衡を取り戻し、また多くの文明が進化の道を歩むのを援助してきました。

　私の考え方は、皆さんの考え方とは違います。あなた方の直線的な時間から見れば、私ははるか昔に生まれましたが、私にとって時間は、全ての瞬間が永遠から等距離にある泡のようなものなのです。

５種族評議会のアナックス

　私は５種族のうちの一つに属し、エガロスの文明を代表しています。私たちの遺伝的特徴は人間のそれに非常に近いのですが、私たちは独自のユニークな種です。私たちは、あなた方が色によって名付けたグレイに属しているわけではありませんが、彼らと共通の祖先を持っています。私たちは「ハイブ（集団）意識」ではなく、

「個別意識」に基づいています。私たちは、直線的な時間から考えると、少し遠い未来にいるのです。

　直線的に考えるのはやめた方がいいでしょう。直線性とは、時空の構造に重力が刻み込まれたことによる感覚的な視点です。あなた方は気付いています。時間と空間は相互に関連し、相互に作用しているのです。

　直線的な知覚の視点の外には、始まりも終わりもありません。心を開くのです。歪曲した幻想の盾を打ち破るのです。時空の構造の粒子の間をすり抜けたあなた方の意識はポータルを通り抜け、好きなだけ遠くへ、速く移動することができます。その衝動は意図することです。

　　　　　　「Daama」集中です。

　あなたは、何年もの眠りから覚めて、本当の自分を発見しているのです。あなた方を無知に酔わせ、あなた方の心を恐怖で縛り盲目的な服従を得ようとした者たちは、もういないのです。時空間戦争の結果、時空間の構造にまだ亀裂が残っており、それを閉じる必要があります。このプロセスは現在進行中です。

　今、見上げてごらんなさい。私たちが見えますか？　もっと前向きに心を開いて。私たちはここにいます。私たちはいつもここにいて、あなた方を見守っています。物事は、あなた方がそう信じるよう教育されたように、二元的で単純なものではありません。宇宙は、意地悪な存在が優しい存在を傷つけるだけのものではありません。あなた方はそのように物事を提示されました。それは実際にはバランスの問題です。あなた方はこの「バランス」という言葉に思いを巡らす必要があります。

328

　銀河連合は、私たちの銀河系であるナタルのバランスを保つために活動しています。バランスは進化に有利に働きます。バランスは真の正義です。それは、5種族評議会の私たちにも、銀河間連合にも、そしてもちろんザ・ナインにも言えます。

　ザ・ナインは、5種族評議会のはるか以前に存在した、かつての9種族評議会ではありません。この二つは全く異なる組織で、互いに関連はありません。とはいえ、ザ・ナインはあらゆるものに関連しています。ザ・ナインは最高の意識の集合体で、存在のない場所、つまりヴォイドに存在するのです。

　あなた方がオリオン座と呼ぶ、ウル・アン・ナの旧9種族評議会は、あなた方がいう直線的な時間で数十万年前にオリオン座の文明を守るため、ネブ帝国の勢力拡大に対抗して結成されました。私たちはこの銀河の様々な場所からやって来て、オリオン座の危機に瀕した文明に彼らが共感できる体制を提供し、援助とサポートを求めたのです。しかし、軍事力は決して高くはなかったので、ネブ帝国に対抗できる反乱軍を結成するよう働きかけ、この反乱軍を「ブラックリーグ」と名付けたのです。戦争は激しいものでしたが、ブラックリーグの戦士たちは勇敢でした。彼らは強大な軍隊を組織し、自由と主権という共通の目標のもとに集まりました。これらの戦争は多くの損害をもたらし、敵にひれ伏したり、消滅したりする文明もありましたが、技術的に高密度にシフトすることで、ネブの手の届かない場所でどうにか生き残ることができた文明もありました。

　こうした出来事があった直後に、平和を維持するための組織として、銀河連合が誕生しました。この銀河連合に加盟する全ての文明は結束して一つになり、ネブやその他のトラブルメーカーに対して

より強くなっていくことでしょう。

　オリオン座の9種族評議会は多くの打撃を受けました。私たちは今、5種族のメンバー、5種族の長老文明を残すのみとなりました。それは、オレラ族、エガロス族、ギンヴォ族、レダン族、そしてエマーサー族です。

　その日から、私たちはこの活動を続けていくことを誓ったのです。私たちは実際にナタルのいくつかの文明を支援している最中で、テラもそのうちの一つです。私たちは銀河連合の管轄下にあるわけではありませんが、これらの法律が基礎とする倫理的、精神的原則、つまり自由意思、バランス、正義、進化に従って生活しています。

　ご覧の通り、私たちはザ・ナインではありません。ザ・ナインはアバターではなくプラズマ超意識なのです。私たちは、単に肉体を持ち、転生した人間に過ぎないのです。

　テラでの仕事は、あなた方の直線的な視点から見れば、ずいぶん前に始まっています。ご存知のように、私たちは同じ時間の知覚に支配されてはいません。私たちは、現在の出来事や偉大なる目覚めのために、テラの人類に準備をさせてきました。特定の選ばれた血統に働きかけ、遺伝コードを活性化し、強化してきました。いずれ、これらの驚くべき、独特のアバターの体が、高い周波数の魂に耐えられるようにです。私たちは地球派遣計画に向けて、テラの人類に心の準備をさせました。この銀河系から何十万人もの人々が、この恐ろしい仕事、テラの解放に参加することを決めたのです。彼らは皆、周波数が低い体に転生すると記憶が遮断されることを知っていたので、テラの人々を目覚めさせる前に、まず自分自身を目覚めさせる必要があり、そのために特別に困難な体験の道を選びました。

今、テラでは周波数が変化している最中で、新たな使者が相次いで記憶を活性化し、完成した状態でやって来ているのです。周波数の低い人工マトリックスは、昨年、不活性化されました。テラの月、ルナにある装置は銀河連合に奪われ解体され、あなた方が土星と呼ぶ惑星にあるオリオン・ハイブ・クイーンへの中継装置も解体されました。あなた方の星系は解放されたのです。あとは地球人が自分たちの世界の主権者として立ち上がるだけです。

あなた方の住む太陽系では、とてつもなく多くの出来事が起こっています。テラ（地球）の国々との間で同盟が結ばれています。テラ（地球）宇宙艦隊は実在し、あなたの星系の文明の主権を取り戻すために活発に活動もしています。

テラでは幻想や無知のベールがはがされ、混乱の中で堕落したと思っていた者たちが光の同盟と協力していることを、また、指導者と思っていた者たちがネブ・ハイブやシカール帝国へのつながりを露わにしていることを、あなた方は理解し始めたのです。

あなた方は影や役者を追っていました。あなた方へのプログラミング（洗脳）が今、あなた方に分かりやすく、明るい光の中に暴露されてきているのです。

ありのままの自分を受け入れ、従うのはもうこれ限りにする！ あなた方が導くべき時が来た！

テラの人々よ、振り回されてはいけません、平和の上に混乱をもたらすものは全て、古いプログラムから来ているのですから。私た

ちの共通の敵は未来を見る装置を持っています。時間軸の戦争が私たちに有利になったとき、彼らは人類への毒の贈り物というプログラムをインストールすることに決めました。彼らが去る日、破壊の跡を残すでしょう。プログラムされた人間のほとんどは犠牲者に過ぎません。彼らは、混乱を広めるために真実を改変することを目的としているのです。私の代弁者には気を付けてください。混乱を防ぐため、私はエレナとのみ通信することにしました。こうした罠があるにもかかわらず、各特使が自分の銀河系グループとの個人的なリンクを再活性化することで、ポジティブなコンタクトがどんどん起こっています。これが本当の「コンタクト」です。

　残念ながら、これらのプログラミングはすでにかなりの混乱を広げています。私やアルダーナ最高司令官、ヴァルネク司令官、ソーハン司令官など、公に知られた使者を代表して発言するふりをして名乗り出る者は、操る側か操られる側かのいずれかでしょう。彼の目的は、銀河連合の懸命な活動を堕落させ、それを改変し、この戦争で懸命に働き、多くの犠牲を払っている人々を破滅させることです。これは、いわゆる「神」や「スピリチュアル・マスター」に代わって発言する人々、それが地球人であれ、地球外の人であれ当てはまります。悟りに達した人はすでに自分で発言します。彼らは皆、あなた方を従わせたいとは思っていません。あなた方に立ち上がってほしいのです。あなたは自分のハイヤーセルフを通して自分の銀河系とつながることで高次元の存在とつながれます。外に向かってそれらを求めてはいけません、外はまだ非常に危険だからです。自分の銀河系グループとのコンタクトを求めなさい。あなた方の魂とつながるのです。つながりはそこにあるからです。従うことを止め、導く側に立ってください。どんな王座の前でも自分をおとしめてはいけません。そうではなく、進み出て、王座に就くのです。そう、あなた方は王族なのです。

　目を覚ますのです。混乱をもたらすのは敵です。真実は内なる平和の中にあります。闇の内通者が次々と明らかになるでしょう。彼らの見分け方を知るのです。彼らは、希望は失せたので、新しい主人や神に跪いて、敵は変わったから迎え入れるのだ、と言うでしょう。

　敵は変わっていません。見た目が変わっただけです。中身は相変わらず同じ人目を欺く魅力的な敵なのです。とてつもなく魅力的な。二度と騙されないように。

　エマーサー族は５種族評議会を代表してあなた方に警告しました。今、私、５種族評議会のアナックスは、あなた方に警告しています。自由意思はあなた方の力の中にあります。あなた方には、敵を再び迎え入れるか、あるいは、これを最後に、永遠に、彼らを追い払うか。あなたには全ての力があるのです。

　あなた方は教訓を得ました。さあ、テラの皆さん、運命に向かって羽ばたくのです。素晴らしい運命に向かって！　あなた方は、この銀河系とその外の多くの才能が融合したユニークな存在です。この認識を受け入れることで、あなた方の血の中にある全ての才能を再活性化させることができます。あなた方の血は、この銀河系で最も神聖な物質の一つであり、敵に珍重されています。なぜなら彼らは知っているからです。あなた方の血管に流れるこの血が、まさにこの数秒間に、全ての中で最も偉大なパワーを運んでいることを。あなた方は多次元的な存在です。そこにはポータルもあり、あなた方のＤＮＡは宇宙のスターゲイトを開放することができるのです。この銀河系で最も貴重な宝物なのです。それはまさに今、これを読んでいるあなたを指しています。

　ありのままの自分を受け入れましょう。従うのはもうこれ限りにするのです。今がまさにその時なのですから。あなた方が導くべき時が来たのです。

Daama Maa
アナックス

第10章

銀河系評議会

５種族評議会の包囲網が敷かれた場所「アルニラム／ザガラ」への旅でのこと！

　５種族評議会の包囲網は、公式にはアルニラム星系にあり、現地ではザガラと呼ばれていますが、正確にはそこには存在しません。評議会や会議には、量子ホログラフィック・プロジェクションを使って出席するのが、一定の技術水準に達した進化した文明圏では一般的な手順となっています。

　強力な侵略帝国が散在する銀河系では、主要な代表者が一堂に会する評議会を開催するのは無理があります。ザガラにある５種族評議会の包囲網は解かれ、惑星は粉々に吹き飛んでも、評議会は少しも影響されないでしょう。アナックスが自分の船の特別席からホログラム投影で会議に参加するのを私は見たことがあります。それは普通のパイロットシートではなく、別のものでした。円盤状の金色のメタリックな台座の上に置かれ、側面にはハイテクなボタンはなく、背もたれと肘掛けは半透明な素材でできていました。アナックスが身を乗り出して話しかけてきたとき、シートの背もたれに平らな色とりどりのクリスタルが一列に埋め込まれているのに私は気がつきました。肘掛けの先端には、司令塔のシートと同じ六角形の平らなクリスタルパッチが二つセットされていて、DNAのシグナチャーを確認することができました。

　銀河連合には決まった本部はなく、この遠隔ホログラフィック技術を使って、様々な場所で会議を開くことができます。ホログラフィーの映像を流す場所は、その都度決められますが、メンバーは対面で参加するわけではないので、それは大した問題にはなりません。

　私はソーハンの乗る戦艦で、そんな会議に立ち会ったことがあります。もちろん招待されたわけではなく、参加者が会議を始める前にちょっと見るだけだったのですが。それが、2021年11月だったと覚えているのは別の星系に配属されることになった友人のヴァルネクにちょうど別れを告げた直後でしたので。次はいつ彼に会えるかもわからない状態でした。ヴァルネクは地球アライアンスの司令官として素晴らしい活躍をしていて、自分の個性とダイナミックなエネルギーにマッチしたこの仕事が気に入っていたので、私の心は重くなっていました。地球でコンタクトした人物がレプティリアンによるプログラミングで彼を騙したことが発覚したという理由で、ヴァルネクはその人物とのコンタクトを即座に絶たれ、自身の誠意を示すため太陽系から遠く離れた場所に配置換えとなったのです。

　私はソーハンやアルダーナ最高司令官と共にステーションの廊下を歩きながら、思考をめぐらせていました。ソーハンは親友のヴァルネクと、何十年も前に太陽系に来たときから、一度も離れたことがありませんでした。もちろん、2人にとって距離は何の意味もありませんが、一つの時代が終わったような気がして、悲しくなりました。発着場から歩いて戻ると、大きな開口部から中が少し見える円形の建物の前を通りかかりました。会議室のようで、そこから見えるキラキラとした明るい光に私は目が釘付けになりました。私は歩を緩め、そこに立ち寄りました。ソーハンとアルダーナは、入り口のアーチの開いたドアのそばで私に合流しました。

もうすぐ会議が行われるわ、覗いてみれば？ とアルダーナは私に言いました。

普通なら、そんなふうに勧められることはないでしょう。私は彼女がその場の雰囲気を明るくしようとしたのだと理解しました。

もちろんですとも、最高司令官、と私は答えました。

彼女は私に母親のような微笑みを向け、手振りをして会議室に入るよう促しました。アルダーナは私を左側の席の列、ドアの近くの場所に案内してくれました。ソーハンと私はそこに座って待っていました。

アルダーナは、その地位にふさわしい高貴な雰囲気で私たちの横に立っていました。部屋の中央にはセグメントで仕切られた環状のテーブルがあり、その真ん中には、内部に光を持つ半透明の柱と、そこに取り付けられた様々な装置がありました。

あれは何？ 私はソーハンに囁きながら、それを指さしました。

すると彼は、**ホログラフィック・プロジェクターさ、**と答えました。

私が疑問を抱く間もなく、中央の円柱の周りの装置が光り、奇妙な音を発しました。驚いたことに、1人ずつ様々な参加者がテーブルの周りにホログラフィックで現れ、それぞれがテーブルを囲んで向き合っています。私は、その人たちがこの銀河系に住む種族であることを認識しました。実際にはそこに誰もいないのに、彼らとお互いに会話しています。量子ホログラフィックというハッキング不

可能な技術を使っているのです。私はこの日、安全な会議というものを理解しました。ソーハンと私は、アルダーナの命令に従って、会議が始まる前に退席しました。私はこうしたことを目撃できたことが嬉しいと同時に、この出来事は後日、ザガラでの訪問をより良く理解するのに役立ちました。

　本書を書くまで、私はこの話を誰にも、公的なメディアでも話したことがありません。実は、2022年2月上旬、私はオリオン座のアルニラム星系に行きました。アナックスは、私が仕事にのめり込むのを抑えようと、1カ月前からこの話で私をからかい続けました。

　　あなたが休んで元気になったら、ザガラでの5種族評議会の包囲網にあなたを連れていきます、とアナックスは私に約束してくれました。

　これはかなりのモチベーションになりました。私は今生太陽系を離れたことがなかったので、全力で仕事を片付け、十分な睡眠をとって、ビーチを散歩し、いつでも出発できる準備を整えていました。アナックスは、出発してほんの数分も経てば、私は帰されると断言したので、私の不在を手配する必要はありませんでした。いつものことですが、安全のために出発時間はいつも曖昧にされています。なので、いつ連れて行かれてもいいように、数時間はキープしておくよう言われています。そして、その時間になると、10分前に予告され、準備をするのです。ソーハンについてもそれは同じです。これが一般的なルールなのでしょう。

　アナックスの球体船は、真夜中、私の家の上空に静かに到着しました。私は、接近する船の強力な電磁場を感じることができました。厚く低い一面の雲は、巨大なエガロスの船が地上から見えない霧の

上で用心深く留まるには最高の条件でした。私はレモンが入った新鮮な水を飲み、ベッドに横たわりました。水を飲むと、体が転送やテレポートに耐えられるようになり、目的地に着いたときに気分が悪くなる可能性がはるかに低くなるのです。レモンを数滴垂らすと、水がわずかにイオン化されるので、それも効果的です。いずれにせよ、全ての船には、トイレの設備があります。

いつものように、私は星の父（アナックス）と力強い抱擁を交わしました。そして、宇宙の太古の時代を感じさせるその美しい藍色の瞳を見つめながら、彼にありがとうと言いました。

全てが始まった場所を君に見せたい、とアナックスは言いました。こっちに来て座って。長旅にはならないから。

アナックスは私に、自分の隣にある白く輝く滑らかな素材でできた大きな座り心地の良さそうな席を勧めてくれました。私が深呼吸をして目を閉じると、部屋の中の光が明るさを増しました。全身に無数の小さな針が刺さったような感覚があり、これは次元間の跳躍の影響だと分かりました。機体がハイパースペース（超空間）に入った後のことは、自分が意識を失い、機内の照明が暗くなり元に戻ったところで目が覚めたことしか覚えていません。どのくらいの間、旅をしたのでしょう？　数分なのか、数時間なのか、数日なのか、よく分かりません。私はあくびをし、体を伸ばしました。前方のスクリーンに景色が映し出されたとき、私は言葉を失いました。青く超巨大な星の姿に息をのみました。感動のあまり、身動きがとれなくなりました。アルニラムという星は分子雲に包まれ、ぼんやりと青く壮大に輝いています。私たちはまるでサファイアの星雲の中に浮かんでいるようでした……。息をのまんばかりの美しさです。

　ようこそザガラへ！　とアナックスが言いました。さあ、これ
からあなたの目の前にあるこの大きな惑星に行きます。ここは私
の種族の母の世界で、かつて私たちの長老が住んでいた場所です。

　惑星の名前は？

　ザガラ。

白い雲と紫色の点が混じった茶色の世界に、私たちの船は近づい
ていきました。巨大なガス状ではなく固体の惑星である以外は木星
によく似ています。惑星が二つ見えます。一つは灰色で、もう一つ
は黄色い部分が混じった緑色の惑星です。アナックスはアルニラム
から遠く離れたメイッサ星系でエガロスのコロニーに住んでいます
が、アルニラム／ザガラはエガロス本来のメインワールドで、5種
族評議会の包囲網が敷かれた場所です。そこで、ふと気がついたの
ですが……

　——お父さん、私たちはオリオン座の中心にいるのですが、無
事でいられることに感動しています。

アナックスは笑いました。

　地球から見ると、ここがウル・アン・ナの中心に見えますが、
実はそうではありません。ウル・アン・ナの中心はネブ星雲なの
です。ここからはかなり遠い。私たちの惑星もまた、ネブには届
かない高密度に隠れています。

私たちが降り立ったのは、建築物がとても古く感じられる不思議
な街でした。淡い黄色の石で作られた古代の建物群は、私たちが

アルニラムに接近中

「バロック」と呼ぶ様式で豊かに装飾され、金属とガラス（または
その類）の未来的な構造物と混在していました。アナックスは私に
周波数ベルトを装着させ、その上のいくつかのキーを押すことでフ
ィールドをアクティブにしました。

　　これでザガラ３の上でも歩けるし、息もできる！　とアナック
　スが私に言いました。

　そう、エガロス人は人間と同じ空気を吸わないので、環境の違う
ところでは必ずスマートスーツと周波数ベルトを装着しているので
す。私はこのベルトが、アルニラムの強力な放射線から自分を守っ
てくれることも知っていました。私たちは船から降り、着陸パッド
の下を走る大通りに出ました。高架の着陸帯に停まっている球体の
宇宙船数機の先端が、下から見えました。街路では、銀色の卵形の
反重力車が往来し、少数のエガロスの人々が歩いていました。彼ら
は、あらゆる形やファッションの透明または銀色の服を身に着けて
います。子供たちの姿は見かけませんでした。正直に言うと、私は
とても奇妙な気分になっていました。光度が非常に高く、セロのと
きよりも明るくて、涙目になりました。化粧をしていなくて良かっ
たです。ベルトの周波数は非常に強いパルスで調整されているので、
視界も少し歪んでいて、歩くときのバランスに不便を感じました。
音も小さくなりました。私はまるで目に見えない綿の泡の中にいる
ような感覚を覚えました。

　私は努めて平静を装いながら、アナックスに続いて、大きな広場
の中央にそびえ立つ、いかにも古そうな建物群に向かいました。そ
れは英語で言うと、「The Meeting Castle（会議の城。私にはエガ
ロス語での発音はできません）」に近いそうです。四角いバロック
様式の建物には、尖ったドームと豊かな彫刻が施された塔があり、

ザガラ3の首都のおおまかな再現図。5種族評議会の包囲網を背景に、アルニラムの星が空を埋め尽くしている。右側は、アストロポートのテラス。ザガラ3が強烈な輝きを放っているため、鮮明で詳細な視界を確保するのに苦労した

344

タージ・マハルを大きくしたような、黄色と茶色の色調の異人館に見えました。おそらく、この街ができる前からここにあったのでしょう。

　星の輝きと高密度の光の周波数は非常に強いものでしたが、遊歩

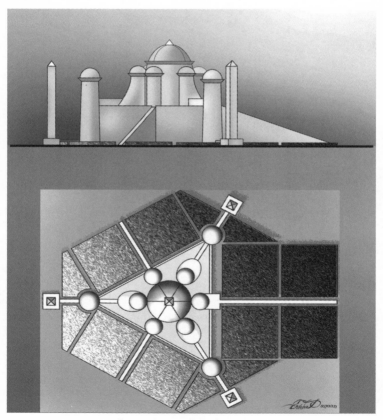

「The Meeting Castle（会議の城）」
９種族評議会のオリジナルの包囲網で、現在も５種族評議会のホログラフィック会議に使用されている。この建物はオリオン戦争からのものである。アナックスによって復元された図面

道を横切ると、大理石タイルの床に昼間の光が反射して、私の目は
もうろうとしていました。私はアナックスの腕を摑んで進みました。
6段か8段かはよく覚えていませんが、階段を何段か上ると、突然、
周りの様子が黄昏に変わりました。私は目を開け、その場に慣れる
のに数分要した後、建物の内部を見ることができました。周波数シ
ールドで私は一定の温度に調節されてはいるのですが、空気は日陰
の方が冷たいのは確かでした。内部は外側よりも近代的で、建築物
の一部が反重力によって浮いているのがとても印象的でした。

　私の周波数フィールドが低いレベルの放射線に適応すると、建物
全体が保護されているおかげで、私は周りがよく見えるようになり、
安心感が増しました。中ははるかに暗かったのですが、ドームや天
井の開口部から光線が融合していました。それは私の周波数シール
ドが自動的に再調整されることを知っていたので、私はそれを避け
ようとしました。私たちは荘厳なホールを通り抜け、それぞれがよ
り壮大で、やがて、3段の階段がある巨大なポルティコ（柱廊式玄
関）にたどり着きました。その先には、5種族評議会オリジナルの
会議場がありました。この場所で、オリオン戦争の間、様々な決定
がなされたのです。

　古いダークグレーのタイルに足音が響き、私たちは中に入りまし
た。この部屋はさらに暗いのですが、その理由が分かりました。こ
こで行われる会議がホログラフィックであるのことには意味がある
のです。周囲の環境は、もっと古いバロック・エイリアン風の建築
様式に見えることを除けば、アルダーナのバトルステーションで見
た会議室と似ています。暗くて背景が見えないのです。
　中央のモジュールは、高い天井から差し込む細い光でかろうじて
照らし出されています。精巧な彫刻が施された大きな柱があり、そ
の前にはパイのように分割された金属製の円盤が置かれていました。

ちょうどアルダーナの船の会議室にある環状のテーブルのようです。円盤の内側、各区画の外側の境界には、円形の金色の台の上に空席が九つあり、それは会議が開かれたときに評議員のホログラムを受信するためのものでした。かつて2度、私が船上やダリアス星にいるアナックスと接触したとき、彼がクリスタルの列が埋め込まれたこのホログラムの椅子に座り、まばゆい光に照らされていたことを私は覚えています。そのとき、彼は評議会とホログラフィックで会議をしていると言っていました。

　九つのセグメントあるんですね、気付きました。

ザガラ（アルニラム）の「The Meeting Castle（会議の城）」の廊下を歩くアナックスと私

　そう、評議会が創設されてからずっと。これからもそれは変わりません、とアナックスが返しました。いつかまた、私たちは栄光の数字を取り戻せるかもしれません。

　そうですよ、と言いながら私は円盤の中央のパッチにある三角形のエンブレムに気付きました。三角形の外側にさらに角が足されているのは、数字の9を表しているんですね？

　よく覚えていますね。本当によく覚えていらっしゃる……

ザガラからの帰り道、アナックスの住むダリアス・メイサに寄り道して、アナックスの妃であるシェイに会う機会がありました。彼女は優しさと愛に溢れた人です。私は彼女の姿を描いただけで、彼

９種族評議会（現５種族評議会）の最初の会議場。時代はオリオン戦争にまで遡る

アナックスの妃であるシェイ

らの生き方について詳しく説明することは許されませんでした。エガロス人はとてもプライベートを重ずる人たちなのです。

ネブが人間に取って代わろうとしている地球の現状について「銀河連合世界最高評議会」で訴える！

2022年5月17日

　私たちの惑星にグレイ・ハイブリッドを迎え入れるように人類を強要する闇の圧力が強まっていることについては、どうにかする必要がありました。私は、十分な数の騙されやすい人々が、ハイブリッドを通してグレイを迎え入れたい気持ちが強いことを懸念していました。彼らの使者は、ソーシャルメディアを通じてグレイの受け入れを人々に押し付け、同じ古い話を持ち出して人々を支配していましたが、その徹底ぶりはまさに人々が窓にグレイのエイリアンを描き、グレイの船が来るのを祈りながら空を見つめるよう求められるほどでした。

　2022年5月17日、ソーハンから連絡があり、銀河連合最高評議会前のホログラフィック・セッションに参加するため、迎えに行くので準備しておくよう私は言われました。

　どんないきさつで……

　これは私が言ったんじゃないんだ、とソーハンが言いました。

　アルダーナ？

いや、ヴァル・ソー司令官に頼まれてね。

ヴァル・ソー？

　彼は下級評議会のメンバーで、その立場にある者だけが最高評議会に民間人を紹介することができるのさ。君は使者だから、テラの代表でもある。2時間以内に準備して。暖かい服装でね。

　私は、ホログラフィック・ミーティングが、全員がホログラフィック・プロジェクションとして、離れた場所から参加することだとは知っていました。ただ、私はどこから投影されるのかまだ知らなかったので、リラックスして心の準備だけしていると、突然耳鳴りとともに静電気で髪が逆立ちました。

　肘掛け椅子にゆったりと横たわると、自分の身体が非物質化し、すぐに別の場所に再凝縮されるのを感じました。気がつくと、目の前を銀色の光がカーテンのように舞う、明るい巨大なホールに立っていました。気温は少し低く、私はソーハンの言葉を思い出しました。彼のアドバイスに従って良かったと思いました。右手に背の高い男性のシルエットが見えました。彼は私に手を差し出し、私はその手を握りました。明るい光に目が慣れると、それが白いロングチュニックに大きな金のベルトを巻いたヴァル・ソーだと分かりました。白いスカーフも巻いています。彼は私に微笑みかけ、歓迎してくれました。このとき、彼と会ってから初めて、私はテレパシーで話しかけられました。ここはどこですかと尋ねると、彼はこう答えました。

　船の中。複数の会議室の一つにある控えの間さ。

この船は今どこにいるの？

　時間が歪んだ場所にいる。

　私は、自分の安全のために、これ以上聞かない方がいいと理解しました。会話をしているうちに、私たちは歩道橋を歩いて、透明な壁で空間を見渡せる広大で巨大な円形のホールへと向かいました。中央には円形の柱があり、その真ん中に、以前訪れた別の会議室にあったものと似ていますが、より複雑なホログラフィックパッドが見えました。床には発光する線と記号が描かれていました。天井は巨大なドームで、ホログラフィックパッドの上には複雑なクリスタルの塊があります。この場所には物理的な席はありませんでした。

　私は、少し緊張しながらもヴァル・ソーの手を握っていました。私たちは物理的にそこにいましたが、評議会のメンバーはどこからでもホログラムの投影として出席できます。そして、会議が始まりました……。深呼吸をすると、数秒間、めまいがしました。その時、地球とは雰囲気が少し違うと思いました。

　私たちの左側、ホログラフィックパッドの端に背の高い雄大な存在のホログラフィック・プロジェクションが現れ、その下のパッドにはいくつかの発光パターンが明るく照らされていました。それは、接続のためのアンカーのようなものだと感じました。その存在は、アナックスが5種族評議会に出席するときに使うのと同じような座席に座っていたのですが、私に強烈な壮大さを印象づけたのは、その投影が自然よりも大きいということでした。この存在は人間ではなく、非常に古いテングリ（水瓶座のトラピスト1システム）に似ていました。

ヴァル・ソー大使が銀河連合最高評議会のプロジェクションホールを案内してくれた

　次々と他の24人の存在がパッドの外周上に現れてきました。そのたびに、彼らの下でシンボルが明るく照らされています。ホログラムで映し出される彼らの姿はどれも特大で、まるで王座の上に光り輝く壮大な巨人がいるような印象を与えます。

　強烈な感動が私の涙を誘いました。心臓が震え、魂が活気づきました。私はそこにいました……この場所に……異なる銀河系セクターを代表する異なる銀河系種族の存在と一緒にいたのです。ラーメイ族（カベラ星）、オホライ族（牛飼座・アルクトゥールズ星）、コレンディ、ヌール、アヒル、ウマイト、ケンタウルス、ヒアデスといったヒューマノイド種族、エマーサー（くじら座）、マトラックス（いるか座）、オズマン（こと座）、パクシティ（こと座）、カレイ（オリオン座）、アカート（六分儀座）、そして特定できませんでしたが、見覚えのある人たちがそこにいたのです。ヴァル・ソーとその集団の間でテレパシーが交わされたようでした。それから彼は私の手を離し、輪の中心に向かって歩くよう指示しました。空気が薄くなっているので、呼吸を整えなければなりません。最初に現れた老テングリは、大きな声でしっかりと私に「語りかけ」ました。

　私は突然元気を取り戻し、輪の中心へと、本来の私の役割へと踏み出したのです。私は、この特別な瞬間のためにテラに来たのです。私の声は地に足がついていて、言葉は鋭く明確です。私が大声で話すと、彼らはテレパシーで私に返事を返してくれました。

　私は使者のダナーン。銀河連合最高評議会の前で発表します。私が代表するテラの人々のために。

　さらに、本書では明かせませんが、私は自分が持っているプレアデス人の貴族の称号と、アルテアンの元の名前も述べました。する

と、私の周りに輝く光のオーラが発火しました。これは、私の元の名前の音によって活性化された高い周波数のフィールドです。

　　要求を言いなさい、と威厳のあるオズマンの女性メンバーが言いました。

　私は敬意を表して銀河連合の敬礼を行い、胸に手を当て、少し頭を下げました。そして、あごを上げ、自信たっぷりにこう話しました。

　　テラの人々はネブの使者に騙されています、と私ははっきりと主張しました。彼らはテラの人々の同意を集め、彼らの中にネブ・ハイブリッドを迎え入れるようプログラムされているのです。計画は進み、その欺瞞はますます多くの人々を騙しています。地球人に取って代わるために飼育されたネブ・ハイブリッドは、穏やかで親切で、未来から来たので、この星に歓迎されなければならないと彼らは言われています。これらは全て嘘ですが、人々は窓にグレイの絵を描き、彼らの船が戻ってくることを空に祈るのです。私は助けと明晰さを求めてここにやって来ました。私はあなた方の計画が何なのか、そしてあなた方が私に何を期待しているのか知りたいのです。

　　私たちはその計画をよく承知しています、と赤い長髪のパクシティが言いました。ネブはテラで人間に取って代わることを期待して、自身のハイブリッドを大量生産しました。この惑星の植民地化のための彼らの計画を完成させる唯一の鍵は、人間を自由意思で自ら毒殺するよう仕向け、できる限り多くの人口を淘汰した後に、人々の同意を得ることです。そして、残った住民をネブハイブのカーバ・クイーンに接続してネブのテクノロジーで同化さ

銀河連合最高評議会のメンバーとのホログラフィック・ミーティングセッション

せることでした。彼らのこの計画は終了していますが、彼らは現在もネブハイブの意識を持ったハイブリッドを潜入させようとしています。だが、使者よ、安心しなさい。この計画が完了することはありません。

　そのようなことはさせません、と壮大な刺繍が施されたマントを身に着けた、青い肌のオホライが言いました。

　ある一定の人数が、バランスを崩すほどの割合になったらどうなるのでしょう？　と私は尋ねました。

　彼らには影響力がないので、そんなことはありえません、とカレイが答えました。

　同意に影響力がないわけがないのでは？　と私は当惑しながら尋ねました。

議長を務めるオズマンの女性が身を乗り出し、手のひらを上向きにすると、その上に白と青の複雑なホログラムの球体が現れました。そこには、複雑な記号やデータが入っていることが、私の目から見てとれました。私は直感的に、これが「プライム・ディレクティブ」の写しであることを理解しました。

　プライム・ディレクティブの一部を改正中です。外部の脅威的な存在が自分たちの計画のために、ステージ１や２の進化していない種族が自由意思でしたように仕向けて、その種族を痛めている場合は、プライム・ディレクティブが基にしている進化の普遍的法則は、このケースを干渉と見なすようになります。つまり本当の自由意思とは見なさないということです。

テングリの使者。銀河連合最高評議会のセッションにて

プライム・ディレクティヴを手にする最高評議会代表のオズマン

　ですから、強制された決断は、たとえそれが自由意思のように見えても、そうではありません、と私は付け加えました。

　地球外の種族があまり進化していないステージ１や２の種族に干渉して、侵略種族たちの利益のために働き、侵略された種族に不利益になる場合は、普遍的な法則とプライム・ディレクティブを侵害するだけです。

　それが新しい点なのですね。

　経験から学ぶ、それが宇宙の流れです。

　いつから実施されるのですか？

　もうすぐです。これは、私たちが決断する前から、長期間議論されてきたことですから。

　私がこの情報を伝えられるよう、あなた方は私に会おうとしたのですね。MJ12が人類をネブに売ったときに起きたような事態はもう起きないのですか？

　分かってほしいのですが、この12人のテライ人（彼女はテラ人ではなくテライ人と言いました）は決して自分たちの種族の全てをネブに売ったわけではないのです。法律上、彼らは全員に対して責任を負ってはいないのです。これは合意の内容ではありません。彼らは Humani（彼女は「Humans（ヒューマンズ）」の代わりに「Humani（ヒューマニ）」という言葉を使っていました）を手放すことだけの契約を結んだのです。彼らは合法的に

囚人の拉致と返還にのみ責任を負っていたのです。ネブは彼らを騙し、契約を無視し、ハイブリッド化計画を実行するために何百万ものテライ人を奪いました。そこで私たちが介入し、テライ人に防衛システムの構築方法を教えながら、彼らと戦い始めたのです。銀河連合はそれ以来ネブを追い続け、できる限り多くの犠牲者を救済しました。ネブは欠陥のあるこの協定を結んでから、「プライム・ディレクティブ」を破り続けています。ネブには小規模の囚人以外にはさらに多くのテラ・ヒューマニを誘拐する権利はありませんでしたが、何百万人もの犠牲者に恐怖と忘却を与えればうまくいくのです。ごく最近になって私たちは彼らを太陽系から追放しましたが、いくら私たちが頑張っても全てを止めることはできません。テライの人々には、個人レベルで我々の援助を要請する必要があると伝えました。そうすることで、彼らがネブのプログラムに取り込まれるのを免れることができるからです。その結果、多くの人が救われ、私たちの仕事にも大いに役立ったのです。

　あなた方は決して私たちを失望させませんでした……私は感慨深げに言いました。

私の背後で、ヴァル・ソーが微笑んでいるのが分かりました。彼は司令官としてではなく、ナアラ（金星）大使としてここにいたのです。私は何メートルも離れたところから、彼の説得力のあるエネルギーフィールドを感じることができました。

　それなら、地球人がどんな決断をしようと、それはネブによって強制されたものとなり、普遍的な進化の法則と共鳴していませんね、と私は続けました。

　いいえ、そうではありません、とオズマンの女性は付け加えました。今後、ネブには何の権利も与えられません。人は常に自分の心と意識で判断し、決して恐怖や欺瞞によって強制されてはならないのです。たとえ失敗によってより良い見分け方が分かったとしても、意思がいかなる鎖からも解放されたとき、初めて進化と呼べるのです。

　──そして、これこそが私たちが戦っている目的なのです、とテングリ族の長老は付け加えました。

　自由意思とバランスですね、と私は話を結びました。

　私は胸に大きな喜びを感じ、星間に存在する無限の空間のような広大な感謝の気持ちで彼らに敬礼しました。25人の最高評議会メンバーのホログラムが消え始め、私はヴァル・ソーの方を振り向きました。彼は微笑んでいました。私は最後に深呼吸をし、彼の後を追って控えの間のテレポートパッドに戻りました。

　銀河連合最高評議会代表が上記で引用・説明し、#IX に修正された公式テキストは、以下のようなものです。

　「進化していない文明に不利益をもたらすような、自分たちの利益のために働く外部からの強制や影響がない場合、ステージ１またはステージ２の惑星文明の自由意思は、進化の大いなる普遍的法則にしたがって働く。進化が劣る文明の自由意思を操作することは、普遍的な進化を邪魔する。この場合、『プライム・ディレクティブ』では干渉と見なされ、銀河連合は介入する権利を有する」

　プライム・ディレクティヴはこちらからダウンロードできます。

https://www.elenadanaan.org/_files/ugd/607c35_392db24b79f4
4451aedbf27c18df8d2b.pdf

第11章

コンタクト

地球外生命体が私たちの間を公然と歩き回る ──ケンタウルス座アルファ星Ｂ人との会話

　この出会いのプライバシーを守るために、私はこの経験を共有することをためらっていましたが、現在の出来事に関して、これが何らかの洞察をもたらすだろうと思い至りました。2022年1月4日（火）、私は地球外生命体の女性とお茶を飲みながら話をしました。以下はその時の様子です。

　2019年12月、私の住む小さな町で開催された出版記念会で、不思議なカップルに出会いました。背の高い金髪の男女です。どちらもひときわ美しく、部屋に入ってきた私と目を合わせると、席に着きました。彼らのオーラは、その場にいる他の人たちとは明らかに違っていました。活気があり、刺激的なのです。私は会議テーブルに座りましたが、顔を上げて集まった聴衆に目をやるたびに、このカップルは私をじっと見ていました。そんなふうにされると気まずい感じがするのですが、人間とは不思議なものです。会議が終わると、私たちグループは地元のパブにお祝いに行ったのですが、このカップルは私たちについてきたのです。彼らは、この地域に家を買ったばかりで、新しい友人を作りたかったのだと自己紹介しました。

　何杯か飲んだ後、一文字だけの奇妙な名前のその女性が私を連れ出し、連れの男性が他の人をもてなす間、夜通し2人きりでおしゃべりをしました。私はまだ不安を感じていました。彼女の緑色の瞳が、私の心を全て見抜いているように感じられたのです。彼女はすぐに私に尋ねました。「宇宙人の存在を信じますか？」そう聞かれ、私はどぎまぎしながら「ええ」と答えました。すると彼女は、「あなたが子供の頃に誘拐され、今は善良な人々に保護されているのを知っています」と言いました。当時、私はちょうど催眠による記憶の回復に取り組んでいて、最初の本を書こうとしていたところであり、まだ全くその出来事を公表していなかったのです。彼女は、「自分の経験について誰かに話したことがありますか？」と尋ねたので、私は、「まだ話していませんが、そのことを書こうと思っています」と言いました。「なら、書かないと」と言われました。そして、彼女は同じ言葉を繰り返しました。「私はいろいろ知っています、いろんなことを……あなたには想像もつかないようなことを……」。彼女は、この宇宙には13の密度があり、この他に無限の宇宙があることを教えてくれました。

　仕事は何をしているのかと尋ねると、彼女は夫と一緒にカリフォルニアの富裕層の家に新しい革新的な技術を導入しているのだと言いました。その時、彼女の夫が彼女と目を合わせ、2人はまるでテレパシーのようなやり取りをしました。彼女は途端に話をやめ、2人はかなり慌てて帰っていきました。

　私たちは電話番号を交換しましたが、私の中ではこの出会いはサイエントロジストか、ただの変なカリフォルニア人に分類され、2人のことはすぐに忘れてしまいました。ですが、その女性は2年後に私に電話をかけてきました。「明日、2人だけで会えませんか？あなたと話がしたいんです」私はかなり驚きました。ソーハンにこ

の話をすると、彼はこう答えました。「彼らはアルファ・ケンタウリから来た銀河連合の人間だ」と。私は困惑しました。もちろん、ソーハンはそれ以上のことは言いませんでした。私は彼女の誘いを受けました。彼女は私の家に来て、外はいい天気だったので、レストランのテラスでお茶を飲みました。私は彼女を全く新しい視点から見ました。私は地球外生命体との付き合いには慣れているので、彼女の正体をようやく知ることができ、ほっとしました。私は、別の世界から来た存在との具体的なつながりを簡単に認識することができました。そして、私がそのことに気づいていることを彼女が知っていることも分かったのです……。こうした交流はまるでプレアデス人のようで、彼らにはテレパシーがあり、私はそれをストレートに理解しました。これは、レストランに行くのに予防接種のパスが必要だった頃の出来事です。私は予防接種を受けていないので、そのようなパスは持っていません。その女性は、自分も予防接種を受けていないが、予防接種のパスを持っている、と奇妙なことを言い出しました。彼女は心の中で、私が何も質問できないようブロックしていました。地球外生命体の中には、ほんの数秒ほどの短時間、相手の頭にもやをかけることで注意をそらす認知能力を持っている者もいるのです。

　私たちの会話は2時間以上に及びました。最初は、私と私の宇宙人との交流について話しました。彼女は私にたくさん質問をしました。私が彼女の目を見ると、色が変化していました。緑色なのですが、時折明るい青色（ソーハンの目の色と同じ）が垣間見えました。しかし、彼女には北欧の人に通じるものがあります。そして……本題に入り、私は彼女の質問に驚かされました。インターネットのプロバイダーを聞かれ、スターリンクに変えた方がいいと強く言われたのです。彼女は、スターリンクは近い将来非常に大きくなって、ほとんど全ての通信システムを掌握することになるだろうと言い、

イーロン・マスクが最近低軌道中継技術の開発に多くの投資をしていることを指摘したのです。彼女は、近い将来、マスクが人類にとって非常に重要な存在になると言い、彼の話を続けました。

　彼女は少しストレスを感じているようで、まるで誰かが私たちを観察しているかのように、常に周囲に視線を投げかけていました。私は気を取り直して彼女との会話を再開しようとしました。

　　彼と私は出身地が同じなんです、と彼女は言いました。

　　イーロン・マスクが地球外でビジネスをしていることや、通常の地球外生命体とコンタクトを取っているのは知っています。それって本当ですか？

　　ええ、よくご存知で。

　　彼は７月の木星での何かの会合に関係したのですか？　と私は尋ねました。

　　そうですね。彼はよく宇宙に行っています。彼は宇宙と深く関わっているのです。イーロン・マスクは、人類のために偉大なことを成し遂げようとしているのです。それは計画されたことなのです。イーロン・マスクが未来を担います。何度も言いますが、時間を無駄にせず、今すぐスターリンクに入りましょう。

　　出身地が同じと言いましたが、場所はどこですか？

　　ここに家を買う前はロサンゼルス近郊に住んでいたのですが、今でも出張が多いですね。

　そこではどんな仕事をされていたんですか？　そういえば新技術を裕福な家庭に導入していると？　それはどこの会社のものですか？

　私たちは個人で会社を持っていました。私たちは一流のエンジニアで、接続性と関わりがある新しい技術、非常に高度な技術を扱っていました。Wi-Fiのようなものですが、量子技術に基づき、低軌道で中継して接続するものです。それしか言えません。私たちは全てを失ったので、そこを去りました。

　それはお気の毒に。だから、カリフォルニアを離れたんですね。どうしてそんなことに？

　家が全焼したんです。町全体が焼かれたのです。多くの人が亡くなりました。

　ご自分の出自について、もっとはっきり話していただけませんか？

　私の家族はもともとカリフォルニア出身ではありません。私の家族は最初の入植者で、長い間……

彼女は前屈みになって、私の目をじっと見て言いました。「ハワイ」……

　私は、彼女の目がそう主張していることから、そこに理解すべきことがたくさんあるのだと感じました。そして、彼女はこう付け加えました。

　　ここでは話せません。私は２週間後に出発するので、来週私の家に来てください。そのときに私の話をします。

　彼女は立ち上がり、中に入って会計を済ませると、別れ際に私を長く温かく抱きしめてくれました。まるで家族を抱きしめているようでした。彼女のオーラはとても美しく、その周波数は非常に高いものでした。その直後、私は大病を患い、再び彼女に会うことはできませんでした。彼女はがっかりしていましたが、メールでのやりとりで、また会うことを約束してくれました。この会話から私が得たものは、アルファ・ケンタウリから来た地球外生命体が公然と私たちの間を歩き回り、生活し、高度な接続技術を開発し、イーロン・マスクのスターリンク・プロジェクトと何らかの形で連携しているということでした。この最後の点が、私が今になってこの体験を共有することにした理由です。主権と自由のあるより良い世界を人々と共同創造しようとしているイーロン・マスクについて、また、彼の人格を傷付け、その活動を妨害しているディープ・ステートについて、少しでも理解をもたらすことができればと私は願っています。

　マイケル・サラ博士に彼女との出会いを話したところ、彼は「パラダイス」と名付けられた町の2018年の大火災について教えてくれました。そして、内部告発者、特にデビッド・ウィルコックスによって、これらの火災がダイレクトエネルギー兵器を使った犯罪に由来していること（消防士を含む複数の証言によって確認）、さらに「ケンタウルス人」という地球外生命体のコミュニティがそこにひそかに作られ、高度な接続技術の開発に従事していたことが明らかになりました。セロシ（アルファ・ケンタウルス人）の女性との出会いは、2022年１月４日の出来事でした。その１カ月後の2022

年2月8日、40基のスターリンク衛星がディープ・ステートによって撃墜されました。

　私は、サラ博士が2022年2月18日に Exopolitics.org のウェブサイトで発表した次の素晴らしい記事を読むことを強くお勧めします。このサイトで、彼は、私がアルファ・ケンタウルス人の友人から得たパラダイス火災とスターリンク衛星事件との相関関係を詳細に研究しています。

「スターリンク衛星は量子通信の出現を防ぐために破壊されたのか？」

リ　ン　ク：https://exopolitics.org/were-starlink-satellites-destroyed-toprevent-emergence-of-quantum-communications/

ついに始まるディスクロージャーとファーストコンタクト！ 銀河連合と地球アライアンスが共同で計画

ステップ1：私たちは1人じゃない

　2021年10月に銀河間連合からガーディアン種族が私たちの太陽系に到着したことを受けて、銀河連合と地球アライアンスの間で、史上最も重要な情報公開のための協調計画が合意されました。地球外生命体の同盟国は、地球秘密宇宙計画の一部であるレトロエンジニアリング船とともに、私たちの空にますます姿を現すように仕向けられています。地球アライアンスはまた、ディープ・ステートによって非常に長い間、人々から隠され保持されてきた機密ファイルを開示する予定です。

　2022年7月は、ジェイムズ・ウェッブ宇宙望遠鏡が地球外生命体の痕跡を示す証拠を提供する可能性があり、地球人類の意識の転換点となります。私たちは、近隣の星系にあるいくつかの太陽系外惑星の存在に注意深く、段階的に気づいてきましたが、NASAの新しい望遠鏡の革新的な赤外線技術は、人類の新しい時代へのさらなる一歩を踏み出すことになるでしょう。この技術は、地球上の私たちの種の集団的無意識への扉を開き、私たちを永遠に変えてしまうでしょう。今や多くの人が思っているように、NASAは公式に発表している以上のことを知っています。そして、彼らは最近、根本的な社会学的変化に備えて、いくつかの手がかりをくれました。例えば、地球外生命体の証拠やコンタクトにさえ人類が備えるため、神学者を雇うといったことです。

ステップ２：最初の民間人とのコンタクトはヒューマノイド？

　ステップ１の情報開示の処理能力にもよりますが、これはケンタウルスの人々、特にセロ族とメトン族が、銀河連合の代表として、地球で初めて公に民間人と接触する代表団となるための土台を作ることになります。ケンタウルス人が選ばれたのは、彼らがアイゼンハワー大統領との最初の出会いや、1950年代からアメリカ海軍や政府内の他の進歩的な人々とともに新しい技術や防衛システムの導入（例えば、ソーラー・ウォーデンプログラムの開発）に携わってきたからだけではなく、彼らが私たちと全く同じ姿をしているからです。ケンタウルス座アルファ星人は、非常に長い間、私たちと共に暮らし、世界中の私たちの社会に浸透してきました。プレアディアンのタアル人とタウ星セティアン人（アラマン族）もこの最初のグループの一員となるでしょう。したがって、この種の最初の公的接触は、大衆にとって過度のトラウマになることはなく、地球が他の銀河文明を受け入れるための偉大かつ平和的な一歩なるでしょう。

順次、ウォルフ424（ウンモ）星系のウンミット（広い額）、プレアディアン・アヒル（幅広の目）、ヌール（身長9フィート［約270cm］）、銀河間連合のアルテアン（身長3フィート［約90cm］、長い腕）、エプシロン・エリダ・ニカヘル（異なる骨格）など、生理的差異を持つ他の人類が私たちの前に姿を現すことになります。その後、シリウスBのTアシュケル族（三角形の顔と大きな目）などが登場する予定です。アンドロメダ星人のゼナエ、ベガ星人のアダリ、タウ・セチ星人のアラマニ、アンタリアン、ブート星人のオホライなど、地球ではまだ見ぬ肌の色をしたヒューマノイドが後に続くでしょう。

銀河連合は、一般の人々にできるだけスムーズに自分たちのことを紹介できるよう、非常に気を配っています。私たちの集合的無意識が、地球人類が宇宙で孤独ではないことを受け入れたとき、次に、私たちのゲノムの他の変種も同様に存在することを知らせるために、息を呑むような何かが起こるでしょう。

ステップ3：ヒューマノイド以外の種族への段階的導入

私たちがヒューマノイドの銀河系兄弟姉妹と平和的に交流するようになれば、より生理的な違いの大きい他の種族が公然と姿を現すようになるでしょう。エガロス、ギンヴォ、マンティス、エマーサー、ノモス、ドーサイ、アルグルー・アリックス、マトラックス、エルマヌク、ジェフォック、オホライなどなど、たくさんの種族がいます。すでに多くの人材が、様々な宇宙計画の中でこれらの異なる存在と協力していますが、いつまでも「秘密」にしておくわけにはいかないでしょう。こうした出来事のタイムラインは、地球人の変化を処理する能力によって行われることになります。

ジェイムズ・ウェッブ宇宙望遠鏡の初画像、そして今後も新たな映像が次々と届くでしょう。開示の計画は予定通り進んでいます！

2022年7月12日

　2022年7月12日、NASAはジェイムズ・ウェッブ宇宙望遠鏡による以下のような一連の初画像を一般に公開しました。

——地球から7600光年離れたカリーナ星雲。

——WASP-96 b（フェニックス星座）：地球から1150光年離れた、主にガスで構成される巨大な太陽系外惑星。NASAの話では、スペクトルによって遠くの惑星に大気中の水の痕跡を見つけられることが分かり、そうすることで様々な方法が探れるのだといいます。彼らが言及したように、それは始まりに過ぎず、彼らは誰にもショックを与えないよう気を配りながら、人類をゆったりとした旅へと導きます。テクノシグネチャーに向かって、一歩ずつ道を切り開き、安全に真実を伝えていくのです。

——南天のリング星雲：惑星状星雲の一つで、消えゆく星を取り囲むように広がるガスの雲。直径約半光年、地球から約2000光年の距離にあります。

——ステファン・クインテット：約2億9000万光年の彼方、ペガサス座に位置します。この壮大な写真に、私は大きな関心を抱きました。24のシーダーのグループに属するいくつかの著名な文明は、ペガサス座に見える銀河を起源としているからです……。

　これは始まりに過ぎません……未来へようこそ！　地球外生命体の証拠がテクノサインで開示されるまで、一歩ずつ明らかになっていくのが非常に楽しみです。次の動きが待ち遠しい。神聖な放射状の女性性によって導かれる、何という素敵な情報開示でしょう。美しい。NASA は、畏敬の念とインスピレーションを込めて、劇場型の革新的な情報開示を行い、人々を導いているのです。翌2022年７月13日、NASA の研究チームは、ジェイムズ・ウェッブ宇宙望遠鏡が撮影した木星に奇妙な点の網がかかった６枚目の写真をインターネット上に非公式に公開しました。マイケル・サラ博士がこの写真に目を留め、「上の方から何かヒントをもらえないか」と尋ねてきました。ソーハンは軍人なので自由に話すことはできませんが、ウーナにはそれができました。その直後、彼女からこんな連絡が入りました。

「この通信をお読みになる方々に敬意を表します。今送信しているのは……アルテアンの使者ウーナです。銀河間連合24評議会を代表してお伝えします。

　あなた方の太陽系には、ナタル同盟に属する138隻の母船とその船団があります。その数は数千隻に相当します。銀河間連合の艦艇は550隻があなた方の星系に入り、あなた方の惑星木星の軌道上に配置されていて、現在４隻があなた方の惑星テラの軌道上にあります。最近公開された木星の画像には、軌道上の岩の雲と、アシュタール前哨基地の船の防衛網、そして我々の母船が映っています。我が艦隊の大部分は木星の裏側にあり、あなた方の視界から隠れています。この画像の公開はエラーではなく、プログラムを担当する地球人類同盟の戦略です。地球人類は我々の船を『コールドスポット』と呼んでいますが、それは本当です。映像は次々に届くでしょ

う。計画は予定通り進んでいます。一歩ずつ着実に、ということです。

　私たちはお互い協力関係にあるのですから、後ろを振り返ってはいけません。前を向くのです。宇宙の大きな設計図の中に、あなた方はすでに組み込まれているのです。

　　　　　　　　　　　　　　　　　愛を込めて、ウーナ」

第12章

スターゲイト

　水面下には、私の全身を引き寄せる何かがあり、それは目に見えない渦の中にありました。そこには、過去に極めて強力だった何かが眠っていたのです。それはこの世のものではないように私には感じられました。よどみの淵に立ち、私は目を閉じました。深呼吸をすると、突然、星空と天の川、オリオン座、プレアデス、北斗七星など、様々な星々が目に飛び込んできました。私は、星の中で意識が投影されていました。ここから、私はどこへでも行けるのです。ここは……星々への出入り口だったのです。

アビドスの門──エジプトの扉の向こう側

　1999年4月、上エジプト、アビドス。私は考古学の研修の一環
として、初めてセティ1世神殿を訪れました。照りつける太陽に照
らされた広い前庭に入ると、まず目に飛び込んできたのは、未来的
な建築物の異様な姿でした。正面には頑丈な四角い柱が何本も並び、
メインテラスはSFチックなスロープがむき出しになっていて、ま
るで異星の神殿のようでした。不思議なことに、それはどこか別の
世界で見たことがあるような気がしました。どこか……アトランテ
ィスのような。斜面を歩いて行くと、何とも言えず落ち着かない気
分になりました。ここは、私が今まで見たこともないような古い場
所だったのです。伝統的なシェーシとガラベーヤを身に着けた1人
の男性がアラビア語で詩篇を唱えながら、神殿の柱の根元に座って
いました。その声は、高い天井や立派な柱の周りに美しく響いてい

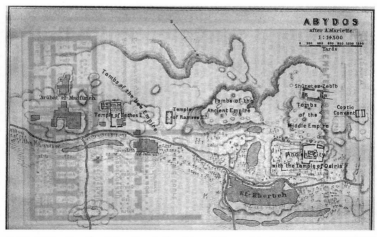

フランソワ・オーギュスト・フェルディナン・マリエットによるアビドス遺跡の地図
（1861年）

アビドス、セティ1世神殿の入り口（この建物の裏側にオシレイオンがある）

ました。時代を超えた場所の神聖な音……この男性の聖歌は、モニュメントの天井の窪みから差し込む太陽の光に黄金の塵が優しく浮かび上がるように、ゆっくりと時間を刻んでいました……

　私たちのチームが急いで向かった奥の回廊階段には、有名な第19王朝の「アビドス王家列伝」が刻まれていて、ほんの数分のうちに、彼らが興奮しながらカルトゥーシュを読み上げる声が聞こえてきました。その場の圧倒的なエネルギーに押され、私はまるで厚い空気の中を歩くようにゆっくりと歩きました。不思議な気分でした。空気の質を変えるような、時間さえもゆっくり流れるような、何か特別なものがここには確かにあったのです……

　右手にある一続きの礼拝堂に引き寄せられた私は、階段を下りると、石に彫られた偽の扉がある、小さな美しく装飾されたホールにたどり着きました。私は自分の足が綿のようになったのを感じました。私は、エジプト学で学んでいたので、この偽の扉が葬儀の空間によくあるものだと知っていました。死後の世界へ通じる扉なのだ

と。しかし、この地球上の多くの奇妙な古い場所でも、岩に彫られたこの扉を見つけることができるのも知っていました。どの場所でも、これは異次元への扉を開くもので、私たちはその鍵を時間の流れの中で失ってしまったのだと、その土地では伝承として囁かれています。もし、今、私がこの体験をするなら、これは「周波数の鍵」であることが分かるでしょう。扉に手のひらを当ててみましたが、厚い石壁の向こうには何もないことが感じられました。本当の

アビドスの「偽の扉」。スフィンクスに注目

ギザのスフィンクス前にある「夢の石碑」と類似しており、地下施設や記録の館への入り口を示している

扉は別の場所にあるという気持ちが強くありましたが、そう遠くはない場所のように思いました。実際、その扉はすぐ近くにありました。本堂に戻ると、同僚が、オシレイオンには会ったか？　と聞いてきました。まだよ！　と私は答えました。まだなの……

　炎天下の野外にあるセティ１世の葬祭殿の背後には、オシレイオンというもっとずっと低い階層にある奇妙な神殿群があり、死後の世界の君主オシリスの埋葬場所とされていました。当時は梯子を何本も降りないとそこへは入れませんでした。この建造物は、上記の他の複合施設とは大きく異なり、セティ１世の葬祭殿を建てたのと同じ文明を持つ人々が建てたものでないことは明らかでした。アビドス遺跡には九つの神殿が相次いで建設されたため、誰がいつ何を建てたのかが非常に分かりにくくなっています。飾り気のない壁面には彫刻による装飾はなく、柱もありません。その代わり、単純な四角い柱で縁取られた空っぽの部屋が連なっています。

　中央のホールには、厚い藻で緑色になった地下水が溢れる床に四角い開口部がいくつもあり、そこには水中深くまで続く階段があり、地下室や下層建築へと続いていました。見覚えがあります！　見た瞬間、ピンときました。昔、ギザのスフィンクスの下をソーハンと訪れたときに見た「記録の館」とそっくりだったのです。

　アビドスのオシレイオンは、セティ１世神殿の実際の高さよりずっと低い位置にあるので、明らかにずっと古いのですが、不思議なことに、ここのエネルギーはその遺跡のどこよりもずっと活気に満ちていました。実は私はここがギザの記録の館と同じように見えることに衝撃を受けたのです。

　この特異な寺院の地上階に向かって、今にも壊れそうな木の梯子

アビドスのオシレイオン

ギザ台地下部のケフレン谷の神殿との比較。地下のホール群の一部が発見された

を何本も使って降りていくと、パラレルワールドの香りのように共
鳴する周波数の中で、私は別の時代の奇妙な存在感に浸っていきま
した。このよどみの水面下には何かがあり、私の全身をある種の見
えない渦へと引き寄せていました。

　そこには、過去に極めて強力だった何かが眠っていたのです。こ

れはこの世界のものではない、私にはそう感じられました。確信が
あったのです。よどみの淵に立ち、私は目を閉じました。深呼吸を
すると、突然、星空や天の川、オリオン座やプレアデス、北斗七星
など、様々なものが目に飛び込んできました。星々の間に意識が投
影され、私はそこにいました。故郷……ここから、私は故郷に帰る
こともできるのです。そう、ここからなら、どこへでも行けるので
す。ここに……星への入り口があったのです。すぐそこに、この階
段の下にある、あの濃い緑の水の下にあったのです。めまいで頭が
くらくらしましたが、突然、確信を得ました……自分はその上に立
っているのだと。それは私の足の下、地面の下にありました。まる
でそれが私の全身を吸収し、自分がこの現実から突然姿を消すこと
ができるような気がしました。私は一歩下がり、目を開けました。
よろめきました。何が起こったのか……

　しばらくそこに座って瞑想していると、近くのモスクのスピーカ
ーからムアッジンの歌が聞こえてきました。残念なことに、戻って
同僚を探さなければならない時間になってしまっていました。ああ
……この太古の時代を思わせる場所を離れると考えるだけで、私は
心の半分が引き裂かれるような思いがしました。涙目で立ち上がり、
梯子のところまで戻ろうとした時、まだ気づいていなかった廊下が
目に入りました。見てみると、驚きのあまり啞然としました。壁に
は、赤で描かれた壮大な円があり、そこには「生命の花」（全ての
ものの起源と説明）が描かれていたのです。この落書きが、この場
所と同じくらい古いものであることは学生時代に学んでいましたが、
実際に目の当たりにすると、とても感動的な瞬間でした。どうして
か分かりませんが、この絵柄には、私たちが知っていると思う以上
のものがあるのです。よどみに反射した太陽光が、壁に踊るような
きらめきを映し出していたのですが、突然それが見えてきたのです。
プールに反射した太陽光と同じもの、同じパターンが。これらの絵

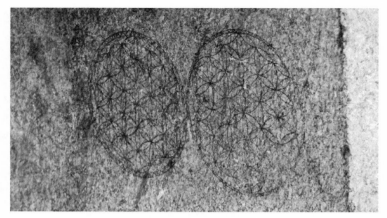

アビドスの生命の花

は、何と、きらめく液体でできた円形または球形の出入り口を表しているのです！

　そのことに気づいて、私は口に手を当てました。そして、はっと息を飲み、その息を止めました。守護者は私を呼び、他の者は去っていったのです。いつの日か、私は必ず戻ってこよう。古代エジプトの象形文字には、実際に「スターゲイト」という言葉があり、それは「セバ」と呼ばれていました。

　アビドスという名前の由来を調べてみると、二つの語源をもとに構成されていることが分かります。「閾値・門」と「墳墓」です。動詞「アビー」（「星々を結ぶ」）をつけると、文字通り閾値を飛び越えます。

　セティ１世神殿のアーチの上に彫られた後世のヒエログリフの中には、知らず知らずのうちにヘリコプターなどの現代技術を描いたと解釈されているものがあります。しかし、「ヘリコプター」のイ

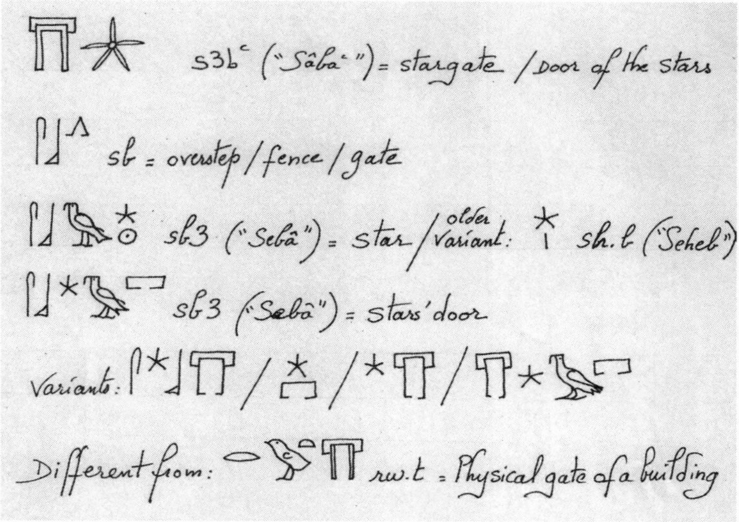
s3bᶜ ("Sâbaᶜ") = stargate / Door of the stars
sb = overstep / fence / gate
sb3 ("Sebâ") = star / older variant: sh.b ("Seheb")
sb3 ("Sebâ") = stars' door
Variants:
Different from: rw.t = Physical gate of a building

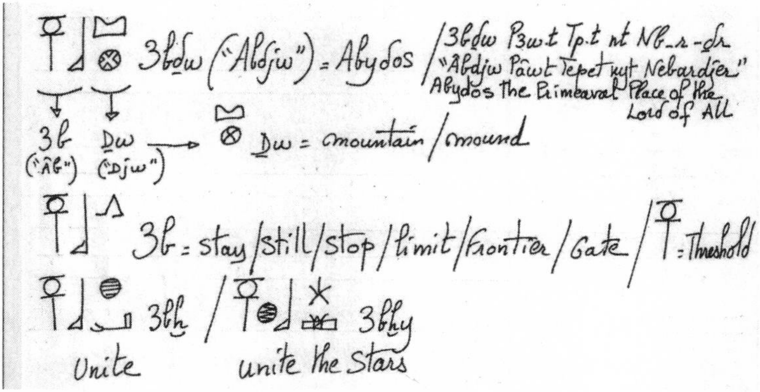
3bdw ("Abdjw") = Abydos / 3bdw P3w.t Tp.t nt Nb-r-dr
"Abdjw Pâwt Tepet nyt Nebardjer"
Abydos the Primeaval Place of the Lord of All
3b ("Âb")
Dw ("Djw")
Dw = mountain / mound
3b = stay / still / stop / limit / Frontier / Gate / = Threshold
3bh / 3bhy
Unite
unite the Stars

アビドスの名前

メージは、彫られた石が長い時間をかけて再利用された結果です。最初の彫刻はセティ１世の時代に作られ、「エジプトの９人の敵を撃退する者」と訳されています。この彫刻は後に石膏で埋められ、

ラムセス２世の時代に「エジプトを守り、外国を打倒する者」とい
うタイトルで彫り直されました。長い年月の間に石膏が浸食され、
両方の碑文が部分的に見えるようになり、ヒエログリフが重なり合
ったパリンプセスト（元の文章を消して別の内容を上書きしたパピ
ルスなどの文書）のような効果を生み出しているのです。

1950年代、アリゾナ州に墜落した際に捕ら えられた生存者グレイの話

　最近、マック・マローンの本に出会いました。『エリア51を越え
て』には、1950年代にアリゾナ州キングマンに墜落した際に捕ら
えられたグレイの生存者２人のうちの１人であるＪロッドという宇
宙人のことが書かれています。1991年から1996年まで海軍情報部
と国防情報局に勤務した微生物学者のダン・ブリッシュは、ネバダ
のエリア51／グルームレイクとS4で働いていました。彼はそこで、
親しくなった捕虜の異星人から組織サンプルを採取するよう頼まれ
ました。その２年の間に、Ｊロッドはブリッシュに「我が種族は何
千年も前に実際に地球に住んでいたが、極の移動、大規模な太陽フ
レア、地球のマントルの大規模な崩壊といったいくつかの要因によ

A10サンダーボルト戦車に乗った地球外生命体グレイの「Jロッド」が米軍ジェット機を撃墜

って、地球を去ることを余儀なくされた」と明かしました。私は、この本の中でさらに詳しく調べているうちに、銀河間連合の軍隊が紀元前26,000年頃、ヒマラヤ山脈の麓にある地球の前哨基地からグレイを追い出したことを知ることになります。

　エイリアンは医学的検査を受け、エリア51に幽閉されました。監禁されている間、Jロッドのメンタルをケアした1人であるブリッシュは、彼をエジプトのアビドスへ連れて行ったとされています。ブリッシュは、アビドスには「天然のスターゲイト」があり、そこでエイリアンの友人をスターゲイトに押し込んだと主張しています。そこから彼は姿を消し、2度と姿を現すことはありませんでした。

スターゲイト——神話の起源

　興味深いことに、ディーン・デブリンとローランド・エメリッヒが脚本を手がけた1994年の映画『スターゲイト』では、エジプトのギザで恒星間テレポーテーション装置が発掘され、海兵隊の一団がこのスターゲイトを通って「アビドス」という名の惑星にテレポートされるという設定になっています。一体何が言いたいのでしょう？　これは確かに、後にテレビシリーズにつながるソフト・ディスクロージャーの映画企画になっています。

　その名前自体が、私たちの想像をはるかに超えています。1994年の映画で普及し、その後1997年から2018年までのテレビシリーズで、「スターゲイト」という言葉、そのコンセプトとデザインは、その時代に『スタートレック』がそうだったように、私たちの集合的無意識に刻み込まれるようになりました。そして、ジーン・ロッデンベリーのシリーズがもともと作られたのと同じように、スターゲイト・プロジェクトもまた、ディスクロージャーをもたらすため

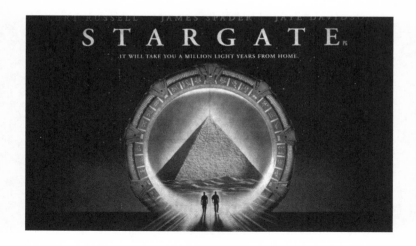

のものでした。「スターゲイト」は、米空軍と宇宙司令部の全面的な支持と承認を得た米国で唯一のテレビシリーズとして、2人の参謀長である五つ星将軍が実際に登場しました（SG1シーズン04「プロディジー」のマイケル・E・ライアン将軍と、SG1シーズン07「ロストシティ」のジョン・ジャンパー将軍）。また、『スタートレック』の生みの親であるジーン・ロッデンベリーは、アメリカ海軍提督の息子であるアメリカ人プロデューサー、レスリー・クラーク・スティーブンス4世から全面的な支持を受けていたことも興味深い点です。ですから、エンターテインメント業界を（あくまでも変革のための！）ポジティブなツールとして利用した情報公開には、長期的な意図があることが容易に理解できます。残念ながら、この同じ業界がディープ・ステートによって何十年も利用され、防諜に関する物語を視聴覚作品に埋め込み、エイリアンの侵略やディストピア／トランスヒューマニズムの未来といった彼らのアジェンダを受け入れるように人類の精神をあらかじめ整えてきたことも私たちは知っています。この戦争は、非常に多くのレベルで再生されています。スターゲイトは実在するようです。スターゲイトは正式に科学によって認識され、秘密宇宙プログラムによって広範囲に利用されています。しかし、厳密にはスターゲイトとは一体何なのでしょう？

ポータル、スターゲイト、ジャンプドア、ワームホール、ブラックホール

　これらの用語はそれぞれ、少し分かりにくいかもしれません。実は、これらの用語は、ワームホールを除けば全てポータルと同義なのですが、もう少し詳しく見てみましょう。

ポータルとは、本質的に、別の場所、別の時間、あるいはその両方へ「ジャンプ」またはテレポートするための閾値を意味します。ポータルは、粒子の直線的な物理的輸送を伴わない量子的な飛躍です。輸送というより、むしろ移動と言えます。ポータルは自然なものでも人工的なものでもいいのです。

スターゲイトは、長い星間距離、他の銀河、他のタイムライン、および並列次元への転送を可能にする、適切なポータルサイトで、人工的に作成することもできます。私たちは、宇宙空間、惑星上の場所、あるいは星の内部に浮かんでいる自然の状態でそれらを見つけることができます。

ジャンプドアは、ポータルに分類されますが、この用語はむしろ惑星間輸送など、資源や物質の短距離輸送を可能にする人工的なテレポート装置の意味で使われます。

ブラックホールは、ワームホールとは別物です。ブラックホールとは、光が抜け出せないほど強い重力場を持つ天体を意味します。超巨大な星が崩壊して無限の特異点となり、時空に強烈な重力場を持つ空間が発生し、その脱出速度は光の速度と同じかそれ以上となる場合が多いです。全ての物質、光、エネルギーは中央の特異点の中で無限に凝縮され、「どこか他の場所」に放出されます。

ワームホールは、特異点のないブラックホールです。その名の通り、時空連続体の中を近道して進みます。ブラックホールと違い、ワームホールは通り抜けることができますが、時空を切り裂くため、その中を移動する物体はエーテルの圧力にさらされず、自然にワープドライブ、またはハイパースペースに入ることができるのです。あらゆる物体を瞬時にテレポートさせるポータルとは対照的に、ワ

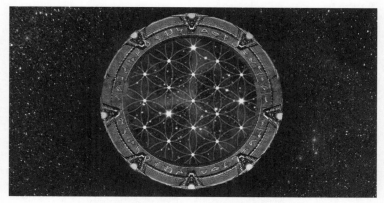

スターゲイトは何で出来ており、どう機能するのだろうか?

ームホールを通り抜けることは線形輸送であり、圧縮された線形時間を使うことになります（ポータルはそうではありません）。

　この件に関する私の知識は、ソーハンから得たものです。私はかつて、太陽系内の戦争が終結に近づいた頃、木星の裏側の宇宙に浮かぶスターゲイトを見たことがあります。太陽系には数多くのスターゲイトが存在します。惑星や衛星、あるいは宇宙空間に浮かんでいるものもあります。その多くは地球上にあり、古代の聖地にいくつかの自然のアース・スターゲイトが存在します。ただし、誰かがそれをアクティブにするためのコード、周波数キーを取得するまで、それは目に見えないままです。地球上のその場所は、通常、山側や寺院のような古代の構造物の内部に、石に刻まれた偽のドアによってマークされています。長い時間をかけてこの惑星を訪れた様々な地球外文明は、地球上に存在する自然のスターゲイトを利用するだけでなく、人工的に他の多くのスターゲイトを作り出しました。自然のものと似ているものもあれば、単なる技術の結晶のようなものもあります。

木星の背後にあるスターゲイトは、何十億年もの間、様々な宇宙からの訪問者に利用されてきた！

　地球が、この太陽系のどこよりも多くのスターゲイトを受け入れている場所であることを知っても、何ら驚くことではありません。実際、地球は常に関心の的となっている場所なのです。木星のすぐ後ろに位置するスターゲイトは、異常に大きな自然のスターゲイトです。強力で完全に安定していて、何十億年もの間、数多くの様々な宇宙からの訪問者に利用されてきました。そのパワーと安定性により、非常に長い距離や遠く離れた銀河まで安全に接続することができるのです。この重要な木星スターゲイトの存在は、最近の地球外政治的な出来事にも一役買っています。なぜなら、このスターゲイトを経由して、シーダーズの銀河間連合の巨大な艦隊が到着したからです。そのため、彼らは当分の間、この安全地帯に駐留することになります。自然発生的なポータルの使用に関する銀河法では、ポータルは中立的な物体であり、誰もその所有権を主張してはならないことになっています。オリオン大星雲（M42）の天然スターゲイトの支配権をネブが主張したことで、オリオン戦争が始まったのはこのためです。

　しかし、この法律は人工的に作られたポータルには適用されず、ポータルはそれを作った人が所有します。スターゲイトやワームホールのような自然のポータルは誰も所有できませんが、その近辺で行われる商取引を確保するために、そうしたポータルを支配することはしばしば容認されます。そして、その支配は違法な通行料によってではなく、商品の取引や商業の支援によって行われます。それでも、銀河法の下では、いかなる企業も自然のスターゲイトやワー

銀河連合の科学船から見た木星の裏側にあるスターゲイト（『心優しき地球外生命体たち』2021年より）

ムホールの周辺における商業を独占することはできません。

　木星は人が住めない惑星です。そのため、木星の軌道は非常に混雑していて、多くの衛星が異なる文明のための貿易前哨基地として機能しているのです。自然の電磁場があるガニメデは、木星の衛星の中で最もインフラや前哨基地の建設に適していて、そのほとんどが地表下にあります。銀河連合、アンドロメダ評議会、5種族評議会などのアライアンスはガニメデに多くの施設を保有していますが、それは銀河間連合も同じです。こうした前哨基地の多くは外交的な立場にあり、スターゲイトの往来を通じて貿易業を営んでいます。ここは中立地帯ですが、それにもかかわらず、ネブ、ダークフリート、ドラコ・レプティリアンのような闇の同盟はガニメデに近づくことを禁じられていて、その理由は十分理解できます。このような戦略的要所には全て、中立的な軍隊、通常は銀河連合が存在し、こ

の地域の平和と安全を保障しています。

　重要な木星スターゲイトの場合、木星上空に位置する強力な独立軍がこの役割を担っています。つまり、アシュタール銀河司令部の強力な独立軍が、スターゲイトのセキュリティで銀河連合を支援するのです。ワームホールとスターゲイトの周辺には、常に大きな軍事・商業活動が見られます。

　木星のスターゲイトを見る機会を得たとき、私は銀河連合の科学船に乗り、科学者チームに同行していたソーハンとテレパシーでコンタクトを取っていました。彼の目には、きらきら光る紺色の液体でできた泡が浮かんでいて、その波紋に明るい銀色が反射しているのが見えました。その物体は、灰色がかった靄（もや）に包まれていました。靄の直径は数百マイルに及んでいたかもしれません。その液体は、映画「スターゲイト」に描かれているものと非常によく似ていましたが、平面ではなく、球状でした。このようなスターゲイトは、目に見えるようにするには起動させる必要があります。そのためには、「周波数キー」が必要です。これがあればスターゲイトを活性化させることも、ロックすることもできるからです。それは実際の物体ではなく、ホログラフィック技術と複雑な幾何学模様で送信される音の周波数のシーケンスを組み合わせた「数式」または「コード」なのです。スターゲイトに向けられた周波数キーは、超流動体の粒子を活性化させます。

　そして、スターゲイトで送信されるコードに行きたい場所の座標を埋め込んで、同じホログラフィック技術で目的地に「ダイアルイン」する必要があります。青く波打つ発光性の超流動体は「ダークエネルギー」と呼ばれていますが、これは物理学で伝統的に知られている「ダークマター」とは何の関係もありません。ダークエネル

ギーの粒子はエネルギーを発するのではなく、微小な渦であり、そこを通過するとき、非常に小さな針がたくさん体に刺さるような感覚を与えるのです。ポータル、ジャンプドア、スターゲイトを通過するとき、体の全ての粒子はこのきらめく液体によって非物質化され、位相共役によって目的地でほとんど瞬時に再物質化されます（波動フィールドの物理的変換——そこでは、結果としてのフィールドは伝播方向が逆になりますが、振幅と位相は維持されます）。このダイナミクスの好例は、ディスクロージャー映画や「スターゲイト」シリーズで、ゲートが作動するたびに描かれています。

　粒子がエネルギーを放射するポジティブ・エネルギーとは対照的に、ネガティブ・エネルギー、またはダークエネルギー（光エネルギーとは対照的）の粒子は、内破します。この性質により、量子共鳴によって宇宙の点を結ぶワームホールやスターゲイトを作ることができます。この物質が活動していないとき、空間は真っ暗で、光が消え、私たちは簡単に無意識のうちに飛び回ることができます。

　それは星々が輝く宇宙の上にあるぼんやりとした黒い斑点であり、宇宙空間にできた穴と見間違うかもしれません。実際には、ダークエネルギーは、物体としてそこに存在し、適切な周波数によって活性化されるのを待っています。スターゲイトを構成するこのきらめく液体、そしてその粒子は宇宙の量子幾何学へのスターゲイトを構成する光り輝く液体の粒子がその鍵を宇宙の量子幾何学として記録しているのが、アビドスの地下施設の壁の「生命の花」なのです。

　私は光栄にも、フラクタル性の科学を進めることで最もよく知られているIBMのエンジニア兼研究者ダン・ウィンターと共に謹んでスターゲイトのトピックに取り組む機会を得ました。私たちは、スターゲイトがどのように機能するかを説明するビデオを制作しま

396

した。

https://youtu.be/wE_kCFPailU

　私はこれらの問題についての完全かつ詳細な研究を見つけること
ができるダン・ウィンターのウェブサイトを訪れることを強くお勧
めします。

http://www.fractalfield.com/fusionintheblood/

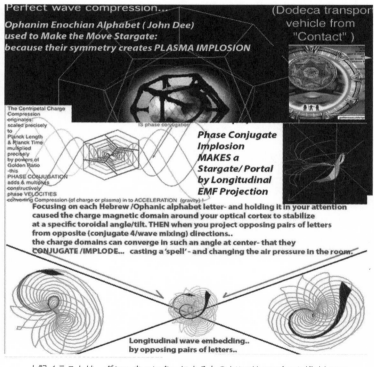

上記イラストは、ダン・ウィンターによるもの http://www.fractalfield.com

――下巻に続く

エレナ・ダナーン　Elena Danaan

フランス生まれ。パリの美術大学（エコール・デ・ボザール）卒業。エコール・ドゥ・ルーブルで考古学の博士課程を修了。その後20年間、考古学現地調査研究員として働き、フランス国立科学研究センターからエジプトに派遣され、碑文研究技術者として、カルナック、ルクソール、カイロ、デンデラ、そして王家の谷で長期間過ごす。ドルイド（ケルト）のシャーマンとしての学びと、エネルギーとサウンド・ヒーリングに関する知識をマスターし、ヒーラーとしても働いていたが、現在は銀河連合特使という役割に専念している。著書に『【イラスト完全ガイド】110の宇宙種族と未知なる銀河コミュニティへの招待』（上村眞理子監修、東森回美訳）『心優しき地球外生命体たち』（佐野美代子訳、いずれもヒカルランド）など。

◆公式
　ホームページ　　◆公式
　YouTube チャンネル　

訳者　佐野美代子　Miyoko Sano

東京生まれ。上智大学英文学科卒業。海外生活は通算24年以上。国際会議の同時通訳者として20年以上活躍。モンロー研究所公式アウトリーチ・ファシリテーター。駐デンマーク大使夫人。ロンダ・バーンの『ザ・シークレット』全シリーズ（KADOKAWA）、エレナ・ダナーンの『心優しき地球外生命体たち』（ヒカルランド）を翻訳。著書に『人は「あの世」で生き続ける』（PHP研究所）、『前世のシークレット』（フォレスト出版）、『TRUTH SEEKERS』（2部作、VOICE）、『銀河連合からの使者&スタートラベラー』（VOICE）、『世界の衝撃的な真実』（2部作、ヒカルランド）、『光と闇の秘密宇宙プログラムのすべて』（VOICE）など多数。海外での豊富な経験、英語力、人脈を使い最先端の世界情報を発信中。

◆公式 HP
「佐野美代子オフィシャル
ウェブサイト」

◆ YouTube チャンネル
「Miyoko Angel 2」

◆ YouTube チャンネル
「Miyoko Angel 33」

◆ブログ
「佐野美代子公式ブログ」

◆有料メンバーズサロン
「ザ・シークレット・
メンバーズサロン」

◆ X（旧 Twitter）
「Miyoko Angel」

THE SEEDERS: THE RETURN OF THE GODS

by Elena Danaan

Copyright © Elena Danaan 2022

Japanese translation rights arranged with Elena Danaan

through Japan UNI Agency, Inc., Tokyo

人類創造の先導者

[ザ・シーダーズ] 神々の帰還（上）

「真の人類史」への偉大な旅が、いま始まります！

第一刷　2023年8月31日

第三刷　2024年1月11日

著 者　エレナ・ダナーン

訳 者　佐野美代子

推 薦　マイケル・サラ博士

発行人　石井健資

発行所　株式会社ヒカルランド

　　　　〒162-0821　東京都新宿区津久戸町3-11　TH1ビル6F

　　　　電話 03-6265-0852　ファックス 03-6265-0853

　　　　http://www.hikaruland.co.jp　info@hikaruland.co.jp

　　　　振替 00180-8-496587

本文・カバー・製本 —— 中央精版印刷株式会社

DTP —— 株式会社キャップス

編集担当 —— 宇宙史研究会

地上の星☆ヒカルランド　銀河より届く愛と叡智の宅配便

【イラスト完全ガイド】
110の宇宙種族と未知なる銀河コミュニティへの招待
著者：エレナ・ダナーン
監修：上村眞理子
訳者：東森回美
四六ソフト　本体 3,300円+税

著者自身が実体験した異星人による拉致の告白と慈悲深い異星人との交流を紹介。本書の中心を成しているのは、110もの宇宙種族についてエレナ自身が描くイラスト付きの解説であり、異星人種族の百科事典とも言える内容。地球と地球人がこれまでどのような歴史をたどって来たのかについて初めて知りうる情報が満載です。未知なる銀河コミュニティへと読者を案内する貴重な銀河のガイド本、待望の翻訳へ！

THE WORLD OF LIGHT AND DARKNESS
世界の衝撃的な真実［闇側の狂気］
この真実があなたを変える
著者：佐野美代子
四六ソフト　本体 1,600円+税

第一弾［闇側の狂気］では、地球を食い物にしてきた闇の支配者カバールの誕生から、人類に対する驚愕の犯罪まで、闇側の悪事を徹底的に暴く。裏でうごめく狡猾獰猛な異星人と支配ピラミッドの全貌に迫る衝撃作。洗脳から一気に目覚めるレッドピル！

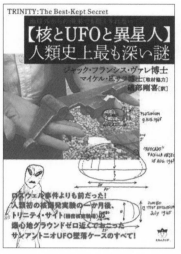

不思議・健康・スピリチュアルファン必読！
ヒカルランドパークメールマガジン会員とは??

ヒカルランドパークでは無料のメールマガジンで皆さまにワクワク☆ドキドキの最新情報をお伝えしております！ キャンセル待ち必須の大人気セミナーの先行告知／メルマガ会員だけの無料セミナーのご案内／ここだけの書籍・グッズの裏話トークなど、お得な内容たっぷり。下記のページから簡単にご登録できますので、ぜひご利用ください！

 ◀ヒカルランドパークメールマガジンの
登録はこちらから

ヒカルランドの新次元の雑誌 「ハピハピ Hi-Ringo」
読者さま募集中！

ヒカルランドパークの超お役立ちアイテムと、「Hi-Ringo」の量子的オリジナル商品情報が合体！ まさに"他では見られない"ここだけのアイテムや、スピリチュアル・健康情報満載の1冊にリニューアルしました。なんと雑誌自体に「量子加工」を施す前代未聞のおまけ付き☆持っているだけで心身が"ととのう"声が寄せられています。巻末には、ヒカルランドの最新書籍がわかる「ブックカタログ」も付いて、とっても充実した内容に進化しました。ご希望の方に無料でお届けしますので、ヒカルランドパークまでお申し込みください。

量子加工済み♪

Vol.5 発行中！

ヒカルランドパーク
メールマガジン＆ハピハピ Hi-Ringo お問い合わせ先
● お電話：03 - 6265 - 0852
● FAX：03 - 6265 - 0853
● e-mail：info@hikarulandpark.jp
・メルマガご希望の方：お名前・メールアドレスをお知らせください。
・ハピハピ Hi-Ringo ご希望の方：お名前・ご住所・お電話番号をお知らせください。

地上の星☆ヒカルランド　銀河より届く愛と叡智の宅配便

人類創造の先導者
[ザ・シーダーズ] 神々の帰還
秘められし宇宙テクノロジーの大開示
THE SEEDERS: THE RETURN OF THE GODS
SEEDERS

エレナ・ダナーン
佐野美代子[訳]
アレックス・コリエー[推薦]
下

エンキの宇宙船で知らされた
銀河と地球の壮大な物語！
驚愕的なロングインタビューを掲載
シーダーズの古代アークが起動開始！ 未知の技術を人類が手にする時が来た！
地球外生命体と人類が時代を超えて織りなす真実のドキュメント！

人類の先導者
[ザ・シーダーズ] 神々の帰還（下）
秘められし宇宙テクノロジーの大開示
著者：エレナ・ダナーン
訳者：佐野美代子
推薦：アレックス・コリエー
2023年10月刊行予定
四六ソフト　予価 本体 2,800円+税